吴嵩庆战时军费日记
（1948—1950）

吴嵩庆 著　吴兴镛 编注

Wartime Diary of General Samuel Sung–Ching Wu
on the Gold Military Expenditure in Nationalist Army

Annotated by Sing-yung Wu, M.D., Ph.D.

中国社会科学出版社

图书在版编目（CIP）数据

吴嵩庆战时军费日记：1948—1950 / 吴嵩庆，吴兴镛著. —北京：中国
社会科学出版社，2019.6（2020.6 重印）

ISBN 978-7-5203-4412-8

Ⅰ.①吴… Ⅱ.①吴…②吴… Ⅲ.①国民党军–军费–史料–1948—1950
Ⅳ.①E296

中国版本图书馆 CIP 数据核字（2019）第 087229 号

出　版　人	赵剑英	
责任编辑	李庆红	
责任校对	季　静	
责任印制	王　超	
出　　　版	中国社会科学出版社	
社　　　址	北京鼓楼西大街甲 158 号	
邮　　　编	100720	
网　　　址	http：//www.csspw.cn	
发　行　部	010-84083685	
门　市　部	010-84029450	
经　　　销	新华书店及其他书店	
印　　　刷	北京君升印刷有限公司	
装　　　订	廊坊市广阳区广增装订厂	
版　　　次	2019 年 6 月第 1 版	
印　　　次	2020 年 6 月第 2 次印刷	
开　　　本	710×1000　1/16	
印　　　张	18	
插　　　页	2	
字　　　数	268 千字	
定　　　价	78.00 元	

凡购买中国社会科学出版社图书，如有质量问题请与本社营销中心联系调换
电话：010-84083683

编注者序

先父吴嵩庆将军（1901—1991），中年以后至去世都有写日记的习惯，此"战时军费日记"是从 1948 年元旦到 1950 年年底整整三年的日记。那个时段是内战最关键的年头。日记虽属个人记录，以作者的职务及其担负的工作，可作大时代的见证，也透露出内战时的机密。日记中包含了他担任军需署、财务署署长三年中掌管军费的经历（占全国总支出的 75% 以上）。这让他牵入了一个重要的事件——黄金运台湾，也为台湾的新台币没重蹈金圆券的覆辙做了注解。

先父 1925 年于沪江大学毕业，1929 年入巴黎大学法科市政学院，1931 年夏，硕士毕业返国。1933 年，上庐山谒蒋介石，被任为少校秘书，兼秘本股长，次年转任航空委员会秘书。1937 年，升任主任秘书，参与中华民国空军建军。1939 年任航委会经理处处长。1943 年调军需署。1945 年由军需署副署长外调湖北财政厅厅长。1947 年年底，蒋介石决心改造军需系统，采用美国顾问建议的"新制"，需要一位既熟悉旧军需系统，又通外语，能与顾问沟通，最重要的是蒋主席能信得过的人，来管军费，出任财务署长。先父担任过军需署副署长，教会大学毕业，通英语，在法国留学，蒋的侍从室出身，被近距离观察过，是不二人选。

1948 年元旦，先父走马上任，担任国民政府在大陆的最后一任军队财务署署长。在烽火燎原、兵荒马乱中，实行美式"新制"，主要是财务署在各地设立收支处，由财务官直接把薪饷送到官兵本人手中，来取代过去百年来中国军队包办制的军需传统，也就是要核实人数，连根拔出"吃空缺"的弊病。但这项工作是需要各方配合的，例如，核实部队人数要由国防部的人事部门提供正确人数。在当时战时体系内，部队人数都是部队长官自己申报，在信息匮乏、管理系统落后的情形下，几百万的部队分布在近4000千米的战线上，与中国共产党占领的解放区犬牙交错，核实人数谈何容易？1948年就在新上手整合财务署、计划实行新制、训练新的财务官、视察军队实情中度过大半年。随着军事恶化，军费一再追加，到秋天，国民党在东北、华北战场失利，南京政府准备撤退到广州，"新制"只好放在一旁了。年底，金圆券改制失败，民怨沸腾，政府衰相毕露。复任总统甫半载的蒋介石已做"缩小局面、另起炉灶"的准备。12月1日晚，上海国库黄金的半数，200余万两，已经由海关"海星号"运至基隆，再由火车转台北。其中半数以上系美援华的足赤金砖。另外，在除夕夜，又由同一海关船从沪上运出57万余两航向厦门，后来加上广州运厦的30余万两，储藏在鼓浪屿小岛上，主要作为继续抗共的内战军费，由财务署经管。

到了1949年年初，徐蚌会战（淮海战役）国民党军队一败涂地，蒋介石决定下野，但在下野前要安排好、掌控好国库的金银外汇，这是在台湾"另起炉灶"最重要的一步。在蒋下野前夕，财务署与中央银行于1月10日订立的《军费草约》把当时国库尚未运到台湾的金银外汇都纳入"预支军费"的范畴。这份相当重要的内战文件，虽然现已无踪迹可寻，但其签订过程却完整记录在先父这年1月8日至11日的日记中。

1949年是中国大陆和台湾的一个重要时间分水岭，在美国斯坦福大学珍藏的《蒋中正日记》里，这一年给人的印象是国民党军队把解放军由东南沿海牵引到西南内陆，目的是给"新炉灶"的台湾一些时间，可以做抵抗"赤潮"入侵的准备。在财务署保管的金银外汇就是配合这个隐形战略来支持各战场的，从徐州、南京、上海、福州、厦门、广州、昆明到重庆与成都。先父这一年的2月4日到5月1日日记是空白，除了军情紧急的忙碌，心情抑郁应该也是个原因。抑郁来自公私两方面：于公，政府岌岌可危，风雨飘摇，前途渺茫；于私，在中央大学毕业班的大公子，思想接近左派，4月23日南京解放，就与父亲分道扬镳了。5月中，先父因公务"偶然赴沪"，在上海的一家人才被从解放军的包围圈中接运到台北。那年暑期，他在广州，财政部长徐堪靠向财务署"借钱"来支撑政府开支，这里面有财务署与财政部的第二份"草约"，为财政部向军方借贷1600万银圆而签立，到8月底，广州政府面临断炊，吴嵩庆答应徐部长从台北财务署运来5万两黄金，但此动用没有经蒋介石的最后批准，犯了其大忌，不但被召去重庆"解释"，也影响了吴未来的军中前程，始终"原地踏步"。但在日记中，他从未后悔过。

1949年，政府财政崩溃，纸币巨贬，粮饷匮乏，国民党军队完全无法作战，财政部与财务署的金银不够供购全军的粮食，蒋介石在幕后只能选择性提供，仅有嫡系中的嫡系（如胡宗南的部队）才能经由财务署补给金银，在编注者2017年获得的台湾解密军费档案里，吴嵩庆是少有的可签拨蒋介石严格控制下金银军费的人之一（另一位是郭忏，联勤总司令）。军费总管负责人进出军营前线，是"大军头"的财神爷（如果能及时补给金银），也是其所憎恨的"军需头"（如果拿到一钱不值的金圆券或银圆券），有时甚至面对枪口，命在旦夕（11月底的日记）。最后，在12月初，先父冒着被俘的危险，押运着装满金银的车队，在解放军凌厉前锋不到半日的车距，缓缓从重庆退到蓉城；6日那天在成都军校里，两次晋见蒋介石，呈上一份军费黄金报告。这是一份珍贵的内战军费文物，现珍藏在台北"国史馆"，里面记录了财务署奉命保管的黄金账。次日他即奉命撤离，乘坐台北运蓉黄金的回程机到台湾。

到了台湾，财务署马上要列制出1950年以银圆计算的军费预算，这里从"国史馆"所藏"大溪档案"中可看到，该年预算每月1400多万银圆，是以官兵人数100万计，这数字一定是"国防部"提供的，是1949年年底国民党军队总人数，这里当然包括驻防海南岛、舟山、大陈等外岛的人数。有趣的是，这里也列有驻防南沙群岛的官兵薪饷。蒋介石大笔一挥，就裁军20万，把军队总人数限为80万，军费每月减为1100万银圆，这也要黄金14万两。1950年年初，吴嵩庆为军事预算忙碌，代表"中央"，免不了要与台湾省（省主席陈诚）交涉，这是大陆内战期间，国民党中央与地方财政之争的延续，陈诚知道"中央"有黄金，总希望减轻台省负担，预算赤字由"国库"黄金弥补，蒋则希望不要动用黄金或尽量少支出，在中间左右为难的就是财务署长。在陈诚的眼中，吴嵩庆是蒋所信任的人，尤其经管着只能由总裁动用的机密费（厦门运台湾的"奖恤金"8万余两黄金），这让陈诚非常不满。这笔不在"中央银行"账上的"奖恤金"也使吴成了"中央银行"及财经界人士眼中的"异类"。由于这些因素，限制了他在台湾仕途的未来。

2月，由蒋介石、张群、吴国桢、俞鸿钧、严家淦、任显群及吴嵩庆等组成的"军费审核小组"经数次会议之后，到25日决定，黄金补助由3月的14万两减到5月的6万两，但同时也以稳定台湾物价为前提（如无运台黄金，补助军费与卖入民间150余万两，台湾新台币就难逃金圆券巨贬的命运）。3月，蒋介石复职"总统"；4月，财务署改组为军需署，吴嵩庆除经管军费外，还要统筹军队所有补给用品，包括一切后勤所需，如服装、军粮、营房、眷粮与眷舍等。时值朝鲜战争爆发前夕，解放军隔海跃跃欲试，当时已有百架以上米格喷气式战斗机，而国民党空军只有落伍的"二战"时的螺旋桨战机，海峡制空权面临挑战，沿海正征集大量船舰。当时美国中情局认为解放军在1950年年底前可解放台湾。同时，刚上任的军需署长认为，一切准备不足，连起码的军实都缺乏，从4月起，日记中就在为军粮操心，几乎每日同台湾省府交涉军米及购入泰国米（也是以运台湾黄金购买）。除台湾本岛以外，还要供应舟山、大陈与金门、马祖的数十万军队。不得已，那年4月撤守海南岛（也是在解放军压力下），5月放弃舟山，把南北两三千公里的防线缩短到五分之一。但到6月3日，他记下："上午军事会报……共军攻台信号已急，而一切补充尚无着落，心焦急甚。"如不是在三周后爆发朝鲜战争，台湾或真如美国中情局所预测，在该年年底已被解放。

朝鲜战争爆发的当天、次日，及6月27日杜鲁门宣告"协防"台湾，他日记里一句庆幸的话都没有，或许他所担心的解放军迫在眉睫的攻台可暂时放一边，但仰人鼻息的感受使他感觉耻辱，这在三年的日记里也可体会到。在1950年下半年，他继续为完成军需"新制"

而工作，以后终于实现补给到士兵，扫除"吃空缺"的积习。他继续在台湾担任财务署、军需署署长达 15 年之久。

先父完全是一位 20 世纪的中国人，30 年代，去巴黎留学，愿望是为祖国都市建设而学市政，但在强邻的侵袭下，国家没有机会建设。在初回国的失业中，被动地"参了军"，成为军事委员会蒋介石侍从室中的"储备人才"。在 40 年代末，被授以全国军费总管的重责，成为战争机器中的一个环节，这是知识分子在战乱中的无奈。但他的儒家传统的家教及虔诚的宗教信仰，让他终身恪守"廉洁"二字，也无愧于所生。去世后，他的老长官王东原将军以"国而忘家、公而忘私、今之萧何"十二字结语赠之。读者可在他一生行谊及他这三年的日记中去觅取自己的结论，也可从他的记录中，看到内战关键时段的一些人与事，尤其是有关军费（包括运台黄金）的筹措与运用。

吴兴镛序于美国加州长堤

凡　　例

1. 日记文中括弧：

（ ）圆括弧，日记原文已有。

［ ］全形方括弧，标出注译者所加补充说明，或改正前字错误。

｛ ｝大括弧，标注传主留下日记以外之纸条补上。

2. 人物注释，主要以其当时职位为主，生平避免冗长，除非有特殊资料为别处难见者。

3. 重复提及的人物，以出现的年月日为序，首次出现时记述生平，重复出现时，仅提当时职位。

4. 卷末索引，依照姓名简体字笔画顺序排列，注以日记年月日。

5. 档案图片，系注译者珍藏，有各方授权。

目　　录

一九四八年

一月一日　星期四

今天元旦，天气清朗。

接事两天，深感气压沉重，国防部根本不欢迎，坎①在前，可不慎乎？余历来尚未经大困难之局面，现所处者，真如孤臣孽子，诚锻炼的好机会，念张难先②先生临别③赠言，心为宽，今年为埋头苦干年，不容失败也。

上午消磨于各方团拜，下午访客。上午署团拜，原定为八时，余以七时三刻往，则已集合多时，一面表示余仍欠警觉，一面亦需留心人家话不可靠。

晚研究新制④觉有心得。

一月二日　星期五

晨按时到公，视察全署各室，到者寥寥。上午举行第一次署务会

---

① 坎卦，邵雍河洛理数解卦，意为艰难危险，重险重陷；事多困阻，谨慎行事。

② 张难先（1873—1968），字义痴，湖北沔阳人。早年投军，参加辛亥革命及孙中山之护国运动，"九一八事变"时为浙江省政府主席。中华人民共和国成立后，当选第一届全国人大常委会委员。

③ 吴嵩庆先生（日记作者）于1945—1947年年底任职湖北省财政厅长。此时到南京出任国防部财务署长，名义上是联合勤务总司令部（联勤总部或联勤）里的一署，但受行政院主计部门督导。

④ 新制：为美国顾问所建议，实行美军财务制度，财务署设收支、审核、预算、账务各司，地区设收支或地区财务处，各部队设收支处等组织，越过军师长，直接由财务官发饷给官兵个人，并且军费支出完全依照国防预算并严加审核（以期杜绝部队"吃空额"的陋习）。

议，似仍有军需署风气，发言者甚少，当设法改善之。

访 Col. Taylor，因介见美顾问团长 Gen. Lucas、代团长 Gen. Brink
[白林克兼参谋长]、联勤顾问 Col. Murphy、联勤参谋长 Col. Shrimk，
久未说英语，生硬可耻。

下午将新制公文面呈总司令①核批，甚为客气，今后小心谨慎做
去，当不致大碍。唯对孙君②送款一节，余虽现没法多给几文，但说
话不得体，后宜戒之。

一月三日至十六日   无日记

一月十七日   星期六

上午九时举行署务会议，至十一时半始散。因上周未举行，致有
许多话没讲，以致同仁精神不免涣散，散会前余直言责之，失之过
直。忆敬熙兄曾言对高级人员不能过直，后当留心。而开会时间不能
过久，必应注意。

会议中宣布下周起与各科长谈话，当执行勿失信。公文表格变
化，必须注意推行。

下午偕陈［康华］、刘［庆生］二副署长往谒徐主计长③，蒙指
示对于（1）华北钞券流入沪市，（2）军事机关统购材料二点，当拟
具体办法。

晚招待预算及财务顾问外宾到预算顾问 Lt. Col. Feinberg，
Lt. Fortress，Major Palsrock 三位夫妇，饮酒猜拳，殊为欢乐。余先退
赴郭总司令府上席，请赵署长、邵司令夫妇及吕参谋长等也，饭后，

---

①　郭忏（1893—1950），字悔吾，浙江诸暨人。毕业于保定军校第六期炮兵科。1947
年至此时，任联勤总司令。1949 年，在台湾担任东南军政长官公署副长官兼舟山指挥部主
任，旋中风去世。

②　孙君应系孙作人，原任财务署长，1947 年年底调任财务学校校长（遗缺由吴嵩庆
接任），1949 年年初学校由上海迁厦门，孙离职未赴台湾，之后，生死不明。

③　徐堪（1888—1969），原名徐代堪，字可亭，四川三台人。时任行政院主计长，曾
任财政部长（1948 年 11 月—1949 年 3 月，1949 年 6—10 月）兼中央银行总裁（1949 年
6—10 月），1949—1959 年居美国，1959 年赴台。

余报告向主计长谈话情形，伊只有同样指示，当好好为之。

一月十八日　星期日

星期日办公，最为不惯①，今日又至一时始散。

上午研究各项问题，汪君②只能看公事而不能提纲挈领，是为吃力处，当谋改善。

下午在陵园草地小睡，精力恢复不少。

晚访作人兄③详谈，对新制及团管区经费考核办法，有所商谈人事。访王绍斋④太太略谈，访王、林二家，则已就寝被扰，嗣后晚间访客，不超九时为妥。

计划国防部检讨会议报告，觉问题甚多，当精密研究之。

一月十九日　星期一

上午主计长来电邀往，对前天所送名单无意见。唯交一名单嘱录用，其中一人为庞次长⑤之婿，二人［为］主计室职员，前者为安插，后者为调补，用意甚明，张老先生说两姑之间难为媳，渐露端倪矣。

思新职人事问题，第一在打破林⑥之关头，容徐图之。

晚合作金库请客，余迟到，杨先走，席中二主人亦走，终席去五

---

① 吴嵩庆系基督教徒，周日是做礼拜时间。

② 汪子柔，时任财务署少将主任秘书。

③ 即孙作人，前任财务署长。

④ 王绍斋（1904—1993），浙江绍兴人。早年参加上海杜月笙门生之恒社，1940 年服务于重庆中央信托局，后与俞鸿钧长期共事，曾任财政部总务司长兼中信局秘书处副处长，1945 年因涉及"黄金加价泄漏消息案"被短暂收押，赴台后著有《俞鸿钧传》等。

⑤ 庞松舟（1887—1990），上海浦东人。南京高等师范学堂毕业。1946 年任军政部军粮计核委员会常务委员兼粮食部次长，获青天白日勋章，时任主计长，去台湾后任"行政院"政务委员、"国策顾问"等职。

⑥ "林"指林蔚（1989—1955），字蔚文，浙江黄岩人。江南陆师学堂暨陆军大学毕业。时任国防部参谋次长，后任代参谋总长、监察委员、东南军政公署副长官等职。1949 年去台湾任"国策顾问"。

人，菜多浪费，寿先生①为学者，此种拉存款之应酬，似感痛苦。

一月廿日　星期二

请续拨经费 5 万亿案，闻预算小组已通过事业费 33000 亿，服装费 4000 亿，总为 37000 亿，稍可济一时之穷。②

下午访谒林次长报告新制推行情形，又与秦次长③谈经费问题，深觉对长官多报告，必可减少工作困难。

晚招待行政院胡帮办（未到），徐科长及赵局长，刘、程二君，还有宋厅长、杨处长等，未谈业务，饮尽酒二瓶。

一月廿一日　星期三

思经费支付过宽，非节约之道，拟以审核单限制之。

访国库署杨署长④借款，告以各机关迫款将迫死人矣，伊答甚妙，如真迫死，将送一副挽联，叩几个头，只有根据支付命令付款，不能有别法。最后商定由国防部具文借二万亿，噫！办事之难有如是。

一月廿二日　星期四

上午总部会报中兵工署杨署长⑤大骂财务署，余起答略述预算及

---

① 寿勉成（1901—1966），字襄，号松园，浙江诸暨人。毕业于上海复旦大学，入美国华盛顿大学及哥伦比亚大学，获得经济学硕士。先后执教于复旦大学、安徽大学等校。后任中央政治学校经济系主任及合作学院院长。此时任中央合作金库总经理，1951 年由香港返大陆任职于交通部，1957 年被划成右派，"文化大革命"期间被迫害致死。

② 1948 年上半年，民国政府全国预算为 96 万亿（法币）（行政院长张群于 2 月 5 日在立法院报告），平均每月为 16 万亿（法币），此处可与追加之军费作比较。

③ 秦德纯（1893—1963），字绍文，山东沂水人。毕业于保定陆军军官学校步兵科，历任师长、军长，1933 年任察哈尔省政府民政厅厅长，1935 年任主席，1946—1948 年担任国防部次长，在台湾任"总统府"战略顾问。

④ 杨绵仲（1899—1961），湖南湘潭人。毕业于北京大学，历任国民政府行政院秘书、江西省政府秘书长、湖南省政府财政厅厅长；时任国库署署长，1948 年任财政部次长，赴台湾后在贫病中去世，在官场中有清廉之誉。独子杨汉之，台湾大学哲学系肄业，出家为僧。

⑤ 杨继曾（1899—1993），字君毅，安徽怀宁人。德国柏林工科大学毕业。投身军工部门，历任军政部兵工署汉阳兵工厂副厂长、兵工署署长。1949 年去台湾后，转入财经系统，任台湾糖业公司董事长兼总经理，1958 年任"经济部长"，后任"总统府国策顾问"等。

实际收支情形，并谈现在一般均困难，风雨同舟，唯有多多联系，以减少困难之程度。众以余风度尚可，盖亦认吃亏之［即］便宜也。

下午与顾问谈责任支付，与预算重分配事，殊感心得。

一月廿三日　星期五

今日上下午在国防部开会。上午在预算局举行联席会议，检讨上二次纪录后，尚有三个问题待解决，即：

①扣发一成饷问题

②结算三十六年度账问题

③责任支出问题

此三个问题，当均组小组商讨之。

下午举行国防部检讨会议，规定格式，各单位多失于过简，与问［题］过于繁复，实有过犹不及之感。

晚至汪、徐二处请客一转，吃半饱而回，访浙财厅陈厅长①等三位拉杂谈，现省财政困难日甚矣。

刘永渠君坚愿相从，意甚诚，当如何用之？

一月廿四日　星期六

上午在国防部继续举行检讨预备会，原定的总部报告，结果只报一半，余今日续报。

想听音乐之念甚切，曾托公鲁兄购无线电一架，今得复信须千余万，实太奢，已购就不知如何是好。禹［舜］见象著而悲，可不慎哉？

思人事应付之难，当以艺术眼光看之，以大量容之，或可稍减烦恼欤？

---

①　陈宝麟（1898—1965），字冠灵，河北东光人。毕业于北京大学经济系，1929 年 1 月任鄞县县长。在任 10 年，修葺天一藏书阁，成立通志馆、县文献委员会。历任浙江省政府委员、财政厅长。1949 年去台湾，历任台湾省烟酒公卖局局长、复兴书局经理等职。

昨今大雪，今尤冷，念士兵、贫民何以为生。接连祥兄①来函，说应常赴贫民区走走，可以提高政治道德观念，旨哉言乎。

一月廿五日　星期日

上午国防部继续检讨，空军及联勤二部门，空军只谈业务方面，联勤只检讨一半，郭总司令结论，现有若干大问题，须待解决，其他均属枝节，问题为：

①人数问题：总人数限定为 450 万人，而实际超出 29 万余人。如何出钱？

②核实问题：权不在联勤，而在当地军事长官，各补给机构，只能依旧办法。

③眷粮问题：50 万人代金没有解决。

④事业费问题：物价高涨，而经费未增。

大家认为国家养不了这许多人，唯有裁减。

午，粮秣司旧同事在新生活饭店叙餐，醉归。晚访钱、周、陈三府。

一月廿六日　星期一

豫中会战②将开始，各军限下月初旬集中，阴历年底，当有大战，联勤［总］部各部门均筹补充，郭总司令定明日赴徐，今晨召集各署，检讨各问题，本署关系较少，拟派陈副署长③随往。

思工作迄鲜头绪，原因系时间不能控制，重心不能把握，拟明日起，先与各科长谈话。

---

① 葛连祥（1905—1972），江西武宁人。清华大学政治系毕业，留学英国伦敦大学，曾任瑞金县长，赴台，在实践研究院受训，1962 年秋赴新加坡南洋大学任教，1965 年返台，任职于"中国钢铁公司"。著作有《老子会通》《中国诗论》等。

② 豫中会战应泛指 1948 年 3 月初的洛阳战役（3 月 8 日—4 月 5 日），豫东战役（6 月 17 日—7 月 6 日）解放军攻占开封，肃清济南至徐州及兖州（7 月 12 日）守军，进而孤立济南。

③ 陈康华（1909—1990），号靖中，福建连江人。时任财务署军需监、副署长，少将军衔，到台湾后升至中将军衔。

家中久未寄款，个人生活日奢，不能俭于身，而俭于亲、于子，心何能安？

一月廿七日　星期二

今日与顾问谈，南京地区收支处工作，又弄清楚二点：

①汇发各地业务费，由财署直接办理

财务署

地区财务处←报销—各地厂　　　　　　预算官—通知→业务署

②各单位不合式之单据，不必退回，应全声复。

新制之精神，与平时理想相合，成功与否，端视推行之毅力耳。

晚王局长治斋兄①来谈鄂事，闻新闻局将与民事局合并，治斋立委有望，亦大佳事。

一月廿八日　星期三

昨接委座②手令，查问新预算制度实施情形。今后对执行政策，恐有一番奋斗。余年来似近暮气，其难胜风浪之大任欤。欲救此风气，在军事方面，端在经费核实与购买统一，试从此入手。

晚请浙陈、林诸君来舍便餐，甚乐。

一月廿九日　星期四

今日上下午在署召集会议，上午各单位财务代理人会议，下午各单位预算官会议，上午因与孙作人兄商业务经费事，未往主持到底，下午则始终在做，能精神贯彻，实为成全之基。下午讲话太多，且多重复，老样矣。

---

① 王开化（1894—1976），字治斋，湖北郧县人。德国哥廷根大学经济学博士。1946年起任国防部民事局长。1948年当选立法院立法委员。1949年赴台，续任"立法委员"。

② 委座，对蒋介石委员长之尊称。

一月卅日　星期五

上午举行署会至十一时半，一月来对业务已相当控制，自后稳健中当有进步。现在措施最要者：

①计划统一购置

②计划财务日报

③计划上海成立收支分处及统一军款收支

④计划第二期新制实施——师管区，宪兵部。

⑤计划报表考核办法

⑥计划三月间举行财务会议

与顾问谈及其中数项，均深表同感。

晚偕小孩①看新都电影，题为 *Theirs is the Glory*，演英伞兵在莱茵河作战失败退回之经过情形，能经得住失败，才真是代表"力"。此片之紧张中沉着，与英皇储结婚片中之欢乐中秩序，均代表英之力，不可侮，对照看来，感想无穷。

一月卅一日　星期六

余到署已一月，业务稍清楚，唯一般人对余印象，似为心太急，脾气太躁，以致距〔拒〕人于千里外，孔子温良恭俭让之美德，何能效之万一耶？

二月一日　星期日

上午照常办公，对如何控制军费详加研究，希望在最近期内，能

---

① "小孩"即本书注释者吴兴镛（1939—　），为吴嵩庆之子，台湾大学毕业，西雅图市华盛顿大学哲学博士，巴尔的摩市约翰·霍普金斯大学医学博士。美国加州大学（尔湾）医学院内科及放射学科正教授。从事甲状腺素代谢研究四十余年，担任台湾科学委员会、"国防"医学院访问教授及台北荣民总医院名誉顾问十余年。吴兴镛业余研究 1948—1949 年发生的中华民国国库黄金运送台湾行动，著作有《黄金档案》《黄金秘档——1949年大陆黄金运台始末》《黄金往事——一九四九民国人与内战黄金终结篇》及英文《甲状腺素代谢》（*Thyroid Hormone Metabolism*）等书。至今（2019 年），71 年后，该晚在南京新街口之新都戏院之记忆犹新。

发生显著效果，有助于物价之平抑。

下午赴后湖①散步。

二月二日　星期一

昨得通报，国防部检讨会议，定今日下午四时在国防部会议室举行，主席②亲临主持，首由林次长报告国防部一般缺点，尚属精彩。次由部本部及参谋本部各单位报告，照规定格式，至为空洞，第一个报告，主席即批评太空洞，以后见人人如此，亦无话说。今日无讲评。

二月三日　星期二

国防部检讨会第二天，下午四时在本部会议室举行。今天为陆海军报告，陆军空洞甚，海军较有资料。余之感想，部本部及陆军总部，均属多余机构，徒成赘瘤，可见全采美国制度，亦属不合国情。

二月四日　星期三

国防部会议第三天，昨日散会主席宣布将第四天之联勤报告提前至今日举行，因之原定准备之材料于上午赶完，余报告在第四位，一般均说尚好，而就余所准备者反多遗漏，亦临时欠镇定细密之过。主席对新制本已重视，经余报告后更望于六个月全国推行，并认因实行此制所需之经费当不必省，今后责任愈重，将如何勤慎处之耶?

二月五日　星期四

晨与顾问商昨日国防部检讨会议主席所指示之推行新制事宜。余将训练人员大意及进行步骤征其意见，伊极同意，并允与其他顾问洽商后，再与意见告知。

---

① 后湖是南京玄武湖之古名。
② 国民政府主席蒋介石。

二月六日　星期五

思近日因任重事繁而对同事之态度日趋傲横，将来积之日久，必将众叛亲离，于事业无所补益。思之可危，今后唯有发挥层层负责之精神，大事不放松，小事不计较，或能心平气和，稍求进益欤。

葛连祥兄寄来伦敦市复兴计划二册，其一嘱转寄王主席①。

二月七日　星期六

上午九时林次长召集新制有关六个单位，讨论如何在六个月内将新制推行于全国。余特别提出训练之重要，并希望先训练一批人作为实行新制之基干，均蒙采纳，并嘱各单位联合研究，作为一整个方案。回署后即嘱计划室着手研究财务部门之方案。

下午四时至行政院见张院长②报告工作，似甚满意。

二月八日　星期日

本年经费已拨三月份第一次 26000 亿，第二次 35000 亿，第三次 33000 亿（已收到 20000 亿），又服装费 4000 亿，今日收到第三次内之 8000 亿及服装费 4000 亿，另借到三月份经费 27000 亿作为补发元月份改善待遇之用。央行已觉吃力矣。

---

① 王东原（1899—1995），原名修塽，安徽全椒人。曾入北京师范大学，后毕业于保定军校。1927 年任何键教导团长，参与"马日事变"。后历任国民革命军旅长、师长、长沙警备司令，曾参加围剿红军。"七七"事变后，任第七十三军军长，参加淞沪会战。1944 年，任湖南省政府主席（邀日记传主吴嵩庆为财政厅长）。1946 年，调任湖南省政府主席。赴台后，曾于 1951—1961 年任台湾当局驻韩国"大使"，参与朝鲜战争中国战俘遣返台湾。1970 年任"国策顾问"。次年，前往美国洛杉矶定居。

② 张群（1889—1990），字岳军，四川华阳人。保定陆军速成学堂毕业，赴日本就读振武学堂，与蒋中正同学，其后曾参与辛亥革命、二次革命、护法运动等。先后任上海市市长、湖北省政府主席、外交部部长、四川省政府主席等职位。抗战胜利后参与国共谈判。1947—1948 年任行政院长。赴台湾后，任"总统府"秘书长，后担任"总统府"资政。

下午四时至后湖散步一小时，觉甚有助于身体，并访沈主席①谈鄂事。

晚诚伯请吃饭。

二月九日　星期一

上午八时一刻在署举行第一次月会，余讲一小时，大意为：

①过去财务署令誉，希望今后仍予保持。

②目前公文效率已减［渐］低落。

③公文表格化之重要，并举个人科员时代所得之经验为例。

在今日余发现一点，即余精神大不如前。讲话末段已觉中气不足，会后更觉疲乏不堪。倘不再从节约精神入手，恐生命有限，于国于己毫无贡献矣。

十一时，总部招待美总顾问 Genl. Bass，同时有其参谋长 Genl. Brink 及联勤顾问 Col. Murphy，与后者略谈署事，伊似相当清楚。

下午因系除夕休假，在寓休息。

二月十日　星期二

今日为阴历元旦，新年无形休假。

上午客来客往，陆续不绝，但细分析，不外陆空二军同仁，私人朋友极少，亦可见余对私友之疏远。

下午访诸长官宅均未遇；至周主任公馆看下棋稍久。

近日看完葛君寄来之 Thomas B. Costain 所著 *The Black Rose*，讲宋元交接期东西两洋沟通故事，而以一英父希母之女郎 Taffy 穿插其中。于此故事中所得教训：

1. 平民化之重要。唯有接近平民，解决平民问题，进而提高民

① 沈鸿烈（1882—1969），湖北天门人，曾就读日本海军学校，先后任海军总司令、青岛市市长、山东省主席、农林部长、（此时任）浙江省主席、铨叙部长等职，去台湾后任"国策顾问"。

权，乃真正国家之光明大道。

2. 毅力之奇迹。此女郎由东到西，一语不懂，竟能达到目的，此种毅力，真乃不可思议。而此毅力之原动力，乃爱与信所织成之一片至诚，于此可见，只要有择善固执之至诚，何事不能为！

二月十一日　星期三

今日开始办公。晚草拟读"推行政令要领"心得，分

（1）原理之探讨

a. 养成法治之精神；b. 加强合作之精神；c. 发挥研究之功能；d. 严格工作之纪律。

（2）业务之应用

a. 控制军费；b. 推行新制。

读之尚能顺口。

二月十二日　星期四

上午十时举行各地区账务审核处会议，余讲

①注意人员之训练；

②注意业务之联系；

③注意工作之纪律；

④注意个人之修养。

各单位工作报告后，讨论本署之提案。下午请林次长明晨训话，伊态度虽冷漠，余必以至诚动之。

二月十三日　星期五

上午九时，林次长来署对地区财务审核处同仁讲话，大意如下：

①对会议要有条理而彻底，勿使问题含糊不决。

②对新制应研究方法，排除可能之困难，准备周到。

③过去［审］计政不良，造成贪污欺［骗］伪造报销之陋习，形成外饱内空情形。

④原因为过去制度，系拿钱去瓜分，而报销可随便造，新制则钱

不瓜分，而随时可用。

　　⑤此次会议应为积极准备推行新制之准备。

　　上午小组会议，下午综合讨论。晚应汪君宴，又遇一次试探。

二月十四日　星期六

　　上午九时郭总司令来署讲话，大意说推行新制，应不畏强力，而首须修身。并参观收支账务两处，似甚满意，拍一照而去。午在署叙餐，陈副总司令初公①亦到。

　　下午四时往谒白部长②，甚客气，嘱有重要事可随时往见。

　　晚上海被服厂长请客，太奢。

二月十五日　星期日

　　上午与各处处长讨论科长专员人选。

　　午各处长在太平洋宴客，约财［务］署、预［算］局、经［理］署三单位，即旧军需署之同仁为多，此风亦须予以纠正。

　　下午访徐次长、孙总司令、孙局长、龚主任、鹿部长③、韩委员，仅遇孙局长及鹿部长，瑞公新丁父艰，与谈甚亲热。

二月十六日　星期一

　　上午参加林次长召集之南岳会议（新制检讨）之意见，对新制问

----

　　①　陈良（1896—1994），字初如，浙江临海人。日本东京农业大学毕业，黄埔军校经理处上校处长，军需署长，此时任联勤副总司令，1949年任上海市市长、国防部次长，赴台后任"交通部部长"（按：吴嵩庆曾在1944年担任军需署副署长，为陈良之副手）。

　　②　白崇禧（1893—1966），字健生，广西临桂人，回族。此时任国防部长，次年任华中"剿匪"总司令。1949年前往台湾，任战略顾问委员会副主任委员［按：吴嵩庆曾于1927年在白崇禧任司令之上海卫戍司令部任少校秘书，后又由白推荐给大学院（教育部）院长蔡元培，得以特约编译员的名义去巴黎留学］。

　　③　鹿钟麟（1884—1966年），字瑞伯，河北定州人，是西北军高级将领。1944年担任兵役部长（邀吴嵩庆以军需署副署长兼任兵役部经理处长），抗战胜利后，兵役部撤销，转任华北宣抚使。中华人民共和国成立后，任国防委员会委员，晚年为天津市政协委员。

题甚多，因此知新酒盛于旧皮囊，其成果亦可想见，而改革之勇气不可或怯也。

总部上午召上校以上人员开会，为介绍两个新副总司令，一为郗君①（即前运输署长），一则为黄仁霖②君也。

下午三时与各处长及预算局代表纪副局长、陆军总部黄处长举行座谈会，讨论预算有关事项。至晚由署各单位长官宴请各处长，辞归。

二月十七日　星期二

上午九时美顾问团开会，正式将财务部分四个编制送交国防部，林次长以下各单位官长均出席，由 Col. Taylor 讲解，财务署、地区收支处、地区财务处、各部队收支处四种组织，［致］辞毕，余讲：

①本署已照顾问建议进行改组。

　　a. 署组织已于去年八月一日改组；

　　b. 南京收支处已于二月一日成立；

　　c. 九个财务审核处已于二月一日成立。

②各种除略有修正外，大体无更改。

③推行新制为各级长官所期望，自当尽力推行，余所望者：

　　a. 不变质；

　　b. 密切配合；

　　c. 逐步推行。

④对顾问合作表示感［谢］意。

总顾问与在座似均表示满意。

下午赴一厅参加新制讨论会，对新制推行时间，经一再修改，结

---

　　①　郗恩绥（1902—1985），字一厂，河北宛平人。保定军校、陆军大学及美国参谋大学毕业。时任联勤总司令部运输署署长，后任副总司令等职。

　　②　黄仁霖（1901—1983），江西安义人。1920 年入东吴大学，旋赴美国范德堡大学（Vanderbilt University）得学士学位。1940 年任军委会战地服务团主任，负责招待来华盟军及办理各地"励志社"。此时（1948 年）出任联勤副总司令，赴台湾后擢升联勤总司令，1975 年赴美国定居。

果与本署所拟相同，可见考虑周到之答案最后总当成为众认之方案。

晚十四绥［靖］李司令①请客于励志社，到者约一半。

二月十八日　星期三

晚得郭悔公电话，知将赴牯岭②述职，为准备材料。

余亦将准备材料，报告［蒋］主席，并明定工作程序，按步做去。

二月十九日　星期四

上午参加总部会报。

运输署对于运输费只代付，坚持须照旧由各银行代付，而不由央行代付，其中必有道理，余为免除过分阻力起见，坚主南京上海须由国库办理，其他各地暂仍其旧，俟各地收支处成立后，再行修正较妥。

本日原想将人马核实研究送呈，因汪君未予研究，今日又赶不及，故任何事先期准备为最妥，临时赶办，忙中必将有错也。

二月廿日　星期五

上午将准备文件送至郭总司令公馆，伊今晨飞牯岭也。

午应中国银行彭经理及柳创霖兄之邀，在中行午餐，醉归。下午休息，经半天之松散，精神顿觉一爽，故休息实为工作之重要调剂石。

二月廿一日　星期六

上午与顾问研究问题，甚感兴趣。

---

①　李觉（1900—1987），湖南长沙人。毕业于保定军校。此时任第十四绥靖区司令，次年任湖南省绥靖总司令部副总司令，8月在长沙参加起义。后历任中国人民解放军第二十一兵团副司令员、民革中央监察委员会常委、全国政协常委等职。

②　牯岭位于江西庐山风景区的中心，是一座海拔1167米的公园式的美丽山城，当时是蒋介石驻跸之所。

准备文件报告主计长，往则以公出，时间不能控制，误事殊甚。柳芳①昨来京，似有目的。

晚六时为吴麟君在励志社证婚。

二月廿二日　星期日

今日星期，预定小孩们上午赴中山陵，余一时往。

上午仍客来客往不绝。并召集人士评议会，低级委员及财务学校招考委员分别讲话。

午赴中央饭店参加第四科何科员结婚礼，细数计有十五席之多，以每席200万计，需3000万，何来巨款？浪费之至。四时自中山陵野餐归来，甚倦。休息后起来，访王青华君未遇，访楚强②后归，整理文稿至午夜。

二月廿三至廿六日　无日记

二月廿七日　星期五

晨署会如常，晚汤副总司令③邀宴营房建筑有关人员，遇金德洋兄④。

看公文至夜一时。

二月廿八日　星期六

青年军军需处长原拟由本署派，现已由经理署派，亦可，但责任须分明。

---

① 柳芳为吴嵩庆之侄女。

② 贺楚强（1903—1986），字子谦，湖南溆浦人。曾任军务局副局长，国大代表，赴台湾后，任《民族报》（《联合报》之前身）总主笔。

③ 汤恩伯（1898—1954），浙江武义人，毕业于日本陆军士官学校。时任陆军副总司令。1949年1月任京沪警备总司令，后赴厦门、金门，任福建省主席兼军委会福建绥靖主任，赴台湾后，到日本治病，1954年逝于日本。

④ 金德洋（1895—1979），江苏盐城人。曾任南京中央军校中校交通教官，后历任国民革命军师长、国民政府国防部监察局中将副局长等职。

午，厚祥君邀吃便饭，纪念台湾"二二八事变"也。座有柯君系国防研究院同学。嗣赴银行公会，郑逸侠兄①宴，座均财部同仁，欢饮辞归。

下午，招待国库局驻审人员及国库署有关人员说明新制，仅到国库局同仁五位。

晚访孙君，九时已睡，而余常过午夜，实太不自知保养，后宜纠正之。

二月廿九日　无日记

三月一日　星期一

今日三一纪念，在中训团举行会议。委座于十一时到达，讲话一小时，检讨一年来"剿匪"工作，有进步，有退步；而政治腐败，尤为致败原因，党毫不能发挥组织力量，成立一机构，挂一牌，作一衙门，而不能发挥真正力量，适与"匪党"相反，因痛骂党之腐败，此次中央党部核定国大代表及立法委员之丑态，并说如从革命立场言，南京为一死城。最后希望中训团毕业学员组织起来，以发挥力量。

晚各机构会计长举行同声座谈会于青年会食堂。

三月二日　星期二

上午九时国防部举行月会，白部长讲军事形势，而强调经济作战之重要，端在实行民生主义。十时半至美顾问团听演讲，今日所讲者为一般参谋业务，分层负责，文书处理，等等，甚感兴趣，归即嘱翻印，送各同仁参考。

晚左泽淦兄②请吃饭。

---

① 郑逸侠（1899—1979），湖北孝感人。曾任湖北省银行行长及省府委员。后赴台，任职辅仁、东吴等各大学。

② 左泽淦（1907—　　），湖北汉阳人，南京中央军校第六期生，时任国防部二厅办公室主任，后任台湾"政工干部"学校少将教官。

今日遇运输署副署长钱立君①，系二十一年前新安镇所遇之老友，前为小朋友，今则居要职矣。

三月三日　星期三

上午八时一刻在署举行月会，特别将主席三一纪念会所讲者转述，再说明公文表格化，与加强公文效率之重要。十时赴毗灵寺参加鹿老太爷公祭。

三月四日　星期四

下午三时白部长召集会议讨论追加预算，至六时尚未结束，定明日再议。晚交通银行招待晚餐。

连日研究如何改善部队经理，焦思苦虑，恒深夜未眠，深感精力不继，远不如前矣。

三月五日　星期五

下午继续开会，计算追加者只需七十余万亿，等于目前军费预算170%，或全国预算70%，此事不知如何处理之？

晚招待顾问，因 Col. Taylor 今日起退休，郭总司令亲来主持，饮酒甚欢，并拍照数张志念。

三月六日　星期六

上午九时邀空军徐处长，海军寇处长来署会谈推行新制办法，[徐]桐轩②方案甚有条理，洵干才也，因决空军照其方案，于六月一日起全面实施新制，海军亦同样办理。

高级干部招训，昨日报告截止，今日举行口试及自传写作，口试

---

① 钱立（1908—1956），别号厉生，又名盘石，浙江嵊县人。南京中央军校第六期毕业，时任运输署少将副署长。

② 徐凤鸣（1910—？），辽宁辽阳人，字桐轩，曾任航空委员会和中央军校经理处长、时任国民党空军副署长，去台后任"国防部"预算局长，后任银行董事，1987年因案涉法。

以陈、潘、何三君担任，自传请刘、汪、何、石四君详阅。

三月七日　星期日

上午至署依常办公。

午后访张正非、吕孟二君，张君思想正确，惟偏于尚空论，吕君似消沉。晚看卷及计划各事至夜一时。

三月八日　星期一

上午九时与预算局举行联席会议，匆促中似不能有重大决议，尤其该局若干人员，专涉细碎，浪费时间，因提议另组技术小组讨论之。

十时三刻曾至美顾问团，为 Col. Taylor 授勋，因思余为国服务二十年，从未得一勋章，今日代表国家授勋外员，能不自愧？

下午举行人事会议。

三月九日　星期二

计划明日起程视察事宜，此乃一月前所决定者，因财务会议前，必须先看一番也。

晚杨老先生请客，又赴储汇局谷、汪、董三君宴，座有舜畊①、次公，醉归。

三月十日　星期三

高级干部讲习，今晨八时开始，余点名及讲话，均以极严肃之态度出之。反复说明，在现阶段之中国，有执行严格工作纪律之必要。嗣出一"慎独释义"一题，嘱做，以见其志趋。下午四时又去讲话，说明狂澜之社会形态与挽狂澜之道，端在作中流砥柱之干部。而对干

---

① 陈舜畊（1900—1991），浙江宁波人。上海沪江大学理科毕业，曾留学美、欧。此时任津浦铁路局局长，1949 年在下野蒋介石办公室第九组办理总务，经手部分军费黄金。4月由溪口护送蒋经国家人赴台，后任农林公司总经理，台湾省铁路局长等职。1962 年因安置退伍军人事，与蒋经国起冲突后，绝任公职。

部之要求，首在确立卓立不拔之人格，然后由点而线，由线而面，始能发挥挽狂澜之功能。余言之甚诚，听者有所动。

上午向郭总司令、林次长、秦次长辞行，郭嘱多看联勤小单位，秦祝此行成行，（如兵役部时期者然）并研究傅作义①部队之成功，林则说出差时期太长，问对部队经理改善之意见，余告以正在研究，实则余此行目的，亦在于此也。

晚八时起程至下关，各同仁来送，九时半开车，夜睡未稳。

三月十一日　星期四

晨八时许抵徐，误点一小时，补给部杜处长及财务处黄处长来接，至财务处休息。

上午照指定工作，分别抄账调查，并召集财务处人员讲话，午饭后稍休息。

下午视察一支站、一加工厂、一通信器材库及一排，深感财产审核之重要，旋至补给区访问。

晚回至财务处后叙餐，旋朱司令来电话邀往，又吃一餐。座有赵署长，饭后谈经理情形，知十八军赵淳如兄②办理甚有成绩。

九时回至财务处，有关各机关同志均来谈，研究如何改善部队经理，做成初步方案，与余所想者相仿佛，甚感兴趣，致十一时始散。

今日头晕几次，精神衰颓可惧，昨日临行时，子柔兄③写信劝我三点：①保养精力；②信任干部；③工作要有步骤。箴言足资座铭，而保养精力之重要，格外正确，于今日之体力中已见其端倪矣。

---

① 傅作义（1895—1974），字宜生，山西荣河（万荣县）人。保定陆军军官学校毕业，时任华北"剿匪"总司令。1949年1月，促成北京和平解放。1949年后，历任中华人民共和国水利部部长、全国政协副主席等职。

② 赵淳如后名为赵志垚（1895—1962），浙江青田人，时任国防部预算局局长，赴台后历任物调会主任委员，台湾省银行常务董事等职。

③ 汪子柔，即财务署办公室主任秘书。

三月十二日　星期五

上午冒雨往城外一三二旅旅部视察，路甚不好，车陷于泥，改乘吉普车往。谈旅部困难各点，心得甚多。该旅棣冯治安①，旅长过君，谈话中似为苦干者，问冯部历史甚久，外人不易插足云。

下午二次访顾总司令②，三时许往，谒值休息，因驱车至空军司令部访罗司令之纲兄③谈移时，甚快，嗣又至总部，值开会，候至七时始往略谈，晚应刘副司令邀至其寓餐，刘国防研究院同学也。

移寓励志社。

三月十三日　星期六

晨起头又晕，八时起补给区司令部对财务预算两处同仁讲话，谈财务署中心工作为控制预算，催结报销，并执行工作纪律。

刘副司令偕徐州总医院徐院长来访，告以病状，为略检查，知并非为血压高，驱车至总医院视察，并请检查血压等，为：红血球4470000，白血球9850，血色素41%；白血球分类：中性白血球44%，淋巴球47%；血压126/80。

血压及血色均尚好，但仍不合标准。

医生嗣后应注意饮食，多吃素菜，晚至迟十时就寝，不宜饮酒吸烟，嗣后再不保养，真是浪费资本矣。

回至通信兵第二团视察，午后休息，晚至吴剑秋君寓便餐。

三月十四日　星期日

晚在寓休息，草完改善部队经理意见书，午在财务处吃饭，回寓

---

① 冯治安（1896—1954），河北故城县人。少年从军，投身于冯玉祥部，历任师长、军长。时任第三绥靖区司令，1949年去台湾后任"总统府"战略顾问等职。身后葬洛杉矶玫瑰岗，与吴嵩庆墓紧邻。

② 顾祝同（1893—1987），字墨三，江苏省涟水人。保定军校毕业，曾任黄埔军校教官，先后任江苏省政府主席、参谋总长、国防部长，时任陆军总司令。

③ 罗机（1903—1965），字之纲，湖南邵阳人。黄埔军校毕业后，又入中央航空学校第一期，时任空军第四路军区司令部司令，后赴台湾，逝于"国防部"次长任上。

休息后，赴炮十三团视察，又增心得。

晚总部总务处李处长请吃饭，嗣顾总司令来电话请吃饭，并约明晨周会讲新制，会餐时遇顾总司令之老师孙老先生，其子为一画家，长宫［廷］画，看其作品十余幅。

三月十五日　星期一

晨至陆军总部参加周会，余讲新财务制度，有图表相助，听者尚感兴趣。会后至各单位访问。

下午一时半在补给区举行座谈会，晚在新新餐馆与军需同仁七十六人叙餐，余倍加鼓励，饭后与当地高级干部讨论第一线部队实施新制初步计划纲要，至十一时半始散。

原定明日赴济南，因附近有战事，决定先返京，将来再赴平。

三月十六日　星期二

晨至江苏学院点军官队中军需同仁名，盖将于今后三日内予以测验，及格者送京受训也，略致劝勉。十时由徐乘车返京，朱司令及其他同仁来送，车中遇汪丰兄，已退役自做生意。晚七时四十分抵浦口，八时二十分抵寓，交通工具较便也。

在车中检讨此次旅行之缺点，共有七点，而余私自检讨，喜怒太形于色，实不足充领导者，慎之！慎之！

三月十七日　星期三

晨至署略谈业务，既赴国防部开华中绥区会议，到有各省主席。

首由［蒋］主席致词，先言会议决议要简单能实行，力戒官僚作风，自高自重，免为外人轻视。次言绥靖要点：

①非常事件应有非常行动来对付。不可拘于现法。

②绥区职权统一，民意机关以及党政不可牵制。

③绥区工作要点为征兵征粮，以及并村筑寨。

④绥区战略为总体战。

次由三厅报告总体战之意义及办法，刘次长为章①尤有扼要说明，现在军事第一，而军事在征兵征粮，总体战应以此为重心。

下午在署略讨论诸般业务，新制训练交余担任班主任，当切实做之。

三月十八日　星期四

上午分配工作毕，午后二时半赴汤山，即在该院招待所休息，约明晨检查身体。

与景院长谈河北匪区情形，感慨良多，国事如此，其何以挽狂澜于既倒。

晚洗一温泉浴，痛快。

三月十九日　星期五

上午做全身检查，一切正常，血压亦不高，差慰。午鹿部长亦来院，请医生诊视其老夫人也。下午赴预二团视察，财务紊乱甚，其他各项亦不甚配合，深感创制之不易。

晚回至医院宿。

三月廿日　星期六

清晨再赴预二旅，巡视昨指示改正各点是否已办。再与各主管谈话，并视察搜索连。雨中过医院，赴四十九团视察，账务亦乱，与团营长谈至十二时余返京，已一时。

下午休息。晚军需学校校庆联谊会，余早归，程天衡兄②来谈。

三月廿一日　星期日

上午至署，处理一切。

---

① 刘斐（1898—1983），字为章，桂系出身，留学日本陆军大学。时任国防部参谋次长。1949年后历任中华人民共和国中央人民政府军事委员会委员、国防委员会委员、国防部研究组组长、全国政协副主席、全国人大常务委员会委员等职。

② 程天衡（程式），江西人，时为国民革命军少将，曾在财务署任职。

午赴宁海路访万主席未遇。与余厅长长谈，并午餐。

下午再访万主席①及沈主席②、王主席③均未遇，至后湖散步荡舟一小时。

三月廿二日　星期一

上午请陈子成君来，约来署工作，又许东方君来，特予挫折，并嘱小心工作，此君有才，唯欲望太高耳。

十一时赴行政院，拟向会计处交涉借五月份经费三万亿，拟见张院长未果，约下午四时再往，因公文未备妥，至五时许往，则已在开会，候至七时，会未毕，来电话嘱与甘秘书长④谈，仍未得结果，办事之难如此，与胡帮办商提明日预算会议。

与赵［志垚］局长谈十八军经理制，仍觉所拟计划可行。

三月廿三日　星期二

上午在总部举行预算追加会议，由总司令主持，总司令谓余，你系兼预算处长，应向各单位接洽，谓胡［副处长］一切未印未发未准备，今日会议，确欠准备，更谈不到充分，胡只见其乱，只重形式礼貌，实非真才，宜慎之。

下午顾问演讲，翻译者不备稿（已印发）而欲口译，结果听不清楚。再三复述，致讲一译至少二，因早归，讲习班顾问讲话闻亦如［是］之。甚矣译之难也。

---

①　万耀煌（1891—1977），字武樵，湖北黄冈人，曾入陆军大学，参加辛亥革命，抗战胜利后继王东原出任湖北省政府主席（吴嵩庆为财政厅长）。1949年去台湾，筹备"革命实践研究院"，后为该院主任。1953年改任"总统府国策顾问"。

②　沈鸿烈，时任山东省主席（见本日记1948年2月8日注）。

③　王东原，1946年任湖南省主席（见本日记1948年2月6日注）。

④　甘乃光（1897—1956），字自明，广西岑溪人。岭南大学经济系毕业，曾任黄埔军校政治部秘书兼政治教官，国民政府实业部代理部长等职，此时任行政院秘书长，1948年5月出任驻澳大利亚大使。

三月廿四日　星期三

全下午为与各位研究预算，花全部时间。

三月廿五日　星期四

上午部务会议，下午仍集中大部精力于方案研究，仍分甲乙两案。

晚在秦次长①公馆公宴鹿部长，祝寿也，到率为兵役部老同事。

尤佳章君②到京来谈。

三月廿六日　星期五

上午举行署务会议。[下略家私事19字]

三月廿七日　星期六

上午赴总部向总司令报告预算情形。

下午邀集新制班指导委员开会，讨论指导方针，嗣赴班视察，回至国防部向次长林报告情形，并请卅日上午八时至班主持开学，适郭总司令亦在座，因谈及第一线部队经理改革计划，郭嘱即发各单位研究，定期研讨，并嘱准备图表，晚设计至深夜。

上午国防部演习台湾登陆③，意义甚好，惟不紧急。

三月廿八日　星期日

上午至署继续研究方案图表，集合各干部意见，略予修正，并看

---

① 秦德纯（1893—1963），字绍文，山东沂水人。毕业于保定陆军军官学校步兵科，历任师长、军长，1933年任察哈尔省政府民政厅厅长，1935年任主席，1946—1948年担任国防部次长，在台湾任"总统府"战略顾问。

② 尤佳章，法名智表，江苏苏州人。交通大学电机科毕业，曾就读于哈佛大学，回国后任中央航空学校教官及浙江大学教授，是一位信奉佛教的科学家，1947年任湖北省开发神农架森林筹备处主任，完成《神农架森林勘查报告》。1950年后，情况不明。

③ 此处似可见国民党政府早已作以台湾为最后根据地的计划。

完公文二时始返寓。下午赴国民［影院］看一美片，意义尚好。

詹特芳①来告，宋同刚君又离班他去，不留一言，余处理不公欤？抑伊无坚忍之恒心欤？

三月廿九日　星期一

今日为黄花岗纪念节，休假一天，第一次国民大会即于今日举行。报载［蒋］主席讲话，强调下列各点：

①宪法贵在实行，不在条文美好。我国的宪法有三大部门：a. 人民的权利；b. 国家的组织；c. 国家的基本国策。要人民有权，政府有能，共同遵守宪法，而民权之基础在民族，民权之目的在民生。

②宪政之最大障碍为"共党"之叛乱，戡乱为建国之首要。

上午访湖北代表，雪公②未遇，遇克公③及钱云阶兄④略谈［后］回，访陈厅长冠灵⑤兄，与浙代表几位见面。午尤君来谈神农架开发事，拟与国防部合资经营，未悉能得各方同意否。下午四时搬入中训团住，因新制业务讲习班定明日开学，余任班主任也。晚饭后，举行内务检查与班务会议。

---

① 詹特芳（1921—2016），湖北潜江人。在1949年内担任财务署署长室的机要秘书，只有一项任务，就是管理秘密军费黄金与银圆的账目，1958年在《文史资料选集》撰文："国府蒋总统下野前，'盗窃'国库金银（即密藏厦门的预支军费）"，"黄金是90万两，美钞是8000万及银圆3000万"（见吴兴镛著《黄金秘档——1949年大陆黄金运台始末》，江苏人民出版社2009年版）。2014年秋吴兴镛曾探访詹于湖北。

② 何成濬（1882—1961），字雪竹，湖北随州人。参加辛亥革命，1929年、1937年两次出任湖北省主席，1939—1947年任军法总监，此时为湖北省参议会长，1948年任国民大会代表并担任会议主席，赴台历任"国策顾问"与"总统府"资政。

③ 徐源泉（1886—1960），字克成、湖北黄冈人。毕业于南京陆军讲武堂。参与武昌首义，国民革命军编遣时，任师长、军长。抗日战争初期，曾在南京、合肥一带阻击日军，不久卸职，任军事参议院上将参议，1947年当选为立法委员。1949年经香港赴台湾，续任"立法委员"。

④ 钱云阶（1904—1978），湖北汉阳人。早年任汉口中学校长，后从事地方教育，1945年任湖北教育厅长（主席王东原），旋被选为国民政府第一届立法委员，赴台续任"立法委员"卅年。

⑤ 陈宝麟，字冠灵，此时为浙江省财政厅长（见本日记1948年1月23日注）。

三月卅日　星期二

晨五时半起床，六时二十分向学员第一次讲话，谈纪律之重要。

七时一刻早餐后往接林次长，至其寓已七时三刻，电国防部说已赴中训团，急赶回则开学典礼已举行，林［蔚］次长已在讲话矣。凡事预则立，所谓预，有二意，一为先有充分准备，一为预留若干余地，以备万一。例如此次往接，人家告我留20分钟，如计算司机技能、路上车辆拥挤成分在内，打算他30分钟或40分钟，岂非更好？于此小节，即可作大事之参证。

林次长讲话开始不久，余即赶到，伊讲得很好，言人事，最低先要求多少人马？阶级分配？不多也不少，无黑官，言财务须不浪费，无不足，不迟报，不浮报，不中饱——凡此皆确实二字之注脚。蔚公真脚踏实地者也。

九时随林次长参加美顾问团对于联勤部业务演讲会。

联勤总部照顾问建议应为作战补给之重心，所谓"service"即为部队服勤务也。汉高［祖］定国，萧何首功，即见补给之重要。

顾问建议中，资料组与联络组，其义甚精，当留意之。

预二旅更换军需主任今日出发，执行纪律，所以示儆于他人，希望新制或能于此推行。

三月卅一日　星期三

留班。晨会讲"确实"之意义。

上午回署，访客不绝，最可笑者为交通银行，连日等于下总攻令，总［经］理、副理、襄理乃至高级班朋友均来疏通，想套头寸，为国执法，只有得罪朋友耳。

下午举行人事评议会。晚回班，点名时，队伍松懈，尤以财务分队为然，痛斥之。

四月一日　星期四

留班。晨班务会议后，赴总部开会，总司令在整理抽屉，不解何故？

下午见《大公报》载，鄂主席万公将调［总］司令职，其然耶？到职三月，郭公无事不尊重意见，实深感激，其何以慰之耶？

下午赴预算处新址傅厚岗 65 号一转，至署据告何总长①定四时到京，因赴机场迎接，接客甚多，何公精神奕奕，不减当年。

五时归班，召集各青年师工作同志开会，征询部队困难意见。

晚看公事毕，得邓元勋②函，请辞职，因前天骂他混蛋，引以为耻也，此余之过也，亟电慰之。

如余脾气不改，必有众叛亲离之一日，戒之戒之，毋怠毋怠。

四月二日　星期五

晨回署邀元勋恳谈，希望今后互相检讨缺点而改正之，以各求进步。

署会举行如常，对财务会议事将有详尽的检讨，天衡兄开始来署办公，下午邀青中学生谈话。

晚白部长宴何团长钦公，各署处长作陪，何谈军事代表团工作甚详，饭毕仍回团。

四月三日　星期六

晨会与上午一小时，继续与学员讲确实、迅速之意义。

上午与顾问研究收支处之组织，始甚明了。

原拟赴汤山休息一晚，因太迟改留家中。

四月四日　星期日

今日为儿童节。

---

①　何应钦（1890—1987 年），字敬之，贵州兴义人。历任黄埔军校总教官、国民政府军事委员会参谋总长、陆军总司令等职。1946—1948 年，赴美国任联合国安全理事会军事参谋团中国代表团团长。此时由美返国。去台湾后，担任"总统府"战略顾问委员会主任委员直至去世。

②　邓元勋是财务署署长室的秘书。

晨兴即照议定赴汤山沐浴，并野餐，兴归①、良光②、香［湘］生③等以及昌、周、蓉诸儿同往，在陆军总医院招待所休息，至晚五时始回。

总部六时举鸡尾酒会欢送墨莱顾问，至七时一刻始散。

晚仍回团。

四月五日至十日 无日记

四月十一日 星期日

上午新制班与陆大乙班三期、监察人员训练班三期、战地视察班三期共举行毕业，［蒋］主席亲临主持，讲话大意谓必须与士卒同甘苦，研究缺点，方能提高士气，争取胜利。

此次新制毕业共189人，连同旁听考取，重庆30人及财务署提供工作10人，共332人。

下午赴高级班茶会，遇老友多位，并偕黄、程、沈诸兄游陵园，对黄牢骚加以辩证。晚在家，请舜畊夫妇等便饭。

四月十二日 星期一

筱香叔④自沪来，托电台事，此当系余第一次代人求情。午在龙门便饭，谈其经历，其奋斗经过，实可钦佩，其言曰，伊对于进货，必自主持，任何细小动作之差误，必予讲话纠正，真干才也。

---

① 吴兴归为吴嵩庆长子，1948年在南京中央大学水利工程系就读；兴昌为四子；兴周为五子；吴兴镛（蓉）为幼子，即此书编注者。

② 叶良光（1902—1981），浙江宁波人。1925年上海沪江大学商科毕业，1948年任财务署署长室秘书，1949年曾参与黄金运台湾，去台湾后续在财务署工作，1960年在上校职位退役。

③ 吴士珍（又名湘荪，湘生）是财务署署长室秘书，为吴嵩庆远房侄孙，1948年年底辞职，次年9月又冒险由上海偷渡定海赴台，续在财务署任职，曾赴美进修，返台兼任财务学校及铭传商专教授。

④ 吴筱香（筱芗），乃吴嵩庆远房叔，曾于1947年热心捐资，复建浙江镇海乡下吴嵩庆父吉三先生卖祖产兴建之"七星延陵学校"。

　　为分发事，对李科长又大骂，引起伊辞职，余之缺点，仍为某君所批评者：喜怒无常，优柔寡断，漫无计划，当深切反省之。

四月十三日　星期二
　　上午赴 AAG① 听演讲，题为空军之职掌。
　　晚赴汤山洗澡休息，［沈］铁丞②同行。

四月十四日　星期三
　　汤山回后，觉缺点仍未改正。戒之戒之，如仍不能纠正缺点，恐前途危险极大。
　　张之珍③兄来书告我人事部分，对我不满消息，此已兆其端矣，可不戒哉。
　　午徐济海先生之子，宁泰九姑之夫，来家便饭。

四月十五日　星期四
　　上午八时参加联勤第一届运动大会，九时半参加部务会议，下午二时参加人马核实问题小组，三时半参加署会后，又讨论财务会议提案。
　　晚为筱香叔宴政工局及新闻局同人，辞归，此种宴会予人以极不良印象而竟为之，天下不得已事类如此。

四月十六日　星期五
　　财务会议将于三日内举行，出席人员陆续不绝，接谈后均约十九日入中训团。
　　总统举选今日公告，为蒋主席、居正二人。

---

　　① 　AAG：Assistance Advisory Group（美军顾问团，MAAG）
　　② 　沈铁丞，由湖北随来财务署工作。
　　③ 　张之珍（1906—？），号儒忱，山东青城〔高青县〕人，黄埔军校六期、中央航校一期毕业。曾任中央航空一队分队长、留学意大利。返国后历任国防部人事厅厅长，空军第五署少将署长等职。

四月十七日　星期六

［陈］舜畊母亲来京，晨偕觉姐①往访，老人家今年八十余，与十年前气色毫未改，见人母，念己亲，老母辛劳如何耶，因作书请来京小住。

晚请陈母及陈小姊②来寓餐，座中余谈舜畊错处甚多，实不应该。

参谋会报如常，无本厅事。

四月十八日　星期日

［补记到四月廿三日］

星期天下午偕元勋赴中训团参加会议。途经廖仲恺先生墓徘徊许，至团已六时，巡视一周，布置甚周密，可喜。

晚举行座谈会，各自介绍，空气殊轻松，嗣宣布此次会议主要目的，在研究控制军费与改进新制及部队办法。

开会五天，因住宿集中，饮食尚好，环境清静，缺席人无，故讨论热烈，研究亦详尽，因此得一感想，惟安定中可求进步，生活不安定，心境不安定，欲进步乌乎能？

出席人数共 69，出席单位共 67（内五单位未到）。包括补给、医、兵站、供应局及新制各校，后调旅等财务主官。

开会共五天，第一天开幕礼及大会，第二天上午大会，均为各单位报告。第二天下午及第三天上下午为审查会，分收支、账务、审核、人事、新制、预算六组审查，第四天上下午及第五天上午为大会讨论提［案］，第五天下午，郭总司令、赵局长③、傅署长等均来参加，讨论主要之八个提案，甚为热烈，最后举行闭幕，并举行宣誓典礼，誓词为："余以至诚宣誓：1.……2.……3.……4.……倘……中

---

① 即吴嵩庆夫人林熺女士（1900—2000），浙江镇海人。

② 陈志坚（1894—1985），名练雪，陈舜畊之姐，是蒋经国母亲毛福梅的义妹，也是奉化"作新女校"同学，著有《我与蒋家婆媳曾生活在一起》（台北《传记文学》1989 年第 54 卷第 3 期转载）。

③ 赵志垚（赵淳如），时任预算局局长（见本日记 1948 年 3 月 10 日注）。

华民国三十七年四月二十三日。"

星期五晚餐后，全体分散。

此次会议之方式与精神，与八年前空军举行第一次财务会议时相同，那时收相当效果，陆军情形虽复杂，如能精神贯注，不难逐渐转移风气也。

拟以一个月时间，清理会议之善后，将决议付诸实施，六月一日起开始视察部队。

此次会议之另一特点为晚间均举行专题讨论，对控制军费，第一线部队及新制均有结论。

四月廿四日　星期六

上午九时林次长来讲话，大意如下：

①财务人员应尊重其个人人格，不为部队长之私人账房。

②财务人员应尊重其个人职守，使为人所尊敬。尽忠职守之道为：a. 不浪费；b. 无不足；c. 无侵吞；d. 无假报；e. 个人无法操纵；f. 报销无积压。

③财务与预算应尽量配合。

④实行公库制度。

⑤发饷应有饷单——人马数目，必须于次月报。

⑥召集所属告以应做之事。

先提起精神，有方案之后，加以努力督促而求其结果。

所言至为要领，因于会后即召集全体人员再加检讨，对于人马数目之控制再加研究，务于分散前得到结论。

下午八时参谋会报后，至署欢宴，余又至国防部招待所参加欢迎鄂省国大代表。

晚八时在署举行晚会，余亦往参加，至十二时始散。

在此对会议顾问来讲话一次，参加晚间小组讨论一次，大会一次，及叙餐与晚会，似均感兴趣。

四月廿五日　星期日

上午人来人往不绝，看完公文，回家休息，周宗璜①、林荣缙②、沈铁丞诸君来寓便饭。

下午偕周、林诸君赴林园散步。

晚邀舜畊来寓便饭，饭后玩桥戏，尤佳章君亦来，并商定神农架合作事。

四月廿六日　星期一

下午再邀出席人员，讨论人马核实查报办法，得到结论。

晚出席代表还［请］席，到赵局长等外客，及本署之人。

四月廿七日　星期二

上午赴美顾问团听讲，今日为国防部各厅局报告，均属空谈。

筱香叔又来京，电台事总算得一结果。

邀收支司一、二、三科长，谈经费控制事。

晚尤君来，告以明晨飞汉［口］，此次合作方案如成功，拟派章定国君为会计主任。

四月廿八日　星期三

前上［蒋］主席报告已批下，对于第一线部队等三方案尚未提及，对经费报告，批示三点（侍黄字第30993号代电国防部）。

①查所称关于人事经费实际发饷员兵为493万余人一节、查各部队缺额甚多，如照第五厅编制之人数作为发饷之根据，而不着眼于如何核实，今后如总以军费困难预算不能配合需要以请求追加为借口，

---

①　周宗璜（1904—1981），浙江湖州人。圣约翰大学毕业，巴黎大学自然科学博士，返国就北平静生生物所职，并兼任北平中国大学生物系主任。时任职于善后救济总署湖北分署，并兼中正大学教授。1949年被聘任为华东局农林部特产处副处长，后任东北农业科学研究所植物保护系主任。开创了中国的真菌研究工作。

②　林荣缙，任职于资源委员会。

不在核实方面设想苦下工夫，则军费永无平衡之日，希切实检讨纠正。

②希饬由联勤总部通令各补给区、各供应局、各转发经费之单位，自五月一日起，每日填写现金结存日报表，由财务署月终汇齐报核。

③准令财政部垫发国币贰万亿元，希即转饬遵照办理

核实问题之严重于此可见，但自信第一线部队计划，实为对症良药，未悉能否见采用也。

四月廿九日　星期四

上午从部会议，下午署会如常。

晚至顾问 Polsrok 寓玩桥戏，Col. Heavy 亦在，余大胜，得一奖香烟一条而回，顾问与余见解相同。

四月卅日　星期五

上午总部举行人事评选会派陈［康华］副署长去。

下午至国防部参加新制座谈会，会中决定常设秘书处，由各单位派员参加，会后至一厅四处访吴处长，吴君久办情报，有同事之雅，语多牢骚。

五月一日　星期六

上午赴空军参加新制讲习会班开班典礼，第一课由余讲新制，大意为新制精神与新财务制度之精神，并带图表说明。下午四时参谋会报如常。

今日起实施夏令时间。

组训司今日成立。

五月二日　星期日

晨常君来见，对工作事即拟补重庆［收支］处缺，调署服务，惟此时余以詹［特芳］君更妥，言已出口，徒留痕迹，古人谓君不密

则失臣，其此之谓欤？余处事多冲动者类是，如不深切改正，将多失败。

午经训班一期同学请吃饭，转瞬十年，光阴如流，时不再来，白了少年头，悲乎。

柳元麟君①亦请午饭，为其兄出任某师区军需主任，在座有夏楚中总司令②、湘省刘司令等，座中一人谓最好到部队去，将来尚有逃难之处，并谓此言并非消极，似含沉痛意。

下午与詹君谈，此君决可用。

谭岳泉③君来谈，知昨到京，万主席亦偕来，晚赴中央饭店候君席后，往励志社谒万，伊谓不早来因恐国大〔会〕未散，多纠纷，不住武昌，恐有政治纠纷。此二语，足见万公对政治已有极大进步矣。

五月三日　星期一

晨召集赴青年师 202、208 人员讲话，勉以各守岗位，并宣布：

①阶级核得过低者，

a. 仍照原级支薪；

b. 在一个月内送有力证件来署，当予转为交涉，并希在三个月内交涉妥当，如确不能成功，则任报告请退，自觅较佳之处。

②如安顿家眷，可预支薪。

当时因某君态度欠佳，怒责之，揆诸规过私室之义，实觉过分，

---

① 柳元麟（1906—1997），别名天风，浙江慈溪人，黄埔四期步科、陆军大学将官班毕业。先后任侍从室警卫团副团长、少将组长。1949 年春任第八军副军长，同年底败退缅北。后赴台湾任国民党中央评议委员。后因国民党军在中缅边境发动攻势，1954 年柳元麟返缅指挥，1961 年后被迫迁台湾。

② 夏楚中（1904—1988），湖南桃江人。黄埔军校第一期毕业，中央训练团第十二期毕业。后任军长、集团军总司令。1949 年去台湾，任台湾东部防卫司令，"国防部"高参，1963 年退役，递补为"国大代表"。

③ 谭岳泉（1900—1994），湖南湘潭人。毕业于国立武汉大学。此时任湖北省政府委员兼建设厅厅长。1949 年后历任台湾省公路局局长、交通处处长，台湾省政府委员兼石门水库主任委员。

事先天衡兄规以"威而不怒"旨哉是言。

晚招待国大诸高级班同学。

五月四日　星期二

今日五四，平静无事。

决定找詹［特芳］君在办公室帮理，下午来到差。其原职则派常君继任，詹君稳重，或有所助。

上午美顾问团讲习会，对联勤各处业务批评，无大意见。

陈总长①返京，今日为其太夫人八旬大寿，会后赴普陀路八号祝寿，晚七时又往吃寿酒，到者甚众。总长似已康复，惟发全白，而人亦消瘦，回忆 32、33 年间，委座信任之专、成绩之著，与后来整编政策之失败，与各地共军之嚣张，客观原因至多，不能归过于一人，决大策之难有如是。

五月五日　星期三

午约鄂省前厅长谭、王二君，前专员程、沈、蔡三君，公产处王君，企委会晏公等宴于银行公会，鄂事不易办，亦在人多口杂，其实何处不人多口杂。武公②前天谓地方事易办亦不易办，易办者多与绅士周旋，不易办者一方要为民众做事，同时又不能得绅士之谅解耳，此语实为新旧时代交替必有之现象，此在我国办事所以与他国不同也。

下午与预算局举行联席会议，又无多大结果，各有立场，难得解决问题类此。

---

① 陈诚（1898—1965），字辞修，浙江青田人。保定陆军军官学校毕业，曾任黄埔军校教官、北伐军团长、师长、军长。抗日战争爆发后任第三战区前敌总指挥，湖北省主席。赴台后，历任台湾省政府主席、"行政院院长"、"副总统"等职。曾任"国防部"参谋总长，时刚从上海手术后回南京养病。

② 即万耀煌，字武樵（见本日记 1948 年 3 月 21 日注）。

晚至余纪忠①君家叙餐，公武②又言，现已至众叛亲离之时，岂其然欤？

五月六日　星期四

上午国防部月会，陆军总部汤副总司令报告，陆总部工作大都为训练。

访朱大文君③于医院，朱君于一星期前患盲肠炎，经割治，今日拆线，经过尚好，朱君工作辛劳，闻病前尚有某种关系，其然欤？

下午总部会报，杨署长④又攻击，余之答复，颇得在座者同情，在鄂数年，别无所获，惟平心静气应付辩论，差有进步耳。

散会后，视察预算处，指示应办事项。

晚万主席来访，看公文至午夜。答余正东⑤函，伊对裁航业局为开一刀，余答以择善而能固执。

陕中战局较佳，山东差。

五月七日　星期五

今日总司令要报告主席及何总长关于经费情形，约四时送到，但结果至四时一刻始送，而总司令经数次电催，不及候而先查，平时努力，经这样不良印象而对销。此次责成汪主任办，而未达成任务，汪为人宜专心于研究一二件文件，而不宜于繁剧之管理工作，用此人为

---

① 余纪忠（1910—2002），江苏武进人。时任中国国民党中央训练委员会主任秘书。台湾《中国时报》创办人，曾任中国国民党中央常务委员会常务委员、中央评议委员会主席团主席。

② 刘公武（1903—1988），号耕芜，湖南华容人。复旦大学、德国柏林大学政治学院毕业。曾任中央训练团党政高级班教务组长，1949 年任湖南省政府秘书长。中华人民共和国成立后历任全国政协委员、民革中央委员、湖南省人民政府参事室副主任、湖南省政协常委等职。

③ 朱大文（1898—1990），安徽无为人。南京中央大学外文系毕业，曾任职于海关署，1933 年入航空委员会，随空军去台湾后，首创现代化公文档案。

④ 杨继曾，时任兵工署长（见本日记 1948 年 1 月 18 日注）。

⑤ 余正东，湖北大冶人。时任湖北省民政厅长，次年去重庆任西南长官公署行政委员会专门委员，中华人民共和国成立后，曾任大学教授，以后缺资料。

办公室主任，是用其所短而非用其所长，养成其欲望，而不愿再做幕僚工作，是余之过也。

下午新制会议，余主席，无要案。

晚与刘以笃兄①研究第一线部队方案，伊思想精密，与余所见略同，有担当者也。

五月八日　星期六

上午八时举行本署月会，首介绍组训司陈司长，次讲

1. 公文效率：

①本署又由第四位退至第十位，当因财务会议之故，希本月加强；

②公文表格化与分层负责之执行，无疑能增公文效率，请研究改进；

③收发文件不可有压积；

④财务会议决议案，应即限期执行。

2. 工作纪律之执行：

①对事——审核司、账务司、办公室；

②对人——组训司。

上午九时补行署务会议，余略加讨论后，即赴总部参加十时之勤务会报，总司令指示准备材料，于星期一晨九时赴何总长公馆报告。

午回寓即计划应报告之材料，交各单位准备，务于明日下午六时前办妥。

下午四时参加参谋会报，七时赴陈总长公馆会餐，陈公报告辞职经过，与国大代表误会各点，散后又至署看准备各项，至午夜回寓。

五月九日　星期日

全日在紧张准备图表中，于晚间全部备妥。

---

① 刘庆生，江苏武进人，别号以笃。保定军校第二十三期毕业，历任军政部会计处科员、主任科员，财务署副署长，时转任海军第四署长。去台湾后，任财务及军需署副署长。为吴嵩庆得力助手。

四时偕小孩等往新都观电影，名为 *Mildred Pierce*① 为某明星所演，中叙一母亲姑息一爱女，终致失身其个人，毁灭其事业，而陷害其爱女，描写尚好。

五月十日　星期一

上午九时至何主任委员②公馆报告，首为副官处、预算局，次为吕参谋长，然后由余讲，原定半小时，嗣讲 45 分钟，超过太多，乃准备不足之过也。

下午与顾问谈，伊认为对，何主任要图表，当另给呈。

晚处理公事至八时余回。

五月十一日　星期二

上午顾问团演讲会，批评联勤工作，定下周答复，对财务建议三点，均可用。

下午参加总部顾问演讲，题为副官处业务，并有人事分类方法之电影，科学管理应从此种处着眼，方为确实。

五月十二日　星期三

何总长所要图表，今日送去。

下午五时［徐堪］主计长来电召往，余首先报告本署业务，嗣赵局长亦来，讨论东北人数案，［行政院］张院长对东北人数不确甚不快，嘱主计长、粮食部、国防部各派大员往查，由主计处主持，今日所讨论者，为查报方针及人选问题，拟先从找材料着手。

五月十三日　星期四

上午部务会议，余就便报告东北人数案及党部经费问题于总司令。

---

① *Mildred Pierce* 系 1945 年出品的美国电影，由 1941 年出版的同名小说改编。

② 何应钦，时任战略顾问委员会主任委员（见本日记 1948 年 4 月 1 日注）

访孔［庚］老先生①，精神健旺，雄心未已如常，可敬。

午招待汪微痕②赴台就新职，欢送也，座并有张士亦兄，酒醉。

晚鹿先生③招宴，报告为伤残服务工作，赫子华兄主其事，鹿先生为董事长。

五月十四日　星期五

思一切计划未能切实推行，如收支网及第一线部队二大问题，在Will Power［意志力］之不足，择善固执之意义在固字，即想尽种种办法以推行，余则计划一送，静待结果，在国内环境，无异守株待兔也。下午二时赴新制会议后，返署举行署会，决定下星期二答顾问案。

五月十五日　星期六

预算处主办预算会议（联勤各单位）于晨九时举行，此系第一次，希望以后每月举行一次。孔老先生来署回拜，谈土地改革方案，甚有劲，伊反对耕者有其田，但主张限制所有权之过大，对缩省区亦反对，此老先生之勇气可佩。

下午参谋会议如常，似为改组前之最后一次，但无人提及。

晚沪［江］大同学会开会，去一转，至经理署，傅署长招待杨署长，欢送出国也。

五月十六日　星期日

下午偕小孩赴后湖荡舟散步。风大，舟行一小时而仅行十分钟可

---

① 孔庚（1873—1950），又名照焕，字文轩，号雯掀，湖北浠水人。留学日本陆军士官学校，参加中国同盟会。曾任湖北省政府委员，一度主持湖北政务。因"倾共"嫌疑而被逮捕，获释后离开政界，投身教育事业，1948年被选为第一届立法委员。1949年在湖北省参议会发言，主张保存中华民国的法统。次年病逝。

② 汪微痕（1896—1971）即汪维恒，原名汪益增，浙江诸暨人。1924年加入中国共产党，1925年跨党加入中国国民党，受命潜伏国民党军需界高层二十余年，此时任经理署副署长，被派往台湾任供应局局长。1949年4月返上海，逝于1971年。

③ 即鹿钟麟（见本日记1948年2月15日注）。

走之路，原约三十万元二小时，坐一小时弃去，即此一端，已属浪费。

五月十七日　星期一

看完连祥兄寄来 *Honeymoon* 一书，书中描写双胞胎两姐妹事，长虚荣，幼有识力，为爱姐，不使陷于非义，而己反被辱被侮，最后始得其夫之谅解而圆满，此一短故事，亦有大教训。

五月十八日　星期二

上午赴美顾问团［演］讲会，今日为见参谋长答复总部各处事，结论为顾问批评可归纳三点，（一）缺乏远大计划；（二）缺乏训练人才；（三）缺乏经费。均系事实，希望有以纠正，白林克［Gen. Brink］参谋长意见，谓经费困难，各国编预算时均如此，中国目前当更甚，但希望一个个钱均为战争胜利而花耳，可谓一针见血。

下午联勤总部讲会，系财务顾问讲，财务制度似解释甚清楚。会后介绍程天衡兄于总司令，后访问第一处、第五处，与龚处长谈收支机构案，约明日派员至该处面洽。

今日向林次长报告财务中心工作，伊似精神不贯注，余报告不中听欤？抑另有心事欤？

五月十九日　星期三

新［参谋］总长顾墨三［祝同］先生就职，闻次长工作有更动，林次长是专管人事，与方次长①对调。

立［法］院开会已十数天，讨论议事规划，对同意权似多纠纷，树立宪政楷模，立院（即国会）与行政院间纠纷必多，此亦须从

---

① 方天（1902—1991），别号天一、天逸，江西赣县人。黄埔军官学校二期毕业，入陆军大学。曾任师长、军长、集团军副总司令。此时代理国防部参谋次长，次年任江西省政府主席，赴台后历任"总统府"战略顾问，"国家总动员委员会"副主任委员等职。

Trial & Error［尝试］中求进步耳！

五月廿日　星期四

今日大总统就职，余至国民大会堂观礼，总统穿长袍马褂，挂勋带一个，副总统①穿军常服、满挂勋章，除宣誓及宣布政策演说外无其他节目。

至国府行觐见礼，三鞠躬而退。

下午总部会报，老河口失守，鄂民损失必大。

晚至黄秉衡先生②府间玩。

五月廿一日　星期五

上午署会。刘以笃相告，胡杭生君两头自吹，此君太聪明，不切实，系事实。

晚国防部林次长召集人事会议，对全国人事计算问题仍照前几次商议，余指出副官局与第五厅所称编制人数不符，应先查对，并言各单位所报者，有的照编制，有的稍少，而均系自报。如照此发款，无异奖励虚报。结论，再由副官局与第五厅查对单位与编制人员，至十一时始散，余以为人马核实问题，根基不固，无异徒劳。

五月廿二日　星期六

上午赴总部欢迎监察局视查官，组长为金德洋③兄。

向总司令报告预算追办情形，材料昨晚始由胡副处长送来，不确实，总司令不满意，胡之过亦余之过，与其责人不如自责。

下午参谋会报，顾总长第一次出席，晚中央党部宴客。

---

① 李宗仁（1891—1969），字德邻，广西桂林人。中华民国陆军一级上将，中国国民党党员。新桂系首领，曾任首任中华民国副总统、代总统。

② 黄秉衡（1901—1989），浙江余姚人。曾任中华民国驻美武官、航空署长、航空委员会厅长、重庆空军司令、空军军官学校长等职。1949 年初移居美国。

③ 金德洋，此时任国防部监察局视查组长（见本日记 1948 年 2 月 27 日注）。

五月廿三日　星期日

林家婶母下午到京，余曾函邀也，拟二宿而返。

为房屋交换事，今日总司令召集中央银行及各署代表商议，此交易目前便宜后来吃亏。

访陈次公谈第一线部队改善财务制度事，伊以为以一区实行为要，拟再商之。

午邀兴归来谈，其思想极"左倾"，但说南京短期内将被攻陷，又近幼稚。

五月廿四日　星期一

晨在顾问室邀集各单位，讨论下半年预算编审及分配问题。拟照顾问意见一试。

以笃兄极言财务署拟提为财务局，或与预［算］局合并之有利，亦值得研究。

五月廿五日　星期二

上午美顾问团讲会，由联勤部各署答复，余答三点：

①收支网希早日完成；

②财务人员调遣权，应归财务署；

③预算分配案容集会讨论。

美顾问团参谋长白林克将军结论，强调一切应为前线，是也。

晚林家婶母返申。

五月廿六日　星期三

上午国防部一般视察，来署视察，组长为金德洋兄，余预定先讲解收支图表，次讲新财务制图表，最后讲第一线部队改进财务制度意见之图表，然后分头视察，据言尚称满意，但余强调应检讨缺点。

晚在署招待徐局长等。

五月廿七日　星期四

上午总部会报，上海港口司令部周司令攻击上海收支人员只有一个，住在四层楼上，天高皇帝远，付款打欠条，等等，钟处长①未出席，余答以即改善。因决嘱钟即晚派员赴沪视察，并决自六月一日起在沪提前成立收支处，其人选问题与各干部详谈，总觉难得理想人物，容明日继续商议。

晚招待湖北旧友。

五月廿八日　星期五

上午赴总部商议房子问题，总司令意亦不必着急，与中行缓商有利条件。

继续研究沪处人选，决派张副司长人钧往，俟征奚②司长同意后再说。

龚洵君来京找事，意在必得，此人操守，余始终怀疑，犹忆其初到公产处，一有空屋，即自攫居，善作笑面，实不可近者，当试观之。

晚顾问来寓后，桥戏。

五月廿九日　星期六

今日将报告面送顾总长，用总司令名义，伊说暇当找谈。

晚天衡兄来访，整理人事方针，均甚中肯，并暗示月来余对该司多表不满而不安，又规劝二点：

①既下命令，不可再改，因将有二种不良后果：

a. 使人知你决心可更改。

b. 使人知何人可使你改。

---

① 钟时益（1914—2008），字蕙塘，湖南桃源人。湖南大学、陆军军需学校、陆军参谋大学及国防研究院毕业。此时任财务署收支司司长，1949年赴台后，曾任"国防部"主计局长、台北市主计处长、台湾省主计处长、"行政院"主计长等职。

② 即奚寿康（1910—　　），浙江平湖人。时任财务署审核司司长，赴台后寿过百岁。

②对于紧要关头之事，稍缓几分钟，放一放再决，可有充分考虑余地。

良友箴言，当永志之。

五月卅日　星期日

经数日考虑，决派张人钧君往沪。

下午邀诸孩往大华看影戏。

晚与龚洵长谈自修处事之道，伊心目中只有自己从不反省，未悉所言有动于衷否？

美顾问告：主官之重要，其格言如下：An organization is the lengthened shadow of the man who heads it. ［一机构乃其负责人身影之延伸］。

五月卅一日至六月十一日　无日记

六月十二日　星期六

晨徐主计长可公①来电话，询新兵征集费案按本年新兵配额为150万，上半年为103万8千人，约征起65万，下半年为46万2千人，因征集费须增加，故兵役局承办上总统报告寻求5544亿，而通过之新兵服装如照50万人计算，正在拟订中之预算，则为70万人，外人观之，自不明了，而内部自己无不清楚，对外不过自圆其说而已。可公来电询问，自属对余信任表示，但余对此事非主管，因向多方查明后向林次长报告，并请示如何回答，伊表示不耐烦，下午参谋会报时，余再面询，又不愿回答，伊系人事次长，有此表示，察言观色，伊对余仍无好感，而于此又可见对部下之应如何谦和之重要。

与顾问谈昨日会议中所得结果，伊等对余似乎衷心推重，余今后应如何自爱，勿负外友之望！

---

① 徐堪，字可亭，时任行政院主计长（见本日记1948年1月17日注）。

六月十三日　星期日

上午邀各业务署预算官商裁减预算腹案，如第一第二两案，半天时间，计可核减 48 万亿至 60 万亿①。

下午访白部长未回，访万主席未遇，在何主任寓晚餐，座客多新交。

晚趁十一时车赴沪，参加财务会议［学校］开学典礼。

六月十四日　星期一

留申。

上午七时五十分车抵站，孙校长作人兄等来接，至孙寓小憩，即赴财校，校在沪市近郊，为前日人海军司令部，建筑五大座，很多附属房子，闻从前设备较好，接收时为部队所毁，现外表何［尚］好，戴雨农②曾新添筑中正堂一座，财校在尚耻堂，前大门左首第二座。

上午举行开学典礼，报告人数，三校学员仅五百余，而官长有六百余，业务处占百五十人，外国办法搬至中国要变质，类此。

下午赴医学院参加开学典礼，遇黄子濂③君，现任牙科主任及牙校主任。

在筱香叔处晚餐，回至金门饭店休息，空军学生及经理同人约三十人来谈。

六月十五日　星期二

留申。

上午作人兄来寓会谈半天，交换各项意见，午赴筱香叔主持之潇

---

① 1948 年 2 月 5 日，国民政府行政院长张群向立法院报告，上半年国家支出为 96 万亿。

② 戴笠（1897—1946），原名春风，字雨农，浙江江山人。曾就读浙江省第一师范学校，黄埔陆军军官学校第六期毕业，长期主持军统。

③ 黄子濂，美国宾州大学牙医学博士，南京中央大学牙医学系首位系主任，此时为国防医学院牙医学系主任。

湘酒家吃饭，知电台事又有变化，南京派萧科长持总司令批可以不必之公文来申，余嘱再备一文，萧说未得朱处长指示，即晚返京，余力戒其勿招摇，而设法助之。

下午至港口司令部及供应局视察业务，对兵站情形，略见轮廓。

港口司令部管陆运、航运、空运，航运已实行新制，陆空则依旧，署中无人注意可怪，该部困难一言以蔽之，运输署不发足经费，层层拖欠，弊由是生，兵站业务乱至此，固有其原因也。

晚约诸同乡来寓谈，从素月、叶封处始知素史离家事①，亦悲剧也。

六月十六日　星期三

上午参加五校教育座谈会，余语侵业务处，殊觉锋芒太露，应宜戒之。

下午在港口司令部参加联勤各单位座谈会，旁听五小时，心中感想殊多，组织与业务费处理不改善，则业务永无希望也。

会后赴江湾访素史，约一小时半，力劝伊，似仍未懂。回至孙宅访作人兄，又至德尧处谈［延陵］校事②，赶赴车站，孙校长等已来送行，旋车开，晚睡甚安。

六月十七日　星期四

晨七时十分抵京，较由京赴沪快四十分钟。

胡君来讲，赵局长③对我误会很深，因于六时许往访之，谈二小时，是成见甚深，无可理喻者，但此亦主观之谈，设身一想，伊亦认为理由十足。伊所举三事，认为余故予打击，余真未梦想及之，归途默念父亲教我的"倘有妒儿忌儿者仍当和颜相处"之语，心转觉平安。

---

① 吴素史、吴素月为吴嵩庆之四妹及五妹。

② 七星延陵学校位于镇海（今北仑区）小港青峙村，该学校为吴父吉三先生毁家所捐建，抗战时因外墙有抗日标语为日寇焚毁。抗战胜利后，1947 年吴嵩庆集资复建，1989年复名，2005 年为蔚斗小学所并，学校土地转为一私营化工公司所用。

③ 赵志垚，字淳如，此时任国防部预算局局长（见本日记 1948 年 3 月 11 日注）。

晚看完公文后，与觉姐谈素史事。

六月十八日　星期五

与杨孝先兄访白部长，谈华中剿［匪］总部事，杨拟将陈副司长推荐为沪收支处长，部长嘱将报告郭总司令，晚谒郭请示，知尚有问题，当慎重处理。

赵淳［如］公心中不快，迁怒于我，分析其心理，此君第一是揽权，权尊之则喜，第二不喜人批评，批评之则能讲十分无理话，其优点在精细，量小者让之尊之而已，倘与斤斤较量，则心中反多一障！

［沈］铁丞君来信大骂，伊与我相处三年，因女人纠纷，被我调职，伊自有其长处，此番不用之财务署，亦不愿用其疑而已！

六月十九日　星期六

思余数月来处事之缺点渐多，最要者为：

①无自制精神，易怒易冲动，均非惜福之道，曾文正公说养身以戒怒恼为本，又言得罪人在一骄字，改过之道在 a. 急事缓做；b. 直言婉说。

②不深沉，太多言而不保留。

③无步骤，想做事太多而不分前后次序，今后必须经下列各点努力：a. 惩忿窒怒；b. 顺理成章。

六月廿日　星期日

原欲赴汤山休息一天，又因拉杂事废去一上半天，至一时始回，下午周宗璜君来寓下棋桥戏半天，晚至陵园散步一小时余，始觉清爽，归途访吴大宇①、赵纯［淳］如二君。

---

① 吴大宇（1906—　），字达予，湖北黄梅人。上海中国公学大学部毕业。历任上海市社会局秘书，湖北省党部委员、书记长，湖北省参议员，旋任湖北省党部书记长，兼任《新湖北日报》社长。1948 年时当选为监察院监察委员，赴台后续任监察委员。

六月廿一日　星期一

昨今上午召见储训员十二人，其中多可用之人，在如何用之耳。

晚承顾问邀赴美军俱乐部玩 Bingo 戏，发每人一纸盘，中列号码 24 个，其中心一为空格，一人在台上报数，如此数纸盘上有之，则拨上红纸作记，为 Straight Bingo，则任何人先为横直或中叉之五字，即得奖金 20 元美金，同时先得者，分受奖金，亦可用外镜框法、内镜框法、T 字形等，余得奖十元，实为一简单娱乐法，娱乐为人生必需之一，实应注意也。

六月廿二日至六月廿六日　无日记

六月廿七日　星期日

昨得祖培电，谈今日来京，惟电码不明，因于七时赴车站接，二班未遇，嗣始知系乘机来，即此误会，亦可见欠精细，如查电底稿或可确知也。

与祖培在陵园消磨四小时，并在深林中恳谈其家事，未悉伊有动于衷否？

下午四时为翁重源①君证婚。

经理署周副署长游为古玩收藏家，其所收集之画、图章、玉器均为无价之宝。

晚草拟改进国军第一线部队过渡办法纲要。

六月廿八日　星期一

晚六时召集各有关单位，讨论第一线部队新制过渡办法，吕参谋长②

---

① 翁重源，时任职于财务署为科长，1949 年考绩为甲等（见本日记 1948 年 7 月 19 日注），去台湾后，曾任"国防部"主计局少将副局长。

② 吕文贞（1909—1995），字石如，河北人。南京陆军大学、重庆国防研究院毕业。陆军大学兵学教官，战区参谋长，华北受降区北平前进指挥所主任，北平剿总司令部参谋长，1948 年时任联勤总部参谋长，去台湾后任教实践研究院。1962 年移居澳门。

先到，讨论至十时，伊做结论亦最精彩，赵淳如已渐改变态度，其他各人无所谓，或不着痛痒。噫，办事之难也，然已渐将贯彻矣。

六月廿九日　星期二

今日下午三时国防部举行军事会议第三次预备会议，对于昨日所讨论之第一线部队改革方案，仍未置议，而发现林次长对余误会之深，尤过于赵局长，百思不得其解，必有小人在后说了犯忌之话，此真俭德避难①之秋，噫！尚何言哉。

晚预算财务顾问请客，或有用意，席中余与顾问谈英谚 A rolling stone gathers no moss，在中国人意义，以为一切应躬自省，如有 Moss 必有其原因，亦非有责己而已。Palsrock 说最大意义为一切应猛进 Aggressive，然后不致有 moss。余不知活动，致嫌隙由此而生，恐惧流言日，不能再有说明矣，政客可怕在此。

六月卅日至七月六日　无日记

七月七日　星期三

七七陆军节，晨在部举行月会，余未往。

晚发号外，黄泛区会战，共军已至铁路北及平汉西，京沪安全矣，物价稳，阔人又可过金迷纸醉生活矣。

致妙妙②信，极力慰之，拟再汇五千万，只有去借，并致书沈校长道谢。

晚偕［詹］特芳去参观军人俱乐部，宿所分将、校、尉三幢，又有礼堂及其他附属设备，据詹云，自助餐不如恩施之公共食堂，归途买 Reader's Digest ［《读者文摘》］一本花［法币］122 万，吓人。

---

①　俭德避难：易经卦文"君子以俭德避难，不可以禄荣之"，即君子遭遇困顿危难的时候，都是以节俭来化解这个灾难。

②　吴兴柔（1928—2013），浙江镇海人，为吴嵩庆之独女（小名妙妙）。当时在苏州私立景海女子中学就读；赴台湾后，毕业于台北师范学院史地系。曾任教台北二女中、师范大学、美国俄亥俄州立大学（哥伦比亚市）等院校。

七月八日　星期四

第一线部队改善财务方案，终于通过于今日会议，余于此又得一教训，花三个月时间，不能得赵［志垚］之同意，而反遭其忌，昨日一席谈，算为他之提案，即通过，噫！

晚应周时中兄之邀宴，座均财界人，［谢］耿民①其一也。

七月九日　星期五

下午新制小组会议，轮余主席，不及二小时散会，故如何控制会场，实为一有趣之学问。

得交际科通知，定明下午五时往谒总统。

七月十日　星期六

上午立法院审查预算，国防部各单位长官均出席。余之感想，在中国民主确属幼稚之至，无政党作用，委员中不少有相反之意见，其结果，哪人会说话，哪人意见即为结论，又往往采折中主张，如两个人意见尚有距离，绝对不辩明白，好事者折中主义总占胜利，其流弊即会说话人多会招摇，颠倒是非，国事不堪问矣。

下午五时往谒总统，主要为解释第一线部队改善意见，及呈送六月份经费报告，及通讯办法与生［活］补费补助办法，总统甚高兴，但所见能蒙采纳否？

七月十一日　星期日

今日全天在立法院讨论预算案。

下午三时半送孙作人兄赴车站，回后又赴立院一转，小组审查告一段落。订蛋糕一盒，欢迎明日妙妙回家。

---

①　谢耿民（1909—1981），浙江余姚人。美国纽约大学公共行政研究院从事研究工作。回国后，历任蒋介石行营机要科科长、行政院组长、国防最高委员会秘书、财政部国库署署长、中央银行国库局局长等。1949年去台湾，历任"财政部"常务次长、"行政院"秘书长、"总统府国策顾问"等。

七月十二日　星期一

与总司令商定，收支处全部人选，除少数拟再讨论请示者，余均决定。

妙妙乘六时半飞机抵京，全家至站相接。

上午九时在第一厅讨论新制问题，全体顾问支持本署所提之改革第一线部队计划之方案，且看下文如何。

七月十三日　星期二

下午四时林次长召集根据第一线部队方案之军费提拨小组会议，讨论四小时，仍回至本署原案原则，噫！我真不懂一切反对之真意。

我不怕公开辩论，而只怕含血喷人——例如，财务署［有人］与我为难，陈总长下台后所以对他攻击……政客可怕在此。

晚在寓讨论人事补充问题。

七月十四日　星期三

今日为法国庆日，想巴黎狂欢依旧？

清晨将人事补充意见报告总司令后，回寓交办，候陆总顾问未至，与裘顾问谈移时。

下午至立法院一转，已通过全部预算，核减八万亿余，至舜畊处一转，赴联勤干训班讲话一小时。

晚在寓欢送程天衡兄，酒中语侵汪君，伊似大不高兴。

七月十五日　星期四

上午总部会报如常。

下午商量人事案最后修正稿，缮正送总司令盖章，即转毛厅长①，

---

① 毛景彪（1912—1961），字啸风，别号玉泉，浙江奉化人。黄埔军校第六期及陆军大学毕业。时任国防部第一厅（管人事）中将厅长。去台湾后，历任"国防部"次长、人事厅厅长、战略顾问等职。

亲送总长核批，总长抽存研究，想又将有变化矣！

七月十六日　星期五

下午开军事预备会议，得要点有二：

（1）在开会前先开预会，整理本部本身提案，此点财务会议已办到。

（2）作战小组先开，由刘［斐］次长召集，其他小组组长参加，先决定纲领，以作战为中心，然后各方配合，此方法很可采取，而且极重要。

会后访谒部长①及李次长等。

接军务局通知，知前面呈总统之生活费补助已予注意，嘱先开会研究，已蒙信任，当更警惕。

七月十七日至十八日　无日记

七月十九日　星期一

人事为最复杂问题，要亦看决心如何，此次收支人事，变更至多，发表后尤多问题，故处理人事，一方须求其精细周到，一方须有决心之表示，不因若干人为私人打算而变更命令，此次教训为第一无时间，亦不允许先征求同意，嗣后在可能范围内尚须先［征］意见，至决心表示，已明白宣告，决不游移，亦不妥协，并将此意微讽总司令请其谅解。

七月廿日至廿四日　无日记

月廿五日　星期日

上午讨论各收支处科长人选问题至午，午后在家看完公文，邀舜

---

① 何应钦（见本日记1948年4月1日注），此时出任国防部长（接自白崇禧），1948年内任期是6月3日至12月24日（由徐永昌接任至1949年5月）。

畔及黄副署长至莘觉兄①家玩桥戏。

七月廿六日　星期一

上午王甲荪君正式来告，不愿再去东北，因只好另选，徐福海君由沪来，告以有无勇气任东北收支处事，伊甚愿，是拟物色蒋继志君为副，蒋九期生，久在远征军也。

下午至中训团讲话二小时，告以经理制度改变经过，及新拟过渡办法，计二小时。

归至空军总部，谈妥先翔事。

晚至周总司令②府桥戏，周累言已有进步，欲消弭过去批评，虽小事，亦注意，可仿之。

七月廿七日至八月十四日　无日记

八月十五日　星期日

今日应为个人修养之纪念日，Make it a red letter day③，嗣后每年今日必须邀请旧时不相和之朋友相聚，无论如何，必不能逃过此日，要紧！要紧！

细思我所以得罪人之处，全在不能设身处地想之，以致优越感常作祟，勿忘"江河容百川，以其下也"，此语为躬自厚而薄责于人之

---

①　钱昌祚（1901—1988），字莘觉，江苏常熟人。1919年清华大学毕业，同年赴美留学。1926年回国在清华任教。后任航委会技术处处长，中央军官学校航空班学科主任。1936年在南京成立中国航空机械学校，担任校长。1940年任南川第二飞机制造厂厂长，曾生产驱逐机、教练机、运输机等近百架。清华大学聘请他作钱学森的指导导师，后推荐钱学森赴美国麻省理工学院攻读航空专业。1946年任国防部第六厅厅长并当选为制宪国民大会代表，1948年此时晋任空军总司令部机械总监。1949年去台湾，历任"经济部"常务次长，"经济安定委员会"秘书长，台湾手工业中心董事长等，著作有《莘觉论选》《浮生百记》等。

②　周至柔（1899—1986），原名百福，浙江临海人。保定陆军军官学校步兵科毕业。1934年起，任中央航空学校校长、航空委员会主任、国民党中央执行委员、空军总司令等职。赴台后，历任"参谋总长"、"国防会议秘书长"、台湾省主席、"总统府"参军长、"国家建设计划委员会"主任委员等职。时任空军总司令。

③　意即一个特殊的日子，有快乐、值得记忆的含义。

脚注，如不能实践此语，则一生毫无事业可言。以后应每日将应访问与 makeup 的朋友于次日访问或无意中补救之，此实为最要。

上午赴介寿堂参加高级班同学会欢迎万教育长会，余迟到早退，偕妙妙赴小红山礼拜①，郎牧师讲基督凯旋，以自己的血去买人的生命，即基督十字架精神，为爱之真精神，亦为真正之爱——神爱，agape②。

下午万教育长、王厅长来访，至苜蓿园张君寓处晚餐。

袁祖成③今日辞职归川。

八月十六日　星期一

上午约新进数人谈。九时半赴总部开会，讨论联勤部队军费提拨问题。发现兵站配属单位太多，而指挥太不统一，因决定：

①配属单位：应归兵站指挥，经费归其转发，业务署不直接指挥；

②直属单位：由业务署直接指挥，不归兵站管理，列表请总司令核示。

下午九时部务会议，余代表本部报告二项：

①外汇问题还有许多未结汇；

②预算问题：a. 服装兵工等费请提前分发。b. 退役俸请准追加。

何部长提示：应向行政院请示者，不必报告。又对立法院移加一元④之陆军加给，应否按指数发给，可付讨论，而讨论又无结果。

八月十七日　星期二

上午举行教育会议，决定三点如下：

①财校学制，拟分为初级班、学员班、高级班，前二者半年，后

---

① 南京小红山礼拜堂又名凯歌堂，抗战前为蒋中正与宋美龄寓所，号称"美龄宫"，坐落于南京著名钟山风景区的小红山上。注释者幼时也曾随父参加礼拜，遥见蒋氏夫妇。

② Agape 为希腊字"爱"，基督教中特指神之爱。

③ 袁祖成，为吴嵩庆由湖北带来之随从，其他不详。

④ 应是金圆券，系一周后，1948 年 8 月 23 日，开始发行，1 元兑法币 300 万圆，2 元兑银圆 1 枚，4 元兑美金 1 元。

者一年（现初级班为学员班）。

②初级班第一期学员班第二班定明年一月开学，高级班九月一日。

③初级班为应战时需要向中学生中考选，自新制军校成立后取消。

今日请以笃向总五处交涉储训员问题，用一些手段，居然成功，于此得甚多之感想。

蒋纬国①君约明日来访。

昨访马震伯②君赴台，妙妙与其女马英［缨］③别七年，相见甚欢。

八月十八日至廿一日　无日记

八月廿二日　星期日

早起习惯，觉于身有补，而日记漏记，又将成为恶习甚矣，习之义大矣哉！

上午赴署处理事务后，于大雨中赴小红山凯歌堂礼拜，自柔儿回家后，将多年未赴教堂之习惯又恢复过来，但现伊遵医嘱须完全休息，只得独往耳。

访范参谋长（渝绥署）、庆祥④兄，均未归，余访友惰性可恶，

---

① 蒋纬国（1916—1997），幼名建镐，号念堂，浙江奉化人。生于日本东京，蒋中正之养子，名义上是蒋介石次子，蒋经国之弟，生父为戴季陶。东吴大学肄业，后入德国陆军慕尼黑军官学校，此时任战车团团长，1949年去台湾．先后任装甲兵司令、三军大学校长、联勤总司令、"国家安全会议"秘书长等职。

② 马震伯（1902—1988），上海浦东人。复旦大学中文系毕业，曾任航空委员会顾问室秘书，与吴嵩庆（航空委员会主任办公室主任秘书及经理处长）同事，赴台后办理私营印刷厂。

③ 马缨（1928— ），上海浦东人。1954年台北师范学院生物系毕业，先后任台北一女中、二女中及中山女中教员。

④ 毛庆祥（1898—1993），浙江奉化人。曾为蒋中正侍从室机要组长，曾长期服务于国民政府军事委员会调查统计局，为戴笠之直属领导。抗战胜利，侍从室撤销，转而出任国民政府参军处机要室主任，1949年辞去军政职，经美国赴阿根廷首府地区办农场，后又去美国，逝于纽约。

因不能及时，致均不能达到目的，Strike while the iron is hot ［趁热打铁］，此即"时"之脚注也。

访许卓修①兄，谈肺病疗养法，须宽心，大气疗养，因购藤长椅一把回供柔儿户外睡，花 2500 万元。

晚偕良光至舜畊家玩，十时许步归。

八月廿三日至九月十八日　　无日记

九月十九日　　星期日

赴杭三宿，参加国父实业计划分会临时大会，到 69 人，第一天上午开幕，下午观潮，第二天、第三天大会及分组讨论。

九月廿日至廿四日　　无日记

九月廿五日　　星期六

济南陷。

九月廿六日至廿九日　　无日记

九月卅日　　星期四

闻王耀武②被俘。

---

① 许卓修（1903—1969），名光彩，安徽祁门人。曾任军事委员会委员长侍从室秘书、国防部参议等职。赴台湾后，1953 年负责"大溪档案"（"蒋中正档案"），为档案室主任，大溪资料室整编小组依记事本末体编纂而成的重要文献汇编，时间起自 1923 年 6 月，止于 1952 年 4 月，亦分为北伐、统一、抗战、戡乱四个部分，1956 年奉派兼任蒋介石事略编纂室总编纂。

② 王耀武（1904—1968），字佐民，山东泰安人。黄埔三期毕业，曾任军长、集团军总司令、省主席、司令长官、国民党中央执行委员。时任第二绥靖区司令官、山东绥靖统一总指挥部主任，此时被俘，1959 年被特赦释放。

十月一日　星期五

日记脱了许多，反响出许多不良恶习，其最大者有：

①惰性：事忙不否认，但决不致于连五分钟写日记的工夫也没有，此惰也非忙也。

②自欺：日记之所以脱落，因有时不守常规时，要想补记昨日之日记，因而觉得无暇，不如明日汇记，如此积重难返，乃至渐脱渐久，自省如何要补记，虽属自看之记，总想求其整齐，因之常变成双日三日乃至周记，此自欺也，我们应有把握现实之精神，往者不追，来者不豫，把握此时，此即孔子之所以为圣之时，亦即易之所谓"时义"。

③守约之要：每日无事忙，究忙何事，而大事仍多遗忘，此不能守约之过也。处处想精细，处处不得要领，惟有能守约，始能守之勿失，惟守约始能综核名实，亦惟守约，始能有常规，愿今后对守约一点多加勉。

回头是岸，经此自新，愿今后日记，做到二点：

①每日仍于晨起时记。

②倘脱落一天，即任其脱落，决不可补记，以求其假完整。

今日为预算后成立一周年纪念，予以四点勉同仁：

①须以预算控制财务。

②须向国防部争取配额。

③须为各单位解决问题。

④自动精神，处事热情，为成功立业之基。

予对预算处工作，责人过多而自责太少，话语多而计划少，此所以失败也。

晚写信致各友至午夜。

十月二日　星期六

沈处长送来十月份起改善办公费等给与表，亦少得可怜。

与商预算财务原则，预算应照指挥系统，财务应处超然地位，并希望恢复预算发款册，或有商量余地。

下午参谋会报中，毛厅长提出行政效率低落原因，谓应分权于各副厅长、处长，余起说上下应分权，内外也应分权，但林次长有成见。

晚至新都看《一缕芳魂》（*Sentimental Journey*）说一夫妇养一女，妇去世后，其夫与养女恢复感情故事，very sentimental ［极为感人］。

十月三日　星期日

上午料理杂务后，赴小红山礼拜，散后余问妙妙，你为何信基督教，伊不答，余以为宗教与哲学相差甚微，即为追求真理，真理代表至善至美，谓之道、谓之佛、谓之上帝均可，人们对真理，有无所谓，一般俗人也，有似好而实非者，弗利赛人也，此均真理之敌，惟衷心爱好，乃菩萨心肠，耶稣救世之心也。

下午至杜宅下棋至深晚归，看 *Love in the Sun* 至二时余，其描写二人之爱与奋斗之苦，可作一般生活之南针。

顾问告 Industry & Regularity ［勤与规律］为人生幸福之门，此需要毅力，勉之！

委员长赴平已二天，观今后战略，将缩短防线，郑汴或将放弃，沈阳即须出击，今年将有大决战，而局面将更艰苦矣。

十月四日至五日　无日记

十月六日　星期三

星期一开了一天会，核对收支机构业务应行兴革事项，致公文积压，两天早晨批阅公文，又误日记。

总司令昨日回部，今日程司长回告有重要决定，展望大局，实深感叹。

今日与预算局二次接洽十月份部队经费拨发办法，伊等又要修改186号命令，总司令大不谓然，朝令夕改，何谈行政效率？

晚访［徐］主计长约明日午后往见，访总司令略谈预算问题。

十月七日　无日记

十月八日　星期五

凡事预则立，此语用之无穷，余对预太欠下功夫，甚至不责己而责人，此于日常工作处处见之，预之道，在每日留出一检讨时间，此最好于晚间散步后独处为之。

下午闻国防经费筹划监理委员会第二次会议时（余第一次参加），对于退役俸数字未准备完竣见之。

昨夜谒总司令谈及 186 号命令有修正事，伊主张命令初下不应随时变更。昨日会报中已将原案呈阅，今晚赵局长来电话，对此次命令，并无变更以前规定，即继谓：请你放宽一些，不要逼人过甚，不要挑拨离间。余答谓："你骂我什么均可以，说我挑拨，实不能受。"不待言终而挂去，噫，怨深矣，奈何。取易经，翻得萃卦①，用大牲吉，牲属坤，其诒我以至忍工夫欤？

十月九日　无日记

十月十日　星期日

国庆节适值星期。

上午十时至总统府参加纪念典礼，总统训示，强调"剿共"为争取民族主义，至民权民生实易解决，过去从来未如预期达到成功，今后希望各院共同配合，早日完成"勘乱"工作。

十一时至小红山做礼拜，贾玉铭②牧师讲双十在宗教之意义，耶稣负了一十字架，我也要负一十字架，如我的十字架与耶稣的十字架

---

　　①　萃卦，祭祀用大牲畜则吉利，本卦上卦为兑，兑为泽；下卦为坤，坤为地。泽水淹地，是萃卦的卦象。君子观此卦象，以洪水横流，祸乱丛聚为戒。

　　②　贾玉铭（1880—1964），山东昌乐人，是中国基督教新教福音派的著名神学家。1948 年，在荷兰举行的世界福音会议上当选为副主席，1956 年出任中国基督教上海灵修神学院院长，1957 年"反右"运动期间被打为右派，1959 年，上海灵修神学院停办。

相符即为义，此与中国哲学讲道与法之意义同。

下午知舜畊将奉母归里二星期祝寿，因与母亲等往访，是劝其在此紧急时期，如无他故，希望尽量缩短假期也。

晚清理文牍至午夜。

十月十一日　无日记

十月十二日　星期二

预算处工作确有落后，无自动精神，且一切紊乱，希望今后能逐渐改善，此种提纲工作，实我之责任，奚用责人为！

高级班①同学中意见也庞杂不堪，现王②有意来领导，未悉能成功否？军事日见猛退，业务牵制太甚，默念前途，实深焦虑。

复芝③书，未知更应如何？沛诚兄前天今天二次来谈杭甬路事，其热情可佩，希望其成功。得马岳民④兄函，知尤佳章之事，内有文章，尤之金钱不可靠，亦为今后用人之一教训。

十月十三日　星期三

上午访天民，赞光及陈开泗⑤君，约晚在署便饭并参加晚会，到者尚有王教育长⑥、张子扬、冯叔平、刘公武⑦诸兄，未深谈，晚会有李万春之《三江口》及《狮子楼》《空城计》，客观二剧而散。

---

① 高级班，中国国民党中央训练团高级党政人员训练班之简称。为1943年1月中央训练团所增设，参加受训的人员来自党政训练班第一至第十期毕业学员中成绩优异者。

② 王指王东原（见本日记1948年2月6日注）。

③ "芝"即卢瀛洲，浙江金华人。留法习法律，此时在浙江高等法院任职，著有《国际联盟研究》（商务版）。

④ 马岳民（1914—1987），上海川沙人。毕业于复旦大学化学系，1949年到东北师范大学工作，历任有机教研室主任、化学系副主任、校图书馆馆长、吉林省化学化学会副理事长等职，曾主编全国师范院校统编教材《有机化学》。

⑤ 陈开泗，四川巴中县人。1932年毕业于国民党中央政治学校，曾任华县县长，四川新都实验县县长，四川民政厅长等职，赴台后曾任"立法院"秘书长。为晏阳初之女婿。

⑥ 王指王东原，曾任中央训练团教育长（见本日记1948年2月6日注）。

⑦ 刘公武（见本日记1948年5月5日注）。

对六届干事勾选事，事虽小当慎处，拟十八日召集会议。

行政院国防经费筹划监理委员会兼第三组长之命今日下达，拟明晨往谒雷秘书长①请示方针。

十月十四日　星期四

上下午分别参加总部会报及署会如恒。

与雷秘书长谈核实事②，实有万分感慨，今后如何促上轨道，令人焦虑不已，盖核实而能争取胜利，方为有效，而经纬万端，实不易着手也。

晚沛诚兄宴浙同乡谈杭甬路事，得识同乡不少，拟轮流访问。

十月十五日至十六日　无日记

十月十七日　星期日

连日紧张，星期五开会一天，上午与各单位商减预算，下午参加军费监理会，星期六上午理公文，下午参加参谋会议，锦州已少希望，三厅徐副厅长在彼。

今日上午至署料理杂务，偕妙妙赴陵园做礼拜，陈牧师讲上帝，

---

① 雷法章（1902—1988），湖北汉川人。武昌文华大学毕业，历任青岛教育局长、山东省政府秘书长、民政厅长，1945 年以内政部次长为外蒙古独立之公民投票督导人，从库仑返回后，此时任考试院秘书长，1949 年去台湾，先后任"铨叙部部长"，"国策顾问"等职。

② 核实指核实军队人数。（见本日记 1948 年 4 月 28 日注）"……（蒋）主席报告已批下，对经（军）费报告，批示三点：（侍黄字第 30993 号代电国防部）：……发饷之根据，而不着眼于如何核实……"即根除军队"吃空额"、浮报人数，以降低军费预算，而军费占国家总预算百分之七十以上，是最紧要事，当时人数是部队长向国防部第一厅（人事）申报，金圆券快速贬值之下，物价飞涨，不浮报人数无法得足够给养，严重影响战斗力；军费膨胀与金圆券巨贬成为恶性循环，是国民党政权的致命伤，日记作者在风头浪尖，但无能为力，由于核实人数，不是财务署的职权，"令人焦虑不已"。总之，浮报军队人数、"吃空额"是当时国民党军的"癌症"，根治之道在核实，故日记作者到处请益，希望有办法核实三军人数，达成蒋介石交代任务：降低军费预算（蒋估计全军浮报人数达两成）。

造男女照自己的貌，究竟上帝之貌如何？结论为上帝是慈悲、温柔、和平、诚于心形于外，此与各宗教所讲之道同。

下午伴母亲至后湖闲步。

十月十八日　无日记

十月十九日　星期二

前天讨论38年度预算编制办法，昨天上下午则在行政院讨论37年度追加预算，看来追加在2亿余①，当不致十分困难。

昨今两晚均邀高级班同学勾选委员便饭，讨论勾选事，因昨未解决，故今又继续，事虽小须慎重，今晚决定，故可勉为无缺欤？

十月廿日至廿四日　无日记

十月廿五日　星期一

过去紧张一星期，监理会审查下半年追加预算三天，卒将58000余万之款减至22500万，皆大欢喜，行政院准备3亿而现不及此数，国防部则全部追加一次核定，候米下锅，亦觉痛快。

此案在星期五顺利通过。

星期六则忙监察院视察，上午在总部开会半天，回署准备本身报告，原拟廿四日发表论文一篇，后以顾虑太多即送监察委员参考。

星期一晨监察委员至署视察，报告办法及问题研究，似尚满意。

此系对付，但大局有将倾之势，如何以独木支危局耶！思之憬然。

---

① 此为金圆券，1948年8月19日发行，取代法币（300万法币兑1圆金圆券）。至10月底，金圆券发行已达16.5亿，接近发行额上限的20亿，此处追加预算都达2亿余，金圆券贬值的命运已定，果然，11月底的发行额即达32.3亿（杨荫溥：《民国财政史》，中国财政经济出版社1985年版，第215页），物价指数也飙升近30倍（洪葭管主编：《中央银行史料1928.11—1949.5》下册，中国金融出版社2005年版，第1330—1332页）。

晚至美顾问俱乐部，应顾问邀玩，又得一奖美金贰拾元，拟用以购 Bingo 一套送署。

十月廿六日至廿八日　无日记

十月廿九日　星期五

母亲连日想回家，一因晚谷将登场收租，二因叔祖母神经欠健，恐有问题。前几天得四嫂来信，谓叔祖母有病，更坚归心，但老人独自回去，觉姐不肯去，亦无法去，思之黯然。

一切准备妥了，今晨送伊［母亲］上八时火车，宁康陪去，准备在沪一宿，星期六返里。向署借来一百元，以四十元交宁康作往返旅费，六十元奉母亲作另用，家中用费，只有售谷耳。

月来已向署借三百元，第一次因家中钱乏，借来一百元，前天旧同学黄君来借一百元，今又借百元，此款如逐月扣还，恐需多月，一念同仁借支未必如此方便，又觉惭愧。

本周忙预算及监察院视察，前者数额太大，恐多问题，后者计星期二、五两次招待，未知伊等观感如何？

十月卅日至十一月廿八日　无日记

十一月廿九日　星期一

上月今日送母亲上车返乡，今日则送觉姐、小孩等赴沪，打算回里，而此一月间之变化真是惊人。

自锦州失陷①，沈阳危急②，乃至营口、葫岛③相继撤退以来，失败主义与空气弥漫全国，又因金圆［券］政策失败，又恢复黄金抛售政策，造成一切不安现象，而徐州会战以来，始则稍胜，但黄伯韬

---

① 1948 年 10 月 15 日解放军攻克锦州，同月 21 日长春解放。

② 11 月 2 日解放军攻占沈阳。

③ 11 月 2 日、10 日解放军分别攻占营口、葫芦岛。

兵团被歼后①，情势顿形变化，至今日余亦不得不送眷返乡，此岂一月前所意料？

总部会报中讨论今后迁移改组之步骤，应该一旦蚌埠失守，势必京沪震动，恐将秩序大乱，均先作疏散家眷之计，但如果京沪弃守，今日之敌岂能如十年前之敌，任令节节退守乎？前途不堪设想。

晚整理橱柜，觉心境转清。

十一月卅日　无日记

十二月一日　星期三

昨今二天，白天忙公事，晚间忙整理箱柜，我的习惯，喜整理清洁，现忙每一柜每一抽屉均整理得有秩序，心中一快，且不管可住多久。

今日为杜军空投事，忙打电话接洽，看总司令口吻，已渐"硬化"，它可有二个原因，一是事情太忙，当然性情加燥，二是或因某种原因，对我不满意，前者应原谅，后者应知退，但此非退时，俟大局明朗化后再说。

规定星期三、六打牙祭并洗澡，今日起实行，事有秩序，亦觉一快。

香生要回家了，理由是身体吃不消，此是他第二次离我（或是第三次），他就是不声不响，一有决心才宣告出来，在目前情况下，自然谈不到挽留了。子柔兄口说不怕，真是如此，才算患难朋友。

十二月二日至四日　无日记

十二月五日　星期日

今天做礼拜，牧师讲"圣子"问题，如何能亲切感到耶稣实为我

---

① 黄伯韬（1900—1948），原名新，字焕然，号寒玉，祖籍广东梅县。工专毕业投北洋李纯部从军，旋入陆军大学学习。历任师长、军长、兵团司令，曾获青天白日勋章。此时被解放军包围于碾庄，兵败自杀身亡，被追授为陆军上将。

赎罪，以慈母为爱牺牲一般，方为真正基督徒，以 Agape 之爱，实为拯救人性之伟大，我其应如何自处，以不负基督徒之名乎？

午朱皆平①、刘永锟、贺楚强、向贤德②、许卓修诸兄来寓便饭，谈至欢。

十二月六日至七日　无日记

十二月八日　星期三

昌昌、香生今晚夜车返沪。

近日军事仍处被动之势，京沪站又渐拥挤，此次放弃徐州，争取宿［州稳］固，以包围敌军主力，本可大胜，奈蚌埠兵力接济不上，恐不能得预期之效耳。

香生妹香珠自杀，不知真正的原因为何，《大公报》载为生计困难，未悉有内幕否？此家近年来人口不安，为家风所靡，甚望香生能争气，但此子亦太为用心，昨今两天劝导之，不知谈得太过火否？总司令发给特支费一万元，当然好意，实收之有愧。

十二月九日至十日　无日记

十二月十一日　星期六

战事消息，报上已由歼灭包围而至相持，西报宣传徐战政府损失甚大，贝文③在议会宣言，英国现不能予我援助，一旦恢复和平后，当尽力予我以援助，此为我大使前天访问一公开答复，蒋夫人在美亦

---

①　朱皆平（1898—1964），原名朱泰信，安徽全椒人。交通大学毕业，留学英国伦敦大学、法国巴黎大学与巴斯德学院。回国在江苏省建设厅任工程师，1931—1948 年在交通大学任教授，1954—1964 年，在中南土木建筑学院任教授。

②　向贤德（1904—1977），字毅庵，湖南宁乡人。1922 年赴德入柏林高等工业大学学习化工，时任中央标准局局长。去台湾后建立"中央标准局"，后任"经济部"顾问。

③　欧内斯特·贝文（Ernest Bevin，1881—1951），英国工党领导人，1940 年起先后任劳工大臣和外交大臣，积极推动北大西洋公约组织的建立。

鲜成效，杜鲁门已公开宣布不派麦克阿瑟，而我国报纸尚事宣传美将如何援我，此等大事，英美必将协调的，两国宣言南京无论如何使馆不退，上海美军或将登陆保侨，此与民国十五六年外邦态度相同，已注明命中国府必倒，与共党传眉情矣，可耻可恨，可愤可叹，国是至此，尚复何说。

大彻大悟大改大革，如不承认被革，自须自革，此其时矣。

李仲武兄一家拟迁渝，前天来京，今搬入我家住。

十二月十二日至十三日　无日记

十二月十四日　星期二

昨天新制会报，讨论预算财务组织问题，本署主张除财务署名义仍隶联勤总部，但由预算局长兼任外，余均同意预财两机构合并，今日又将此意答复五厅，未悉将来演变如何？

前方在对峙中，今日，时间对我不利，林彪部已入关，河北将有大战，闻徐州也发现林部番号，如是则久恐生变，美国强调，还是政协主张，［蒋］老先生将何以处之？

秦绍公［德纯］来函请供支五千元，此老可佩。

十二月十五日　无日记

十二月十六日　星期四

计觉姐等昨晚已回家。

昨遇特勤署厉君，承告［蒋］夫人在美舆论亦欠佳，想系"左"倾报纸，但现无结果，则为事实。闻今日下午沪报号外言和，恐非其时。

十二月十七日至廿日　无日记

十二月廿一日　星期二

叔祖母十七日出殡，详情尚未函报为念。

自平津战事发生以来，已有一周，局势虽稳住，看来成二孤岛，但傅①非卫②，平津亦非东北，尚要看最后五分钟。

孙阁宣布组成，看今后改革如何，闻国防部将由俞大维继，或先有一番改革。

预算局赵淳如辞，由张铸九③继，今日交接，偕二副往贺，定明晚招待新旧任。

晚在署举行棋会，十一时始散。

杨继曾署长回国，送来自来水笔一支。

十二月廿二日　星期三

前线消息令人焦虑，继两黄兵团④溃败之后，邱⑤李⑥兵团能否安全殊不可必，此套本钱完后，将来不堪想象。

孙阁已公布，何部长辞，陆大徐校长永昌续，谢冠生落选，亦一意外事，财粮未动。

晚宴预算局新旧局长及经理署潘副署长、四处黄处长、陈冠灵⑦兄来谈。

---

① 傅作义，字宜生，见本日记1948年3月18日注。

② 卫立煌（1897—1960），字俊如，又字辉珊，安徽合肥人。曾任师长、军长、中国远征军司令，1948年任东北"剿匪"总司令部总司令。1955年由香港返北京，历任中华人民共和国国防委员会副主席、全国政协常务委员、全国人大代表、民革中央常委等职。

③ 张铸九，1948年12月任国防部预算局长，接自赵志垚（见本日记1948年3月11日注）。

④ 指黄伯韬与黄维两兵团。黄维（1904—1989），字悟我，江西贵溪人。黄埔军校一期生，参加淞沪会战、武汉保卫战、缅甸反攻等，此时任十二兵团司令长官，俗称"黄维兵团"，在淮海战中兵败被俘。1975年，作为最后一批战犯被赦，后任政协委员，致力于军史研究。

⑤ 邱清泉（1902—1949），学名青钱，字雨庵，浙江温州人。黄埔军校二期、德国柏林陆军大学毕业，历任师长、军长、第二兵团司令。1949年初在陈官庄突围不成死难，追授中华民国陆军二级上将。

⑥ 李弥（1902—1973），云南盈江人。黄埔军校四期毕业。曾任江西瑞昌县长，历任师长、军长，1948年任十三兵团司令官。1950年率部撤往缅甸、老挝、泰国交界地，被委任"云南省政府主席兼云南绥靖公署主任"。1954年撤往台湾，曾任国民党中央评议委员。

⑦ 陈宝麟，字冠灵，时任浙江省财政厅长（见本日记1948年1月23日注）。

十二月廿三日　星期四

今日为发给国防部各长官特支费事，第一次受总司令责骂，缘前建议请部长发给各高级人员特支费共若干以资补助，而承办员一不小心，在收据上仅注明"奉总长顾发给"而未将部长何并提，以致生气，鬼鬼魅魅之事我做不来，以致未予特别注意，一年苦劳，不闻因补给贻误而被骂，仅为此细事而痛责，可怜亦复可叹，此事当然应责己没有办好，应引咎，但于此亦可见社会一般之是非功过观念之机轫？不禁自寒。

十二月廿四日　无日记

十二月廿五日　星期六

昨晚［高级班］同学会勾选会在署开，后赴新生社参观，因饮酒跳舞俱乐，大醉归，今晨睡了半天，差痊。

晚宴杨署长等谈在美情形，据告，陆军部分，共计 8700 万［美元军援］，其中兵工（4000 余）、运输（千余），合占 6000 万，军医 700 万，通讯 400 万，装甲 100 万，油料垫付 800 余万云云，求人之难，一言难尽，从此自力更生也！

邀各与宴长官参加苹果［Bingo］晚会，殊乐。

十二月廿六日　星期日

晨起雪飞，入午更烈，余十一时赴小红山礼拜时，正亦出纷飞时，自然伟大，于此可见一斑。若干士兵负担过［重］，其苦状立见，前线当更甚，余非悯苦，悯前后方苦乐不均也。余非非战①，然目前战事，任何方胜利，不能解决问题耳。

---

① 指《非战公约》，全称《关于废弃战争作为国家政策工具的普遍公约》，亦称《巴黎非战公约》（*Pact of Paris*），是 1928 年 8 月 27 日在巴黎签署的一项国际公约，该公约规定放弃以战争作为国家政策的手段和只能以和平方法解决国际争端或冲突。

作上部长节略，有关同仁忙了一天。

晚周翁庭兄来谈，咨之以谋，以观其识，我难言之，其不愿露才欤，其无所用心欤？用人不易有如此。

十二月廿七日　星期一

本日下午在总部会商，知时局将有重大变化，默测前途，不禁忧心如焚。

十二月廿八日　无日记

十二月廿九日　星期三

蜀[1]电来谈芝事，感旧憾，怀新愁，人非草木，能无感伤？我惟有在不伤自尊心范围内尽其责任耳。

十二月卅日　星期四

在同事黄君结婚席上遇曹振鹏君，有案商量，因邀同归，所商者为建议之预、财会并事，已听取其理由，当思索之。

与周君弈，悟作事之道：

①时时统筹全局；

②着着占先（积极精神）；

③蚁穴可以溃堤，必须步步细心；

④谨防小人及伪君子之利诱、威迫；

⑤只有真见识——识低者事业亦低。

十二月卅一日　星期五

一年反省，觉个人进步甚少。

---

① 周蜀云（1907—1989），四川达县人。法国南锡大学法学博士。回国后担任大夏大学、厦门大学等教授，1947 年任国民政府立法院立法委员，为青年党代表。1949 年赴台湾，任"司法院"法制研究员、公务惩戒委员会委员至退休。为日记传主吴嵩庆之留法同学，编著有《西窗散记》《徐汉豪先生言论选集》等。其夫为徐汉豪。

归纳过去直言批评朋友的话语：

①优柔寡断——善之不能用，忧之不能去；

②无计划，好冲动，欠沉着；

③无组织能力；

④量狭气盛。

一年中缺点考核，犯最大毛病为④，次为②，又次为①③。

今后的自修，应着重于下列各点：

①涵养气量——勿轻易表示对人缺点，小过可讽则讽，大过应立予纠正。

②默察人事——对人多观察。

③计划工作——发挥组织能力，有步骤、要沉着。

今年日记脱落太多，亦为一大缺点，明年务须纠正。

今年的优点，没有荒职，没有对人不起之事（除赵心中不快，过后似亦已释然），仍想望进步路上去。

今年的大局，不堪回首，我没有积极的贡献，亦应负一部［分］责任。

四十七岁的光阴易逝，勉乎哉！

一九四九年

卅八年自省项目：

①量是否自然地宽宏。

②人是否融合的契合。

③工作是否严密的组织、步骤的推行、不断的考核。

嵩庆自题

卅八年元旦

年假待办事项

公：

①核实本年度计划——大事记。

②核实去年度工作报告。

③计划视察办法。

④调整人事与组织。

私：

①向亲友贺年。

②为母亲买胶。

元月一日　星期六

今日过了一忙碌的早晨。七时四十五分在署团拜，八时在国防部团拜，九时一刻赴小红山［凯歌堂］礼拜，十一时在国府团拜，并访问若干长官。

委员长发表元旦文告，揭露言和之条件：

①无害于国家独立完整而有助于人民的休养生息。

②神圣的宪法不由我而违反，民主宪政不因此而破坏，中华民国的国体能够确保，中华民国的法统不致中断。

③军队有确实的保障。

④人民能够维持其自由的生活方式与目前最低生活水准。

要求共党作确实的表示，如无诚意则必周旋到底。

在总统府团拜中，肯加以说明，言和并非乞降，已有实力的准备。

在国防部团拜中更说明去年三大缺点：

①秘密——保守机密的重要。

②迅速——公事不可迟钝。

③确实——补给办事，必须切实做到。

余将此意于午间于署内叙餐时向同人转述。

晚宴新婚夫妇六对（一位太太已疏散）于寓中，尽欢而散。

元月二日　星期日

晨偕汪君①至陵园散步，旋至小红山礼拜。邵镜三牧师②证道，题为"作新民"，要点：新民的条件为

①克己厚于责人。

②大我重于小我。

③精神超于物质。

④服务先于享受。

⑤听神胜于听人。

---

① 汪子柔时任财务署办公室主任，在重庆离任留大陆。

② 邵镜三（1902—1958），江苏南京人。金陵大学毕业后入金陵神学院，毕业后入美国耶鲁大学深造，获哲学博士学位归国，任"中国宗教徒联谊会"首任理事，参与宗教界的抗日工作。胜利后历任中华基督教会全国理事会代理总干事，南京金陵神学院校董，中国基督教总干事，此时为南京基督教协进会主席。1958年被划为右派，迫害致死，1980年平反。

赴广州第一批今日起程，周主任搏风①兄领队，午往送行，邀至寓晚餐。

元月三日　星期一

前天闻陈君不知耻之报告后，心中刻不能忍，财务人员究有几个好，实难讲，而如何辨别贤劣，为国家振纲纪，愿上帝赐我智慧，妥以处之。

访秦次长②贺任鲁主席。

以笃心话，想离，当代向前途进行，今日伊为一热心负责者，如事成，将马去群空矣。

元月四日　星期二

晨至张局长③处商业务，伊似极有才气，其从大处落墨，似较淳公犹过者，宜善交之。

访陆总部余总司令④，报告业务并贺年。

访桂总司令⑤，留吃饭，桂公似富有组织能力，闻尚有小组织，伊极望以笃兄往任四署长，余亦盼促成之。

以笃兄谈初公［陈良］甚望在各方面布置人员，因思张伯若君曾评余少组织能力，所谓组织者其即人员布置之谓欤？天衡亦说，如无人事为基础，恐事业落空，果以此事为准，则余欠差矣，容与张君讨论之。

---

① 周搏风（1896—1966），即周彭赏，浙江临海人。历任黄埔军校训练部教官、团长、副军长等职，1946年任联勤总部办公厅主任，赴台后与夫人赵筱梅创办台北西湖高级工商职业学校。

② 秦德纯（见本日记1948年1月20日注），此时去青岛出任山东省主席，就任不久就离飞广州，还任国防部次长。

③ 张铸九，时任国防部预算局长（见本日记1948年12月21日注）。

④ 余汉谋（1896—1981），字幄奇，广东高要人，1948年5月任陆军总司令，1949年初任广州绥靖主任。到台湾后，任"总统府"战略顾问、"中央评议委员"等职。

⑤ 桂永清（1900—1954），字率真，江西贵溪人。黄埔军校第一期毕业。国民革命军海军二级上将。曾发起组织"三民主义研究社"，历任军职，时任海军总司令。去台湾后出任参谋总长，旋逝于任内，后追赠陆军一级上将。

晚何佳雨①君来弈棋，何君已请资遣，拟回家行医，盖独行其
是者。

元月五日　星期三

以笃兄②拟后天赴粤，亦公私两便事，但总感去一大帮手。

每天盼芝③函，今日接到。［以下删有关私事35字］

元月六日　星期四

发饷人数问题，始终没有搞清，其原因为部队人数都是假的。今
年工作，当以亲到部队去看为原则。

晚春节与各高级同仁聚餐，并欢送以笃兄赴粤，饮茶。

总司令来电话，委员长已批准可发廿亿［金圆券］④，此是极大
信任之表示，当何以善处之，注意，注意。

元月七日　星期五

今日洗了一次澡，只是抹身，也觉痛快。

［以下删去有关私事20字］

元月八日　星期六

吕参谋长电话嘱谒林［蔚］次长，因往谈。知为台币给与⑤，与
私人汇款二事。前者系一大问题，定明晨由国防部会商。后者林实一
清苦之长官，上次部长发特支费一万元，汇五千元赴台。今因总统又
发六十岁寿礼二万元嘱汇，均按1：600汇率折算。

---

①　何佳雨为一中医师，是吴嵩庆之围棋棋友，1949年后在台北行医。

②　刘庆生，字以笃（见本日记1948年5月7日注）。

③　卢瀛洲，浙江金华人，生卒年月不详，为吴嵩庆留法同学（见本日记1948年10月12日注）。

④　此时金圆券发行额至上月底已达82亿，此月底更高达209亿（杨荫溥：《民国财政史》，中国财政经济出版社1985年版，第215页）。

⑤　台币给与，即台湾区军费以台币给付，大陆金圆券与台币都在贬值中，由于汇率变化跟不上贬值速度，纠纷迭起，成为中央与台省之矛盾。

为特别准备金事①拟报告，与总司令核定，下午赴傅厚岗向徐[堪]部长接洽。即由可公面报批准，六时许至主计部商定，即成定案，有此准备，差可放心。

晚至新生社参加黄君宴会，并与周总司令、舜畦、莘觉等玩桥戏。探知邱（清泉）部损失极大，前线甚危。

元月九日　星期日

昨夜因准备金案办理未妥，甚为焦虑，嗣想即照规定先支半数，今晨即照此方案准备，征得总司令同意，即晚赴沪接洽。

上午在总部讨论紧缩案，至午。我们组织要由大缩小，总觉顾虑太多，因之悟由俭入奢易，由奢入俭难二语之真理。惟有时时俭约，重要关头有立刻从奢入俭之决心。个人国家何莫不然。

今日空投杜［聿明］部四千万。

元月十日　星期一

多时不坐夜车，眠未稳。晨到沪，张主任来接。早点后即赴襄阳南路徐府②，接洽后即驱车至央行与俞③刘④两总裁，发行局梁、陈二

---

①　准备金案，即以日记传主之财务署名义，与财政部及中央银行订草约，把国库金圆券之部分黄金准备金转到财务署名下，成为"预支军费"，这是蒋介石下野前为日后继续掌握军权及财权、与解放军周旋之关键部署（吴兴镛：《黄金秘档——1949年大陆黄金运台始末》，江苏人民出版社2009年版，第53—76页）。

②　襄阳南路357弄永安别业3号为财政部长徐堪寓所，今为上海市历史建筑。

③　俞鸿钧（1898—1960），广东新会人。上海圣约翰大学毕业。1936—1939年任上海市市长，后历任外交部政务次长、中央信托局局长、财政部长。1948年5月专任中央银行总裁，于12月与刘攻芸副总裁负责将260万两黄金及400万银圆从上海国库分运台北、厦门。此前二日，即元月八日已被新任行政院长孙科解除央行总裁职（吴兴镛：《黄金往事——一九四九民国人与内战黄金终结篇》，台北时报文化出版社2013年版，第97—104页）。

④　刘攻芸（1900—1973），原名驷业，福建侯官（闽侯）人。1947年3月任中央银行副总裁；1949年1月任中央银行总裁，同年3月任财政部部长，1949年初负责将上海国库剩余黄金50余万两飞运台北，6月去职，次年赴新加坡（吴兴镛：《黄金往事——一九四九民国人与内战黄金终结篇》，第123—131页）。

局长①，业务局王副局长②等洽办。下午持草约再至徐府，知预支事已得谅解，甚慰。

原想打电话给芝，半天不通，又予取消挂号。（以下删有关私事16字）

元月十一日　星期二

约德尧来后，并午餐，乡味久不尝矣。五时又同去看《战时［地］钟声》，尚好。

订约事③告一段落，上午决定草约及手续，下午取来。

下午赴供应局、港口司令部、收支处、警备部一转。晚在素月家与小孩等闲玩。九时半赴站，车未到。与张主任散步至十时半许上车，人甚挤，不知熙攘者何为？

在10:25车上，晚拥挤情形可怕，不但跳窗进，还有睡车顶者。噫，我们真享受天堂生活，而不知在我上者尚有多少层，此车厢中众生，在其下者又不知有若干层。贫富悬殊，社会何能安？

元月十二日　星期三

晨抵京，来来④及李科长来接。

至总司令公馆，详细报告出差经过。并请示是否须赴台一行。结论：考虑后再说。

上午约陈［康华，财务署副署长］、程［邦藻，财务署副署长］、汪［子柔，主任秘书］三君来寓，告以出差经过，并嘱办手续。

下午休息，晚至署讨论人事问题，回后痛责周君办事无责任心、

---

① 梁平、陈延祚为发行局正、副局长。

② 王紫霜为业务局副局长。

③ 订约：此即《军费草约》。中央银行将金圆券准备金近80万两黄金、3000万银圆及7000万美元外汇转吴嵩庆作为"预支军费"，为金圆券贬为"废纸"后，从1949年4月至12月之国民党军队内战军费（吴兴镛：《黄金秘档——1949年大陆黄金运台始末》，第55—65页）。

④ 吴兴来（1924—2012），浙江镇海人，为日记作者次子，1950年重庆大学数学系毕业，在云南师范大学任教授多年。

无成绩，失之过厉，伊不悔不怨即无志气。

元月十三日　星期四

上午总部会报，下午署会如常。

增加一个月薪，院已决定，但尚未下令，尚须候前线士兵发之二元之人数之确定。不知须候至何时。

向总司令报告下列各事：

①美金公债案。

②汉口收支处已汇二千万，该处已派员来结账。

③西北三个月周转金案。

④春节犒赏案。

⑤台币案。

⑥银圆案。

⑦北平收支处案。

元月十四日　星期五

下班后与各同仁讨论人事问题，附属机关人事已有一整理办法，如不予如此严格督促，恐再过一星期，亦未见得能完成，至时无准备可知。

晚杜、云［大选］二君又来棋战至午夜。［以下删家庭私事64字］

元月十五日　星期六

决定人事整理方案。

元月十六日　星期日

晚车赴沪。

上午礼拜如常，处理以前各案。

下午杜、云二君来弈，叶桂华君亦来谈。

车误点，一时半始开。

元月十七日　星期一

晨十一时余始抵沪。

下午即偕张主任访徐［堪］部长，报告明日赴台，请购银圆事，伊不同意。

午睡后，洗澡、看电影、吃饭、独乐，此种休息久不享受矣，回扬子［饭店］亲友满座。打通南京电话仍须赴台。

元月十八日　星期二

晨五时半起身，车来接，五时一刻起程至机场，七时整起飞，十时抵台，一路甚安。汪局长、王主任①、张处长沛然等来接。至励志社休息后，即赴省府登记，归途访汪局长，视察收支处，并访郄副总司令略谈。

下午四时至省府谒陈［诚］主席，谈购台币事，旋访郭夫人②，晚应王主任叙餐，彭师长来谈。

官僚形成，关系风气甚大，我不愿应酬，而应酬自至。应如何倡导风气，实为今后改革之重点。

晚宿励志社。

元月十九日　星期三

留台北。

---

① 王逸芬（1907—1971?），又名王永涛，别号翊群。湖北咸宁人。毕业于重庆军需学校，1941 年至 1948 年任职国民政府警卫总队的军需部门，从团、旅主任到师军需处长，是蒋中正官邸的亲信，1948 年 8 月派到财务署担任台湾收支处处长，负责看守厦门运台财务署保管之黄金。1949 年得蒋中正批准，以财务署保管黄金创台北《民族报》，旋并入《联合报》（亦得财务署保管之黄金创立）。1950 年朝鲜战争爆发，又创《民族晚报》（见吴兴镛《黄金往事——一九四九民国人与内战黄金终结篇》，第 179—182 页）。

② 斯璘（?—1988），联勤总司令郭忏的夫人，浙江诸暨人。省立杭州师范学校毕业，曾任江防军子弟学校校长。郭忏 1950 年去世后，独自照护一残障独子，家宅在台北与吴府近邻，受照顾近四十载（郭忏，见本日记 1948 年 1 月 2 日注）。

上午访林次长太太及湘臣①兄，湘臣兄十余年未见，稍觉老，言现组织渔航公司，希望有成绩。

午张沛然君等旧雨邀宴，下午偕严厅长②再谒陈主席，决定分期结汇，决派王主任［逸芬］赴沪办理此事，余则仍照原定计划赴高雄视察，并请供应局何科长同行。车十时开，路不平，睡不安。

元月廿日　星期四

在高雄。

晨八时抵站，业务处张处长等来接。在站早点后，即赴 201D［师］、206D 及训练司令部③视察，至下午二时毕，在司令部开座谈会，为解决若干问题，三时半赴凯歌归餐，餐毕赴高雄要塞及左营海军司令部参观。

整理决议文案，开支票 36 亿，交何科长带交收支处执行。

九时半自高雄开车，倦者易为睡，一夜香甜。

原拟赴台中访果老④，因得电话催归，作罢。

元月廿一日　星期五

晨抵台北，知陈主席专机定午后一时起飞，因赴湘臣君再一谈，决请三嫂天安来台游玩，旋赴林、郭二宅一转，午应汪［微痕］局长宴。

---

① 林国珪（1893—1955），字湘臣，浙江镇海人。日本东京帝国大学经济系毕业，在外交部任职。妹林熺是吴嵩庆的夫人，幼子林海峰为旅日国际闻名的围棋名手。

② 严家淦（1905—1993），字静波，江苏吴县人。毕业于上海圣约翰大学，时任台湾省政府财政厅长，去台湾后，曾出任"经济部部长"、台湾省政府主席、"财政部部长"、"行政院院长"、"副总统"。1975 年蒋介石去世，继任为"总统"，1978 年让位给蒋经国。

③ 台湾陆军训练司令部。孙立人（1900—1990），安徽庐江人，于 1948 年 11 月起担任司令官。

④ 陈果夫（1892—1951），名祖焘，浙江吴兴人。陈果夫及其弟陈立夫与蒋介石关系密切，是国民党 CC 系首领之一。1949 年初在台中养（肺）病，旋逝。

十二时四十分抵站，一时起飞，至富阳上空后，令改飞杭州，三时二十分抵笕桥，打南京电话不通，始知［蒋］老先生于四时二十分离京来杭，大局剧变矣①。

五时半专机到，老先生甚安详。余则偕华国琦君赴京，至清泰休息，原拟赴沪，至站则已无车矣。约芝后畅叙，得京电话嘱赴沪。

元月廿二日　星期六

晨六时余起床，办［联勤］总部致央行提款，拟并缮正，国琦来，偕赴航校，飞机已备好，为小心起见，打电话至沪，询知徐部长并未在京［沪］，因决改派京。十时乘CT6-17号起飞，飞行员孙君找不到南京目标，至十二时半在常州机场降落，略问乡人后又起飞，至一时半在芜湖降落，飞行三时半，余已准备跳伞，殆天作警告欤？幸得平安，洵为大福。

九时至总司令谈报告经过，至林次长公馆则已睡矣。

元月廿三日　星期日

上午访林次长送带物未遇。访［陈］辞公及严厅长，访徐部长交涉余款。十时余至署，交办各案，人员大都已疏散，仅余五十，再嘱详细计划房屋居住及工作分配。

十一时至凯歌堂礼拜，人去堂空，心为黯然。

午后访汪子年君②及总司令，三时约各同志至寓谈，四时至机场，沪天气恶劣封机，只得改明日成行。

晚清理文案并答各友信。

［以下删去有关私事8字］

---

① 蒋介石此日下野，由南京飞来杭州，故奉令转来杭相会。蒋下野前已把内战军费安排妥当，故神态安详（见吴兴镛《黄金秘档——1949年大陆黄金运台始末》，第76页）。

② 汪元（1912—1981），字子年，江苏武进人，毕业于金陵大学。1943年任粮食部储备司司长，1949年任财政部主任秘书；去台湾后历任"行政院"设计委员会委员，台湾银行董事会秘书、公库部经理及副总经理等职。

元月廿四日至廿八日　无日记

元月廿九日　星期六

［在上海］

今日为农历元旦，离乱中在旅社过除夕。

爆竹声不因禁令而禁绝，仍声声震耳。

过年生活，仍未见战时迹象。

余仍照旧历年龄，今日起为四十八岁矣，岁月不再，徒感老大。

晨至徐宅拜年，似特别客气，余报告各事，伊约明晨再往，有要事商量，不知何事也，其为调职欤？觉姐亦猜之。

至李次长、谢署长寓均不在，至总部谒张副总司令，略谈局势，似大江不易飞渡。

回至寓餐，仅两老一小孩，下午休息，海筹、兴来来，兴归仍未见面，自感惭愧欤？抑心有不快欤？此子心有变态，不禁自感教子之无方。

寂寞过年夜，默念伊人，当亦如之。

元月卅日　星期日

昨晚得电话，谓总司令①将于十一时许抵沪，嘱往接。晨先应约至徐（堪）宅，知为财部及重庆电力公司借款事，余允转达，此即所谓官僚资本欤？

至业务局一转，知海军款今日到，起搬。

十一时至机场，三总司令②同来，约三时至俞③宅谈，按时往。

---

① 郭忏，字悔吾，时任联勤总司令。日记里多尊称为"悔公"（见本日记 1948 年 1 月 2 日注）。

② 三总司令即联勤总司令郭忏、海军总司令桂永清、空军总司令周至柔。三人都是为催促中央银行拨给三军的三千万银圆"国军抚恤金"，此时唯恐被李（宗仁）代总统所截留。海军款是三百万元（其中卅万元此日搬上重庆号巡洋舰，蒋介石认为是该舰投共的近因。见 1949 年 3 月 6 日蒋中正日记），空军款一千二百万元，余为陆军款由财务署保管。这是蒋介石在下野前深思熟虑所安排的内战军费，他可直接控制，其他就是吴嵩庆在 1 月上旬所签的《军费草约》（1949 年 1 月 10 日），后（1949 年 6 月，见此日记）由中央银行转自厦门的黄金 78 万余两。

③ 俞鸿钧，见本日记 1949 年 1 月 10 日注。

谈毕赴招待所一转，晚应陈司令①宴，晚间开联勤座谈会，十时半又至徐宅报命。

闻初公②谈前天共党广播，迫人太甚。恐和平无希望。

元月卅一日　星期一

九时按约至刘［攻芸］宅续谈昨事，决定原则，余再洽。

至招待所与总司令拉杂谈，午各单位主官同来叙餐，餐后偕傅君至央行交涉布款，旋赴榆林路本署，今日起办公仍未上轨，闻陈、潘发生意气，昨招潘劝解之。

刘以笃③兄今日到，伊改任海军第四署长，惜桂［总司令］等已先一小时返京，与京程④通话，未得要领，约明日再告。

二月一日　星期二

晨得侠生电话，知［郭］总座［司令］约以笃赴京，今日票购不到，嘱明晨成行。

赴徐宅［堪］，谈借款事，嘱暂候。

至榆林路办公，十时半招集临时署会。

下午至中正学校一转，国防部各单位情形甚乱，诚为战乱气象。与张［铸九］局长略谈，谒李次长⑤返署。

---

① 陈大庆（1904—1973），字养浩，江西崇义人。黄埔军校第一期毕业。积功升团、旅长。抗战期间任师长、军长，1944年升集团军总司令，此时任上海淞沪警备司令。退往台湾后，历任台湾警备总司令、陆军总司令、台湾省政府主席、"国防部长"等职。

② 陈良，字初如，此时任财政部政务次长，兼田粮署长（见本日记1948年2月14日注）。

③ 刘庆生，别号以笃（见本日记1948年5月7日注）。

④ 程邦藻，字侠生，时任财务署副署长。

⑤ 李及兰（1904—1957），字治方，广东阳山人。黄埔军校第一期毕业。1931年任旅长并参加江西"剿共"之役，后任师长、军长，抗战胜利后历任吴淞要塞司令、淞沪警备总司令，1947年当选国民大会代表，此时任国防部参谋次长。1950年由港转台湾续任"国大代表"。

晚至韩孝先①君寓餐，遇孙康濂②兄，伊为陈纳德公司中文秘书，月薪 450 元，上月可得二万余，本月可得九万余，约十倍于我薪，闻舒伯炎君③月薪金元一千，美金两百④，则为三十万元，百余倍于余矣，此即今日不平现象之一端也。

二月二日　星期三

访秦次长谈经费事。

访李次长谈职员借薪三月事，嘱对四厅先发。

晚至乐三兄寓便餐，遇其二婿及万祥、运翔兄弟及其诸女。

二月三日　星期四

晨赴徐［堪］府，借款事先支五千万元。

谈到［副］食费事，汉口方面改发现款⑤。为此事可公⑥甚感焦急，适庞⑦、秦二公偕张［铸九］局长至，因决定先照商定 32 亿拨，又运输费先拨三亿，海军先提三亿（闻孙［科］院长核定八亿，国库署已拨）。

谒何［应钦］部长，体力未恢复，略见而回。

晚与总司令通话，对职员借支三个月薪大不满意。

在国泰看 *Black Swan*［《黑天鹅》］，尚佳。

接侠生电，刘、程二君约明日来沪。

---

①　韩孝先，1923 年沪江大学文科毕业，其他不详。

②　孙康濂，曾任中央航校航空班秘书（主任为黄秉衡），此时在陈纳德的民航空运队任职。

③　舒伯炎，湖南长沙人，长沙雅礼（湘雅）大学毕业，美国普林斯顿大学硕士。曾任陈纳德将军的翻译，航委会英文翻译室主任（与吴嵩庆同事）。妹舒仲楷（1901—1996）是长沙福湘女子高中毕业，与杨开慧是同学好友。

④　金圆券与美金换算，此时约 1200：1，仅 200 美金即可兑 24 万金圆券（路透社上海 1949 年 2 月 5 日电：今日上海市场，美金一元值一千四百金圆）。

⑤　1949 年 1 月白崇禧在汉口截留中央银行运广州银圆 275 万元（武汉地方志，www.whfz.gov.cn，1949 年 1 月 11 日），此时改发银圆的现款。

⑥　徐堪，字可亭，官场上又称"可公"（见本日记 1948 年 1 月 17 日注）。

⑦　庞松舟（见本日记 1948 年 1 月 19 日注），时任行政院主计长。

二月四日至十四　无日记①

二月十五日　星期二

晨回沪，倦甚，休息半天。

得南京电话，知阎主任百川②抵沪商粮运③。嘱约徐部长商谈。因商定原则，前往报告，业核定先付运费47250万，以后每天付费。在徐宅遇庞主计长，伊以空运多浪费，必须降落方免流弊，又总吨数本定为6000吨，兹改为2000吨，定明日商订约。

二月十六日　星期三

晨约中国、中央、民航队三家与运输署代表在署商订合约，至午。

下午二时至干部训练班讲话，三时访庞主计长未遇，至国库署洽经费，知文尚未到，须先请部长批垫，又回至署，再与各公司修正草约，定明晨呈徐部长核示。

原约即赴徐宅，电询知有请愿公务员包围，经济之乱，甚于军事者如此。

二月十七日至五月一日　无日记

[按：其间两个半月，大事如下：

2月25日　巡洋舰"重庆号"投共；

3月22日　国府李代总统命央行总裁刘攻芸将转运台湾及厦门金

---

①　2月6日至10日，有数批黄金空运台湾，共55万余两，后大部为军费。此时间里，吴嵩庆出差在外，似是在台北，接2月15日所记。

②　阎锡山（1883—1960），字百川、伯川，山西五台人。日本陆军士官学校毕业，历任山西省都督、督军、省长、北方国民革命军总司令、军事委员会副委员长，此时任太原绥靖公署主任。1949年6月至次年3月任"行政院院长"兼"国防部长"，赴台后任"总统府资政"。

③　太原于1948年秋已被解放军包围，此处为空运粮食至太原事。阎锡山在1949年2月15日已离开太原抵达上海。

银运返；

　　4月20日　国共和谈开始；

　　4月21日　江阴要塞投共，解放军渡长江；

　　4月22日　国共和谈破裂；

　　4月23日　南京解放；

　　4月25日　太原失陷。]

五月二日　星期一

　　晨起，准备飞粤，此行与十二年前中日战争爆发后离京时之心境大不相同。

　　招兴来、妙妙讲话，告以战时不如暂避宁波，兴来不待言终出门而去，后至楼下又招来问意见，伊含泪言：余只有一言，七年前已去乡，现离毕业只有一年。余告以全不明我意，余所言者，并非不读书，乃指战争来临前夕之此时、此地而言，炮弹不生眼，亦君子不立岩墙之意。

　　大二两儿对我极不满，我不能得子之爱，必有其缺点，尚何言哉？

　　上午十时四十分起飞，下午三时抵粤，至署即巡视各处、各宿所，晚餐于汪宅，宿于执信南路二号寓。

五月三日　星期二

　　晨约孙处长伴访［郭］悔公，访张总司令向华①、何院长［应钦］、余主任［汉谋］、黄副主任等。

　　下午访预算局、财政部，并偕子久②兄访秦次长谈副食费分配事。

　　一片乱紊情形，党国危如此，可叹。

　　晚请同仁聚餐于孙处长寓。

---

　　①　张发奎（1896—1980），字向华，广东始兴人。早年参加中国同盟会。后任师长，因有战功升军长，抗战时先后任集团军总司令、兵团总司令、战区司令长官等职。抗战胜利后，任广州行辕主任，此时任陆军总司令，后赴香港。

　　②　张子久，1949年9月出任联勤总部经理署署长。

五月四日　星期三

晨至署应接访客，旋偕范副司长访薛主席①、欧阳市长②、叶警备司令③等。

下午蓝季昌④君来谈鄂事，殊多感慨，解决署内若干人事，访刘［攻芸］部长洽事毕回寓，约［叶］良光［财务署秘书］明日来寓住。

晚与仲谋通话，并为余［汉谋］主任解决事二项。约黄处长慕云来谈闽处事。

五月五日　星期四

上午赴总部开会，半天。

下午偕钟司长⑤同赴［何］院长公馆，讨论副费分配，决定西南、西北多发一元，其他各地减少。钟回程中私谓，现长官无决断心，实感战事前途可危。噫！已危至无药救之地步矣。

闻刘［攻芸］部长三次来电话，后知为银圆预算事，定明日开会讨论，晚先至［顾］总长寓交换意见，决定人数为350万，经费恐在3500万［银圆］以上。

五月六日　星期五

晨至署料理杂务，十一时至刘部长处集会，讨论改币制⑥后之预算，争执在3000万—3400万元间。

---

①　薛岳（1896—1998），原名薛仰岳，字伯陵，广东韶关人。保定陆军军官学校第六期生，时任广东省政府主席。解放军进入广州后，改任海南防卫总司令，后撤退台湾任"战略顾问"。

②　欧阳驹（1896—1958），字惜白，广东中山人。毕业于保定陆军军官学校，时任广州市市长。后赴台，曾任"总统府国策顾问"。

③　叶肇（1892—1953），原名庚泮，号伯芹，广东新兴人。此时任广州警备司令部司令。后赴台湾定居。

④　蓝季昌，1948年任湖北宜都县长，余不详。

⑤　钟时益（见本日记1948年5月27日注），此时任财务署收支司司长。

⑥　改币制指7月2日发行之银圆券取代金圆券，以五亿金圆券兑一元银圆券。

梁□文君私谓此次改币，将铸一两、半两、一钱之金圆。此方案原为刘所反对，而仍不得不采用，但此一二月光阴浪费之可惜，中国事原是如此，刘为金融家，非财政家，在某种角度视之，信然。

长沙何主任来说长沙已不见金圆［券］，谓大可不必运，重庆来电话，谓已二星期无款。噫！财政误国至此。晚曹鸿若君来谈。

五月七日　星期六

李宗黄①先生来访，为划拨台湾来粤之印刷款事。

下午偕总司令访刘部长，谈兵工经费将在230万元基数中，以20万发银圆。往购台币200万，210万元以200万：1折合，较其他经费多一倍。

正南②由闽来，似未大进步。［以下略去私事7字］

五月八日　星期日

房东朱君亦为教友，今日往访，约同赴教堂做礼拜，堂名锡安，为华侨所支持，下周起有国语礼拜。

下午，孙家大姑小姑与正南来访，同往游烈士墓及观电影，并至小姑家晚餐。电影为 *Captain Courageous*，描写一作父亲者不能了解孩子之情形，余观之特有感触。

五月九日　星期一

思银圆及经费困难重重，拟亲赴厦门、上海一行。

核定各地收支处副处长案送总司令批。

---

① 李宗黄（1888—1978），字伯英，白族，云南鹤庆人。1945 年任云南省政府代主席兼云南省党部主委。1947 年当选国大代表，赴台后历任"国策顾问""中国国民党中央评议委员"等职。此时任中央党政考核委员会秘书长。

② 蔡正南系吴嵩庆大姐吴素芹的女儿李金艳之夫婿，赴台湾后在财务署工作。

五月十日　星期二

清晨访刘部长于其寓，承批定兵工经费等三案，旋赴悔公处报告，十一时半赴央行办公文，约下午去取。

决明日飞厦，定制西装二套，另购零物。

重庆、汉口、成都、昆明、兰州、迪化、长沙各地收支处长来穗开会，晚约叙餐，并略讲今日工作态度，十一时散。又至悔公处谈至一时始回，整理行装，睡已三时。

五月十一日　星期三

清晨六时半起，赴白云机场准备赴厦，同仁来送者多，九时半起飞，半途因气候关系折回，十二时半又起飞，停汕头，原机赴沪，吾等留汕候明日机。

汕市：路宽广、清洁，多行人而少车辆。偕刘君于晚间看《清宫秘史》影片，尚好。遇李维良君，青岛事已毕，归省也。

今日疏忽事有三：①机赴沪，应即径赴沪免浪费时间；②借来旅费未登账，数恐有误；③捐助教会款，误为美金，太疏忽。

五月廿九日　星期日 [补记五月十二日至廿八日]

今日赴黄花岗烈士纪念园独自凭吊，不觉感慨万端，此国家已腐烂至不可收拾，军事失败，不过其表面化而已。回忆 [民国] 十五年末欢迎国军之情绪，与夫那年冬趁 [乘] 凤阳丸赴九江之冒险所为，恍然如隔一世，国运已绝于此欤？个人前途已绝于此欤？

两星期来体重减轻 11 磅，昨日下午晕倒，但徒劳何益？

五月十二日　星期四

在汕候机，仍无飞厦确期，因回粤。后再与各收支处长见面。

五月十三日　星期五

全日讨论部队成数。

五月十四日　星期六

飞沪，下机后即与央行林①、李②、夏③、高④诸君商经费，允将全数十万亿余于三天内拨毕。多伦路⑤已划入警戒线，出入太不方便。

五月十五日　星期日

晨访周〔至柔〕总司令，随同乘 A17 机飞战场上空视察，见大场、虹桥机场间有火头十四，龙庄南首有火头十三，浦东三，因在六千尺高度，看不清战壕，下机适〔蒋〕经国⑥先生乘机至，偕至周宅便饭。

下午访汤〔恩伯〕总司令⑦谈运银圆赴渝事，允晚间约林局长〔崇墉〕商，及期未遇，又约次日至总部商。

五月十六日　星期一

晨送节略至周公馆，托转交经国先生，至汤总部而决拨十万元至渝兵工署，周公嘱速送眷赴台，因川沙已陷也。回告妻儿〔按：注释者吴兴镛在其中，于此日飞台湾〕，均愿赴台，因托仲谋洽机。余赴

---

① 林崇墉（1907—1983），字孟工。福建福州人。法国巴黎大学法学博士，林则徐的玄孙，陈宝琛的女婿，时任中央银行业务局长。著作有《林则徐传》。

② 李立侠（1909—　），湖北自忠人。1926 年北平工业大学肄业。入日本东京中央大学，日本京都帝国大学。时任中央银行稽核处处长及湖北省银行董事，中华人民共和国成立后曾遭"反右""文化大革命"冲击。"文化大革命"后历任全国政协委员、上海金融学会会长等职。

③ 夏晋雄，时任中央银行国库局局长。

④ 高方，时任中央银行发行局局长。

⑤ 多伦路 24 号为吴嵩庆在上海的寓所。多伦路是上海虹口区的一条道路，是以鲁迅为代表的中国左翼知识分子最活跃的地区。

⑥ 蒋经国（1910—1988），浙江奉化人，字建丰，谱名经国，蒋介石长子。留学苏联莫斯科中山大学，在台湾曾历任国民党台湾省党部主任委员，"国防部"总政治部主任、"国防部部长"、"行政院院长"等职，1978—1988 年任台湾地区领导人。此时为蒋介石私人代表，敦促央行将剩余黄金银圆运台湾（见本日记 1949 年 2 月 4—14 日注）。"中央银行"解密文件提到的第三批 19.2 万两黄金，由海军登陆艇运台湾。

⑦ 汤恩伯，1949 年 1 月任京沪警备总司令，上海易手后，去厦门、金门，任福建省主席兼福建绥靖主任，详见本日记 1948 年 2 月 27 日注。

央行洽事，一时半回，则室已空，因赶往机场送行，俟三时起飞后回，晚宿新新［旅馆］。

五月十七日　星期二

晨飞厦门，即访石司令①，知尚无复电②，在厦候五天，仅提34万［银圆］即西安绥署特支费，因分配福建22万，带回广州12万。

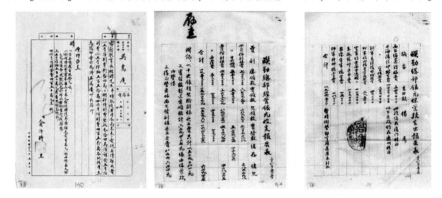

图1　吴嵩庆1949年5月17日电呈蒋介石报告（左）、1949年5月21日给蒋介石的手写报告《联勤总部经管银圆收支报告》（中）、《联勤总部银圆保管款支出报告表》（右）

资料来源：台北"总统府"解密"1949年军费档案"。

五月十八日至廿一日无补记

五月廿二日　星期日

回粤，即访刘部长、郭总司令，知伊等明日飞台，嘱随行。

---

① 石祖德（1900—1972），字蕴炜，浙江诸暨人。黄埔军校第一期毕业，1932年调任军事委员会特务团团长，时任厦门警备司令。为蒋总统下野前夕的部署，负看守厦门金银之责。来台湾先后任联勤总部办公室主任，台湾银行顾问等职。

② 台北"总统府"解密"1949年军费档案"，吴嵩庆此日电呈蒋介石报告（由蒋经国转）（见图1左）："现亟待解决者：（一）五月份副［秣］费84万；（二）胡［宗南］特别费垫款34万，需补发五月份副费；（三）五月份饷550万；（四）六月份副费450万；各地候用至急……"（蒋在电文上都以红笔点画，最后签"阅"字）全部急需1118万银圆，而此时只给胡部34万。

五月廿三日　　星期一

飞台，飞三小时，抵台后至寓，知船行二人亦到，晚缮报告至午夜。

五月廿四日　　星期二

飞马公谒［蒋］老先生报告业务，同行陈主席及刘、郭二长官①。下午四时余返抵台北，飞行约一小时十分。

五月廿五日　　星期三

午由台飞粤，中途在厦停时，石司令送来一信，知派机来厦接余往目的地，四时到高雄，休息后往谒老先生②，知对纪录有问题③。

五月廿六日　　星期四

郭总司令到，午后召见，见郭与俞鸿钧先生同在④，说明处理方法⑤

---

①　此日蒋中正日记（美国斯坦福大学藏）记下："晚课……回馆，刘攻芸、郭忏、陈辞修等已到，仍与谈下月军费之提用及今后金融币制之改革办法……"可相对照。

②　此日蒋中正日记（美国斯坦福大学藏）记下："……冈山下机……叔铭来接，直上高雄要塞……至下午见……吴司长嵩卿［庆］研讨……下月军费收支要领，忽见经国来报，称在机上得信，上海机场已不能降落。"吴嵩庆于1943年曾任军需署粮秣司司长，故蒋以他旧职称呼。

③　台北"总统府"解密档案，有两份吴嵩庆于1949年5月21日给蒋介石的手写报告：《联勤总部经管银圆收支报告表》［是财政部发的4月薪饷及副秣费和5月副秣费（无薪饷）］及《联勤总部银圆保管款支出报告表》（图1中图）［是联勤财务署保管的奖恤金共1500万块银圆］，都是蒋介石特批的支出，例如"空军炸黄安重庆舰奖金11万元"。（图1中、右图）

④　此日蒋中正日记（美国斯坦福大学藏）记下："正午鸿钧与郭忏来见，嘱其赴穗办理军费与金融等事。"可相对照。

⑤　台北"总统府"解密"1949年军费档案"，有吴嵩庆手书《处理要点》：（一）广州中央银行存银，应先提用……（二）联勤总部所存广州之奖恤金，应尽量垫拨照规定应发之军费，另在厦门应提之数内扣回，连同原存厦门之奖恤金，一并运台并案保管；（三）厦门所存黄金，应拨运如下：1. 运重庆中央银行五十万两；2. 拨联勤总部抵付台湾五月份军费一万余两，其确数由中央银行及联勤总部核定之；3. 余数暂留厦门，以备拨发西北紧急奉准之款为原则；（四）广东改币基金，以香港存款拨之；（五）新疆所需军费，应克日提先运送（此手书有蒋手批"阅"）。此外，还有吴嵩庆手书"厦门所存金银准拨运如下"：甲、1. 运重庆中央银行五十万两；2. 拨联勤总部抵付台湾五月份军费一万余两，其确数由中央银行及联勤总部核算决定；3. 余数暂留厦门。乙、银圆：1. 拨五月份饷及六月份副费共柒佰伍拾万元；2. 拨联勤总部五月份副费余款捌拾肆万元；3. 联勤总部所存奖恤金应即运台并存；4. 如有余款，准拨台湾陈兼总司令壹佰万元。此处蒋日记中"办理军费"，已大致决定内战金银军费如何支出。

后归来，至白雨生君寓休息，原拟即飞广州，因机老时迟，改赴台北。

五月廿七日　星期五

上午九时五十分由台北飞穗，三时半飞抵东山机场，至寓休息后赴署报告各干部洽办经过。

五月廿八日　星期六

晨至总司令处报告业务后，访张局长、林次长，谈至午时回。

二星期余之劳顿，究于事何补欤？

事之缘信有之，如非此次偶然①公差赴沪，则此次上海失守，眷必陷于彼矣。

六月七日〔补记五月卅日至六月三日〕

又经一星期之劳顿。

五月卅日　星期一

晨在总司令公馆讨论经费筹拨及军粮筹购问题，结果对于经费之补拨（五月份 12 百万余②，六月 5 百万余，除已领台币五月份副费外，尚应补办 800 余万，其分配办法中，有问题者如成都 64 万、厦门 100 万，折金 160 余万）。至军粮 474 万，更属空洞。刘部长③每次出席均单枪匹马，不带一人，自己又不记录，不知如何处理业务，我等实为连累不少。

晚在寓邀各同仁谈话，请款安顿各高级干部，希望能各安心工作也。

---

① 此"偶然"二字，甚有趣，此乃其家人的重大生命关键。

② 此数是以银圆计算。

③ 刘攻芸，1949 年 3—6 月出任财政部长（仍兼任中央银行总裁）。

五月卅一日　星期二

在机场守候半天，因厦门大雨不能成行，回购另物若干。

晚访刘部长后赴厦，带一信给陆襄理纪臣，但仍再三询存数[①]，仍未摸清楚也。

六月一日　星期三

仍在机场候半天，至下午二时余始起飞，闷热甚。抵厦，始知为端午节，乱世空劳，无心佳节矣。晚在厦大[②]休息。

留厦三天，处理主要任务为：

①提款 784 万[③]，嘱李科长[④]照计划分配。

②发刘汝明[⑤]部 59 千余人，约化［花］17 万余。

六月二日、三日　无补记

六月四日　星期六［补记至六月十一日］

今访石司令[⑥]，结束在厦任务，正谈间得高雄夏武官[⑦]电报，谓

① 由于吴嵩庆之"再三询存数""摸清楚"厦门中央银行存金数，才有后来 6 月 8 日的九万余两黄金"溢出"（见本日记 1949 年 6 月 8 日）。

② "厦大"为海军码头附近的"厦门大旅社"（今思明西路 64 号民主大厦），当时财务署包租此处二楼。

③ 皆为银圆数，厦门藏有"中央银行"银圆 2200 余万块（见吴兴镛《黄金秘档——1949 年大陆黄金运台始末》）。

④ 李光烈（1917—2003），湖北汉川人。时任财务署总务科长，驻厦门担任鼓浪屿岛上储存之军费金银的提调，由吴嵩庆之密电单线指挥。

⑤ 刘汝明（1895—1975），字子亮，河北省献县人。早年入冯玉祥的国民军，抗战时任绥靖区司令官。1948 年任第 8 兵团司令官后兼任闽粤边区"剿匪"总司令。此时率军撤至福建漳州，8 月接防厦门，10 月赴台湾被免职后赋闲。

⑥ 石祖德，见本日记 1949 年 5 月 17 日注。

⑦ 夏功权（1919—2008），浙江宁波人。1941 年航校毕业，赴美受训，抗战时担任轰炸机机长，胜利后，夏功权为总统府首任空军武官，进入侍从室服务，赴台湾后出任第一任台湾当局驻美联络处主任。

有机自粤来，嘱即飞彼处。下午偕石司令在机场候至五时，机未到，因又回厦大。

六月五日　星期日

上午又同赴机场，粤机来，天雄号亦至，因同往，同行尚有王敬久司令①，在机场遇顾希平②兄，谈目前大局各有感慨，伊谓有组织党务、政治、经济、军事四委员会容纳老辈，而将实际责任付诸年轻者，亦一见解也。

至要塞，交来一函，知厦款均已处理，而刘部长遗漏甚多，因详向老先生报告，请求更正。

晚宿白君寓，拟报告至深夜。

六月六日　星期一

次晨［六日］抄正，午饭［老］先生请同席，饭前先招谈，呈所拟报告③［见图2］，未深阅，仅谕可将运港款减十万两，改为五万，将所减款分配于遗漏各款。下午偕王副总司令叔铭④兄及经国先生、石司令等同乘飞台北，叔铭驾驶甚好。

_____

① 王敬久（1904—1964），字又平，江苏丰县人。时任第一编练司令部司令官，1949年去台湾后，曾任三军大学教授等。

② 顾希平（1901—1961），江苏涟水人。黄埔军校第一期毕业，早岁赴法国留学，1938年任江苏省政府委员，1948年任江苏省政府委员兼民政厅长，时为国大代表，去台湾后续任"国大代表"。

③ 台北"总统府"解密"1949年军费档案"，有民国卅八年六月六日，吴嵩庆呈《谨将存厦金银处理办法列表呈请鉴核》："甲、一、黄金实存68万9000两；二、分配：1.运重庆30万两；2.运贵阳10万两；3.运广州3万两；4.运香港15万两等。"其下有"奉准修正及请示事项"。并有银圆支出，总共三页，此时厦门银圆共约1100万。此即此日记五日深夜所拟报告的正本。上面有蒋介石之红蓝笔画线，蒋对金银数字一丝不苟。"黄金实存"后来在财务署清点下，"溢出"9万余两（见6月8日的日记）；此"意外多出"3吨黄金，可能是蒋介石在转移去台湾的过程里最惊喜之事，也奠定蒋对吴嵩庆之信任。

④ 王叔铭（1905—1998），山东诸城人，历任航空委员会副主任，此时任空军副总司令，赴台湾后，历任空军总司令、"国防部"参谋总长、驻联合国安全理事会军事参谋团"中国代表团空军代表兼首席代表"、驻约旦王国"大使"、"总统府"战略顾问等职。

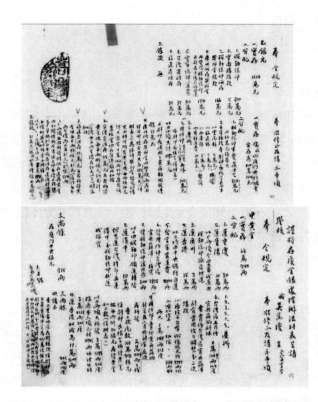

图2　1949年6月6日吴嵩庆呈蒋介石《谨将存厦金银处理办法列表呈请鉴核》原件

资料来源：2017年台北"总统府"解密"1949年军费档案"。

六月七日　星期二

乘空军机飞粤，即商刘部长及郭总司令支配款项，闻厦门金多出七万两，刘坚嘱电厦着陆襄理即回。

六月八日　星期三

陆君到粤，知多出九万余两，央行糊涂至此，因另拟分配办法[①]，

与央行财部详细清点，后临时又加胡部①粮款 8000 余两，则存金均分配完矣。

六月九日　无补记

六月十日　星期五
央航机未走成。

六月十一日　星期六
空军机亦未成行，即晚邀各同仁及刘、徐诸君在寓叙餐，纵论财务组织与应办各事。

六月十二日　星期日

晨偕陆襄理抵台，即晚乘车同往高雄，呈［蒋中正］刘［攻芸］、郭［忏］报告，作最后［在厦门军费黄金②］之决定，大意即：

①渝、筑、穗款 43 万［两］仍在厦。③

②陕、港款运台暂存。④

③余 15 万两交联勤。其中 8 万余为粮款，6 万余为经费。

余即请求下午机送厦门，当晚到达，连夜办公事，次日再办一次，任务告一段落。［以下删有关私事 8 字］

――――――――――

① 胡宗南（1896—1962），别名琴斋，字寿山，曾化名秦东昌，浙江孝丰人。黄埔军校第一期毕业，陆军一级上将，此时任川陕甘边区绥靖主任。

② 台北"总统府"解密"1949 年军费档案"，有民国卅八年（1949 年）6 月 9 日，刘攻芸、郭忏联名呈《存厦金银处理办法会报》，其下有吴嵩庆 6 月 13 日注："甲、黄金 1. 原报 68 万 9000 市两，兹经切实盘查为 78 万 6542 市两，计溢出 9 万余市两；2. 分配办法：除遵令办理外，因事实需要会商修正如下：主要为台湾五六月份军费，军粮及汉中胡宗南部粮款 8850 两等。"

③ 见本日记 1949 年 6 月 6 日第三个注。

④ 陕西、香港款此时预算各 10 万，以后会更改（见本日记 1949 年 6 月 19 日）。蒋介石对黄金使用量入为出，十分谨慎，知道一旦支出就无法补充，所以随战局变化调整军费黄金支出，常改变数量与支给对象，作为军费总管的吴嵩庆很难做事，甚至蒋给前线部队长的手条写的数量都不能做准，一定要得到他专案亲批才算数。

下午参观厦门水电厂及水源。

六月十三日至十四日　无日记

六月十五日　星期三 ［补记六月十六日至十七日］

留厦二天，详细指示办法，今日仍乘空军前天来之专机，带款（台区经费）飞台北，即访郗副总司令①，知总司令明日来，下午陈［诚］主席约谈，至招待所始略谈，伊今晚赴高雄，因往送行，徐部长可公及庞主计长亦同行，伊等下午亦已访过。

陈主席指示三原则：

①五月份给与，应照台区公布办法办理。

②款先还欠。

③士兵不能吃亏。

六月十六日　星期四

总司令抵台，报告各事，约明日陈主席回后再议。

六月十七日　星期五

下午访可公，晚赴陈主席便饭，座有徐、庞二公及严厅长、郭公与余②，陈主席重申前议，因约明日至台行［台湾银行］开小组会议。

六月十八日　星期六

上午在台行讨论军费及五月份给与，海空军代表及警总部等均出席，结论：陆军照台区公布给与，海空军及加给照国防部公布给与，计台行垫款约二千亿差款暂缓还，透支 700 余亿先还，业务费垫款

---

① 郗恩绥（见本日记 1948 年 2 月 16 日注），时任联勤副总司令。

② 出席人是台湾省政府主席陈诚，财政厅长严家淦，财政部长徐堪，主计长庞松舟，联勤总司令郭忏，财务署长及军费总管吴嵩庆，当时国民党政府管钱的人都到了。

500 余亿预算核定即还。

下午仍在台行讨论军费以外各种垫款，决定先由各单位列表，定下星期二下午再讨论。

晚随总司令赴高雄，同行赣主席方天①先生，赴左营接款之庄副处长亦随往。

六月十九日　星期日

昨晚发烧，在车休息，晨稍痊，车抵高雄后，抵白宅休息。十一时上山进见［蒋介石］②，报告经费事③。特别指示福建款为何未到④，

---

① 方天，1949 年 1 月任江西省政府主席兼江西绥靖公署主任（见本日记 1948 年 5 月 19 日注）。

② 见《蒋中正日记》六月十九日："……朝课后……见郭悔吾，吴嵩庆，解说应解之款……"

③ 台北"总统府"解密"1949 年军费档案"有民国卅八年（1949 年）6 月 17 日吴嵩庆的签呈《厦门黄金处理节略》原件："一、黄金实存数：78 万 6542 两；二、原支配办法：（一）属于财政部分者：（1）运重庆 30 万两；（2）运贵阳 10 万两；（3）运广州 3 万两；以上三项共 43 万两，暂存厦门。（4）运汉中 10 万两；（5）运香港 8 万 9207 两；（6）台湾福建省府 1 万两。以上三项 19 万 9207 万两由联勤总部负责代运台湾保管待命。（二）属于联勤部分者：（1）粮款三笔共 8 万 8572 两；（2）五月份军费及垫款共 6 万 6361 两；（3）转发空军装运费 2400 两；以上三项共 15 万 7333 两，由联勤总部具领转发。（三）共支出 78 万 6540 两，尚余二两。其下三。财政部徐部长请求略加变更如下等。其一，有关成都、香港军费共欠拨 94 万（银）圆及五月份军费拟由原拟运黄金内扣拨 1 万 3429 两；其二，重庆区应拨黄金总数为 57 万 5778 两，拟分拨如下：（1）贵阳 5 万两；（2）昆明 5 万两；（3）兰州 5 万两；（4）重庆 42 万 5778 两；以上四项共 57 万余两尚不足 60 万两之数等。"

④ "福建款为何未到"之语源于 6 月 18 日福建绥靖公署主任朱绍良（见本日记 1948 年 6 月 27 日注）有一专电给蒋介石："……官兵积欠军饷，迄未运到，军心不安，请速空运银圆，清发各军薪饷。"对此，台北"总统府"解密"1949 年军费档案"有吴嵩庆手书复文："……查应拨福建五月份薪饷及六月份副费共为 66 万 4000 元。于六月三日、四日飞送六架（机次）计 45 万 6000 元，又在厦门于六月三日、四日、十三日先后拨交 46 万 5787 元。两共 92 万 1787 元，较原定数超拨 26 万余元，原电'迄未运到'之语，似不确实，究欠若干，未据详叙……"予以迎头顶回，结果总裁办公室派俞飞鹏会同蒋鼎文调查，于 7 月 3 日报告，查明朱绍良无的放矢，为后朱被蒋突然免职之原因之一。

因将详数报告。随侍午餐后，将公文指示各点详告俞局长①，请再详签候批，以免变化误会②。

下午在台行休息，随拟电稿，候至台北缮报。

总司令消极，感想万端。

六月廿日　星期一

回台北。

第一期粮款及五月份薪饷、六月份副费之最末一批，须在台换小条后带穗转发，嘱王［逸芬］处长③赶办。定后天星期三动身。

六月廿一日　星期二

总司令电话嘱发林可胜④美金五千元作正开支，限五时送到，因向台行暂借，于三日内归还，转商严、瞿始决。拟以后再向市场购还。昨为此事过责王处长，过之不公，应切戒。

下午在台行算账，算清军费外垫款。

晚谒陈主席谈台事。伊的立场与国防部及财政部均有冲突，事难处如是。

六月廿二日　星期三

搭空军班机回榕，原拟带金，因准备不及，拟请总司令于星期六

---

①　俞济时（1904—1990），字良桢，号邦梁、济士，浙江奉化人。黄埔军校第一期生，毕业后曾任集团军总司令等职，1942年任蒋介石侍卫长。抗战胜利后，历任国民政府参军处军务局长，至台湾后，继续担任"国策顾问"等职，著有《八十虚度追忆》，其中叙及下野蒋介石办公室组织结构参详。

②　见本日记1949年6月12日第三个注。此处"请再详签候批，以免变化误会"就是避免蒋介石改变主意，又诿过别人。

③　王逸芬，1948年8月1日派到财务署担任台湾收支处处长，负责看守厦门运台财务署保管之黄金（见本日记1949年1月18日注）。

④　林可胜（1897—1969），福建厦门人，出生于新加坡，前厦门大学校长林文庆之长子。毕业于英国爱丁堡大学医学院，抗战时对军医贡献甚大。曾任协和医学院生理学系主任（是协和第一位华人系主任）。1948年2月任行政院政务委员、卫生部部长（未就任）；1949年5月，赴美国任伊利诺依大学教授。

带回。东南区会议定星期五开幕，伊于开幕后即回也。

抵穗已一时半，稍息后访徐部长，伊提出三个问题：

①借用保管款 1500 万［银圆］，两个月后返还①。

②台湾担负军费问题，拟以三分之一约 1000 万请台省负担。

③提出厦门黄金问题。

余贡献意见，最后请伊［徐堪］同去台一次。

即晚长途电话至台北总司令，说明：

①徐部长请杨署长来粤，商重庆铸币问题②。

②询厦门存金 3000 两是否运粤。

总司令指示：

①冬服装第一期款 1000 万请傅速交涉。

②福州请补发 15 万。

③国防部附属机关要求每人 \$14，须指定的款。

黄金折率已涨至 80 元余③，成都所发之款应折市价折，方不吃亏，因电倪处长注意。

六月廿三日　星期四

总长嘱下午五时赴行政院开会，到则为临时政务会议，主要为劝徐部长即日就职。发言者多，徐言现存外币总数不到二千万，而存金尚不能随便动用，如要我就职，则请阎④、顾⑤二公同赴台湾一次，而台湾省府应负担军费 1200 万。

阎院长谈其内定方案，将国税划归地方，提高地方职权，由地方自行发票［发行钞票］，地方武力由各省负担，机动部队由中央负

---

① 财政部长徐堪在 6 月 27 日给蒋介石的报告（"国史馆" 002-080109-004-005-001 至 006）中说："在美铸币三千万元，在七月十日起至九月底止分批运到。"故可在两个月后归还。

② 见本日记 1949 年 6 月 19 日第二个注。徐堪准备将运重庆 30 万两中一部铸造成金币，做 7 月与广州同步发行的银圆券的准备金，杨（继曾）署长是联勤工程署长（见本日记 1948 年 1 月 22 日注）。

③ 一两黄金兑银圆数。

④ 阎锡山（见本日记 1949 年 2 月 15 日注）。

⑤ 顾祝同（见本日记 1948 年 3 月 12 日注）。

担，在平时应言收支平衡，在战时应言收支适合（举行内外债以弥补），现正是穷求变通之时。

当时徐部长报告，现可靠税收每月约 1000 万［银圆］（关 100万、盐 300 万、通 450 万），支出必需 4500 万，收支悬殊，实无法适合。

此中一插曲，朱骝先①认为无流可节，只可开源，李汉魂②认为无源可开，只有节流，而刘航琛③问为何军费按每人十元平均计算，而现士兵所得仅一元至三元，更为幼稚。

最后陈立夫④强调二点：

①内阁成立已二星期，而财长尚未就职，必将影响民心士气，现赴台北请示，也须俟就职之后。

②必须集中所有银圆发饷，以维军心。

此话有力，于是一致通过请徐部长明日就职。至是否请总裁来穗或阎、徐赴台，此是后话。

六月廿四日　星期五

今日台北东南区军事会议开幕，惜未及前往参加。

徐［堪］部长今日未就职，余往财部一转，知庞主计长正拟与各单位算账，究须若干经费，余告以后天赴榕，因定明日下午五时在行

---

①　朱家骅（1893—1963），字骝先、湘麐，浙江湖州人。同济大学电机系毕业，柏林大学地质学博士，曾任北京大学地质系教授、中央研究院代理院长、中山大学校长、中央大学校长、教育部长，1949 年任行政院副院长。去台湾后，历任"总统府资政"、中国国民党中央评议委员等职。

②　李汉魂（1895—1987），广东吴川人。曾任广东省政府主席及保安司令等职，1949年 2 月任总统府参军长，3 月至次年 1 月任"国民政府内政部部长"，后随李宗仁赴美国定居。

③　刘航琛（1896—1975），四川泸县人，曾任立法院第一届立法委员，1949 年时任经济部长，10 月赴香港。

④　陈立夫（1900—2001），名祖燕，字立夫，浙江吴兴人。美国匹兹堡大学矿冶硕士。1927 年陈立夫奉命成立中央组织部调查科，后来扩大为"中统局"。历任国民党秘书长、国民党中央组织部部长、教育部部长、立法院副院长等要职。国民政府迁台后移居美国，潜心研究中华文化，推动中医药的发展和国际认可。1969 年，陈立夫回台定居。

政院先算军费账。

六月廿五日　星期六

总司令午到穗，带来换小条之黄金。下午至行政院算账，代表国防部者有秦次长、张局长、傅署长及本署诸人，决定：

①五月份概不补发。

②六月份补发：

a. 官兵薪饷　　　　　7619513

b. 副秣费　　　　　　5141514

c. 事务费　　　　　　1000000

d. 业务费　　　　　　2000000

e. 厂库迁移费　　　　1000000

f. 学校、机关迁移费　　380000

　　　　　　　　　　12000000①

傅署长请发工厂维持费廿万另拨。

③七月份副（食）费另议，服装费及空军专款均专案办。

六月廿六日　星期日

上午赴锡安堂做礼拜。

下午找人均不见，晚约诸高级同仁来谈话，仅到汪、何二君，最后靖中②赶到，已近午夜，知游荔湾回也。

六月廿七日　星期一

晨候天气报告，至午后一时余，始起飞，四时抵榕，黄处长等来接，收银圆六万及金2000两，可稍减其困难。

---

①　此处为银圆计算，1950年去台湾后，军费仍以银圆计。如一两黄金兑80块银圆，则为15万两黄金。

②　陈康华（见本日记1948年1月26日注），时任财务署副署长。

即至财务处，朱主任①有病，约六时往，至则谈下列各点：

①经费并未从宽。

②人数实在足。

③已公布发副费二元。

④补给不统一，例如：刘汝明部。

⑤六月份事务费毫无——一切应有规定。

⑥军官及其眷属安置之重要。

⑦从前台湾米口袋甚好，成色一律，数量不差——现则袋破米坏，数量差（思之可愧！）。

⑧嘱代向财部交涉保安团事。

观谈话，印象尚好，伊谓余骂财务处长系安各军之心，一面再借钱发副食，是以整编案顺利办好。

余因为解决副食问题，国防部［月］出 1. 30［银圆］，省府则出 0. 70，伊亦同意。

晚应访客，并与财务处同仁工作至午夜后一时始息。夜宿财务处。

六月廿八日　星期二

晨访缪司令②、李司令③，九时应约至保安司令部（绥署）访范

---

①　朱绍良（1891—1963），原名宝瑛，字一民，江苏武进人。日本陆军士官学校毕业。1910 年加入中国同盟会，参加过武昌起义、讨袁战争、北伐、中原大战，1949 年 1 月至此时任福建绥靖公署主任。去台湾后，历任"总统府战略顾问"、"国策顾问"、国民党"中央党史委员会委员"等职（见本日记 1949 年 6 月 19 日第三个注），朱曾向蒋介石提出对财务署补给发饷的不实指控，吴嵩庆以事实辩护得直，后蒋又派俞飞鹏（见本日记 1949 年 7 月 12 日注）调查，台北"总统府"解密档案里有一份 1949 年 7 月 3 日报告，此事件之后，朱突然被解除福建绥靖公署主任，由汤恩伯继任。

②　缪培南（1911—1970），字经成，号育群，广东梅州人。抗日战争期间，先后任军长、集团军总司令、战区司令部参谋长。抗日战争胜利后，任联合勤务总司令部第三补给区司令，广州行辕（后改为广东绥靖公署）副主任，1949 年赴香港定居。

③　李延年（1904—1973），山东广饶人。黄埔军校一期毕业，23 岁即因战功升少将，内战时，任第六兵团司令奉命守平潭，临阵撤离，平潭轻易失守，于 1949 年秋在台湾被收押，一年多后出狱。

参谋长，并晤三处徐处长讨论人数，及与省行经理讨论黄金作价问题。旋应缪司令约赴宴会，到有李司令延年及当时各军长。饭后又赴朱主任公馆决定黄金作价每两 78 元，并决定收金块带台换小条。

至机场已一时半，机师入城午餐至三时许始回，起飞后一小时抵台北，因天时不好，本拟降桃园，后仍冒雨降松山机场。

至寓得草山①电话，嘱即赴谒，至则为贷款给央行事，总数为 1000 万②。

下山后顾总长亦来电话，谓可借与 1200 万，徐部长亦再三为言，洽归已午夜。

六月廿九日　星期三

上午在家办公，草拟合约，十一时赴徐［堪］宅，伊均同意，并嘱金银两项均交本署代为洽运。伊于草约③签字录底后，即赴机场返穗。

下午洽船洽机，决将昆仑号所运之 325 万 2000 元［银圆］，请桂总司令即电令开赴广州，另派船运 3548000 元，至空军方面则请运穗 200 万，运渝 300 万元。

---

① 草山，后改名为阳明山，是蒋介石办公处。

② 见 1949 年 6 月 27 日财政部长徐堪上蒋介石报告："……借银圆一千六百万，系为初期维持币信所关……"报告中并说"……在美铸币约合三千万元须自七月十日起至九月底运到。"应可归还借银。最后决定借财政部 1200 万，但要"联勤总部"（即财务署）代运并拒派员押运，即 6 月 30 日日记中所记："惟徐处（部）长定要我派员押运，不肯负丝毫责任，可恶。"

③ 这是继 1949 年 1 月 11 日签订《军费草约》后的第二份（联勤财务署与财政部之间）草约。台北"总统府"解密"1949 年军费档案"中有民国卅八年（1949 年）6 月 30 日吴嵩庆的签呈《中央银行借用奖恤金保管款》："一、总额：一千二百万银圆（空军借五百万、联勤借七百万）。二、抵押品：黄金十五万两，以原由厦运台代央行保管之黄金拨充，不足之数再由厦门运足。三、归还期限：自本年九月起分两个月拨还银圆。……"后来广州国民政府还不出联勤的 700 万银圆，财务署就以市价 80 银圆兑一市两扣留"财政部"的抵押黄金 8 万 7 千两，此款即为"奖恤金保管款"（见本日记 1949 年 12 月 6 日注）。

六月卅日　星期四

上午与毛瀛初①兄商定，于明后两天飞送穗款，四日起飞送渝款，均各二天完成，惟徐处［部］长定要我派员押运，不肯负丝毫责任，可恶。

船洽妥，派福明轮，由庄副处长先至基隆视察，定本日将货装毕，即晚或明晨开船。

下午参加东南区军事会议，讨论经费问题，郗召集之小组会议拟定给与太大，需三千余万，较全国军事预算还大，陈主席大不谓然，半天无结论。

遇汤总司令②询厦门工事费是否由伊具领，伊不愿，谓较［交］李良荣③为妥，当签呈。

大会于五时闭幕，［蒋］总裁主席训词大意如下：

1. 官兵待遇，必使吃得饱，穿得暖，眷属能得安顿，最要者官兵能同甘苦，共危难。

2. 请特别记住几句话：

（1）雪耻复仇。

（2）刻苦耐劳。

---

① 毛瀛初，浙江奉化人。曾任空军第四大队大队长、空军驱逐队总队长、空军第四军区副司令，空军总司令部作战署署长、空军军官学校校长。去台湾后，历任"国防大学"教育长、空军总司令部督察长、空军作战司令部司令、"国防部"常务次长、联勤总部副总司令等。退伍后任民航局局长。

② 汤恩伯，1949年6月任福建省主席兼福建绥靖主任（见本日记1948年2月27日注）。6月30日吴嵩庆的签呈《中央银行借用奖恤金保管款》里提到："榕厦工事之材料费等……又汤总司令不愿据领此款，并建议可交李良荣据领，并乞核示。"蒋介石在此以蓝笔批示："交李不如仍交汤令速负责督修。"按：蒋日记中对汤上海过早撤退已有不满，此时汤拒绝收下"榕厦工事之材料费"，总数为1万5千两黄金（见于7月5日广州徐柏园给厦门央行的电文）似有不愿负责福建之意，又令蒋不快。

③ 李良荣（1906—1967），别号良安，福建同安人。黄埔一期生。1949年4月任福建绥靖公署副主任，7月任第二十二兵团司令官，并兼任厦门警备司令，10月与胡琏同指挥金门古宁头战役，阻退了解放军登陆。赴台后，担任台湾省议员、"光复大陆设计委员会"委员等职。

（3）口号：

①洗雪耻辱，报复国仇。誓灭"共匪"，完成革命。

②精兵简政，缩小单位。节约浪费，充实战力。

③半年整训，严申纪律。一年反攻，三年成功。

3. 成功者不必在大聪明才智，每人必将几个字把握牢。

成功最要诀为——有恒。今后要雪耻复仇，只要立志有恒，必能成功。

谚云：天下无难事，天下无易事。终身有乐处，终身有忧处。又云：天下无难事，只怕有心人。

4. 现在一般社会，均有使人悲观之处，但一想中国之大，要想一旦改革，必不可能，故必须看得大、看得远、看得深。中国人之病在不精确——一切粗枝大叶，必须用望远镜与显微镜，如从大处、远处、深处去观，革命必可成功。

晚叙餐后，总裁又讲话，对雪耻希望每饭必祷。

七月一日　星期五

晨访顾总长询预算，谓未定。

访左太太未遇，送去 400 元，与唐乃建①兄略谈。

十时至介寿堂，听总长训话，大意如下：

（1）台湾将为反共基地，与大陆息息相关。

（2）国家预算目前已至最高限度，只有求员额之减少。

（3）过去缺点为：①缺乏服务；②缺乏诚信；③缺乏雪耻复仇之精神；④无重心。

（4）希望台湾一切作国家复兴之核心。

（5）研究"匪情"，作深切了解，始可筹对策。

---

① 唐纵（1905—1981），字乃健，湖南炎陵人。先入湖南群治法政学校，后入黄埔军校，曾任军统戴笠之主任秘书，1945 年 9 月起，先后任军统局代局长、内政部次长兼警察总署署长等职。1949 年去台湾后，历任国民党中央委员会秘书长、常委、"总统府国策顾问"等职。

晚赴草山休息，妻女等（马樱［缨］）① 同行，董副司长②亦同往。

七月二日　星期六

晨兴洗澡后，觉全身舒适，觉姐［夫人］谓失眠要先下山，余偕妙妙［女兴柔］、马樱［缨］至近郊散步，稍过自来水源，谓台北一半水由此去云。

至草山旅馆休息，化［花］卅万，实际仅吃汽水二瓶计八万，余属开账耳。

十二时至寓，约定海来友便饭。

电告徐部长运输情形。

七月三日　星期日

晨洽事毕，应胡杭生君约，赴基隆玩一天，参观鱼市（已散）冷藏库（鱼不多），并看要塞炮二门。

午在胡宅餐，务调会基隆主任王君亦来共餐，稍休息，至四时归。

七月四日　星期一

连日约董副司长、周司长、詹秘书［特芳］等办好因此次运输所需之一切公文手续，并算清定海之账目。

七月五日　星期二

赴北投休息，董、李同行，李光烈③系由厦押运金 45079 两来台

---

① 马缨，见本日记 1948 年 8 月 17 日注。

② 董德成（1915—2010），河北深县人。南京军需学校毕业，时任财务署收支司副司长，9 月升司长，全程参与军费金银的管理及收支。赴台后历任财务署副署长、农民银行副总经理等职。

③ 李光烈，时任财务署总务科长，驻厦门担任鼓浪屿岛上储存之军费金银的提调，见本日记 1949 年 6 月 1 日注。

（内 3 万两系补还昨日送穗央行之小条，余 15079 两则系抵押金之一部）①。

七月六日　星期三

接徐部长电话电报，嘱运金五万两至穗，并嘱明日返粤，因作准备，先谒林次长、顾总长，再谒委员长。

谒林次长谈东南区预算，伊谓需一千万，至于中央银行、财政部与省府之账目，自可根据事实结算。谒顾总长谓已签呈东南区 800 万，另请省府垫 300 万，未悉省府能同意否？

在省府遇俞［济时］局长及［陈］舜畊，询知老先生已下乡，因电大溪夏武官［功权］可否进谒，嘱即往。晚饭后七时动身，出西桥先至桃园，一路水汀路面平滑如台基段，日人建设实可钦佩。过桃园转入一石子路如入国境，问路数次始抵大溪，辗转问到。进谒，委座系寓在小花园内，门房甚狭小，独坐园中，余［黑］暗中进谒：

①报告徐部长请拨［黄金］五万两至穗，伊云可暂缓，重庆款可陆续运济，初谓十万两内，继言五万两内，再谓可明日电话再询。

②嗣报告特种保管款②可先运台。

③福州省政府款五千两可即拨。

④空军保管款贷与央行之抵押金应集中保管。

⑤副秣费余款应作正开支——不可挪用。

---

① 台北"总统府"解密"1949 年军费档案"中，有民国 38 年（1949 年）7 月 3 日吴嵩庆手书给俞济时的信："（1）……奉谕可由厦运穗之叁万两已照拨……（2）此次中央银行向本部借款（见本日记 1949 年 6 月 29 日注），共需抵押金 15 万两，除现存台之 13 万 4921 两扣抵外，尚欠 15079 两需由厦转来补足。"此次飞机运送，是由空军二十大队多次从厦门运台北，此大队后被称为"黄金大队"。

② "特种保管款"即"保管款"，是厦门运台湾联勤财务署保管的黄金，有军费及奖恤金两种，奖恤金（见本日记 1949 年 6 月 29 日注），是广州"财政部"还不出向联勤借的 7 百万银圆（原是陆军的奖恤金），财务署就扣留"财政部"的抵押黄金 8 万 7 千两，此款即为"奖恤金保管款"（见本日记 1949 年 12 月 6 日注）。

⑥定海汤总司令［恩伯］批发奖金四万［银］圆——另候批。

默查委座生活，极孤独，而脑中所想除如何与共党斗争外，几无杂念，而对身心之保养，生活之刻板，均表现其修养工夫。

与［曹］圣芬兄①、［夏］功权兄略谈。于9:40起车，10:45至台北，访［陈］舜畊，已赴草山。至财务处一转，回宿已过午夜。

七月七日　星期四

上午数次找俞局长，电话未通，至晚始接通草山，承告公文已批下，运穗五万两案交研究。余告以今日不及赴穗，明日必须起行，行前如不能得批示，请随时电告，因徐处［部］长候款甚急也。

下午访石祖德兄（未遇，遇其太太）及王主席［东原］、万主席［耀煌］、郭总司令夫人及周总司令［至柔］，王病中，万甚熟热，郭夫人嘱购药，周则谈生意经，盖空军亟须造房1500户②，想在运费出账也。

晚九时应约谒陈主席［诚］，承告：

①东南区60万人，实不公平，因此间已裁并九个军，而他区尚有保留叛军番号者，无异奖励不整编——要公平必须照原有番号人数计算。

②中信局、中央银行等所交物资不但不能算钱，尚须贴钱修整。例如：500余辆车子，交军用者无钱。军用铁丝一万余卷不能算钱，通信器材如话报机、被服线等均须作军用，只有工矿用物——一部可算钱，罐头等是否已坏——亦暂不能算，此等物资只能作补助预算，不能作军费。

③央行黄金基金80万两，抵作中央垫款者60余万两，现仅余十余万两。至美金1000万，迄未拨到，因央行已亏中国银行两千余万美金云。

---

①　曹圣芬（1914—2003），字钦吉，湖南益阳人。1937年毕业于中央政治学校大学部新闻系，此时任蒋介石的机要秘书。曾任国民党中央通讯社记者、编辑，国民政府军事委员会委员长侍从室秘书，国民党中央常委，中央社董事长等职。

②　此即台湾之眷村建筑的开始。

④现闽省 11 个军——已裁并为 5 个军；浙省 5 个军——已裁并为 2 个军；台省 4 个军——已裁并为 3 个军，连原二军共 5 个军。

要公平，必须照旧番号计算，再由各区自行裁减，提高待遇。照现状除台湾外，对福建、浙江等地实不能负责。

辞公所讲亦有理，惟与徐部长①及国防部之期望相差甚远。

七月八日　星期五

原拟搭总长专机返穗，因闻搭机者多，名单排定费时，已延机一天，故改搭空军机，九时半起飞，至厦门一转，抵穗已一时半，驾驶为毛邦初②先生大公子③。

回寓午餐后稍休息，至财部谒徐部长未遇，嘱至其寓，适在开会，会毕报告办理经过，并谓穗款五万两必须候令，伊留与诸客同餐。

晚十一时许至总司令公馆，与吴副参谋长闲谈，候悔公回寓报告公差经过。

七月九日　星期六

接台北数次电话，谓奉谕发闽省府一万两（前为五千两），并谓郗副总司令转告，老先生对军费汇拨太慢大骂，经数次变更，决定照手令送一万两。

台寓用物，陆续购妥：

①衣箱一只。

②来、妙二儿英文字典二本。（余略）

---

① 见本日记 1949 年 6 月 22 日注。财政部徐部长希望台湾负担部分军费，而陈诚则要求全由财政部给与台区军费。

② 毛邦初（1904—1987），别号信诚，浙江奉化人。1925 年入黄埔军校第三期生。先入苏联中山大学，后赴意大利学习飞行。曾担任航校校长、航空委员会军令处处长。复任航空委员会副主任。抗战胜利后，任国民政府空军驻美国代表、空军副总司令，曾代表国民政府常驻美国，1951 年发生弊案，次年逃墨西哥被捕入狱。吴嵩庆曾得蒋介石的手令参与调查。

③ 指毛昭宇是毛邦初的侄子，此时是中尉运输机驾驶员，两个月后（1949 年 9 月），驾驶 303 号 C-47 型机逃离已解放的宁夏银川西花园机场。毛邦初的两位公子，长子毛昭寰是旅美电机学教授，次子毛昭宪是生物医学教授，均非飞行员。

又将香港衫一套、衬衫一件，余穿旧者给来来。

七月十日　星期日

上午赴锡安堂礼拜，主讲一梁女士，题为教会之要点。

访黄惠荪①君店未见，至其寓，见一切平常，无特殊奢侈。

下午想赴荔湾未果，候长途电话，在寓休息。

高云森君明日赴台，办理闽粮案，托带往衣箱一只。

七月十一日　星期一

上午访问业务局李局长、财部徐副总裁②及杨次长③、汪秘书长等，洽零星案件，并商定军费今日全部进账，明日一律汇拨。

下午整理承办非财署主管之案卷至八时余，访郑处长于中央医院。

晚钟蔚天君来谈，伊似持重忠实。

七月十二日　星期二

台北电话福州，决送五千两，其余五千两由高副司长等押运来穗购粮。

闻上峰派俞樵峰④先生赴闽查补给情形，又白长官［崇禧］催立

---

①　黄惠荪，广东梅州人。曾任广州收支处副处长。

②　徐柏园（1902—1980），浙江兰溪人。国立东南大学毕业，留学美国北伊利诺依大学。1946 年担任财政部政务次长及四行联合管理处秘书长，时任中央银行副总裁。1949 年秋去台湾，曾先后任财政厅厅长、"财政部长"、"外贸委员会"主任委员、"中央银行总裁"、国际货币基金会执行董事等职务。

③　杨绵仲，1945—1948 年任国库署署长，1949 年任财政部次长，见本日记 1948 年 1 月 21 日注。

④　俞飞鹏（1884—1966），字樵峰，浙江奉化人。曾在北京军需学校学习。曾任黄埔军校筹备委员、军需部副主任、经理部主任，后任军事委员会军需署署长、交通部部长、粮食部部长。赴台后任"总统府战略顾问""国策顾问"。［按：台北"总统府"解密"1949 年军费档案"中有俞飞鹏民国 38 年（1949 年）7 月 3 日于台北呈蒋介石的报告："奉钧座面谕，关于在闽各部队机关人数，薪饷，副食，粮服及事务费各项问题，前往福州……于六月二十九日到榕……"］

发薪饷，闻赣江将有军事行动，共军自十二个渡口强渡，因商央行将重庆、华中、湖南、江西、福建各款限今日汇拨（江西及陕西以北均发现［银圆］）。

碧瑶会议①今日圆满闭幕，此可证外交已露曙光，报载菲岛反响不佳，谓菲总统季里诺玩火，美国反响未明。

下午参加国防部人数检讨会议，军费总数有限（八月起 $2800［万银圆］），总人数有限（300 万人），在夹层中求出路，必将误事。

晚应空军吴司令顺明②兄邀宴。

天安来到，闻途行两星期，昨晚到穗。伊言共党在武汉并不好。

七月十三日　星期三

接台北电，福州款今日运到，共计一万两，此亦临时抱佛脚也。此一万两除原存五千两外，其余五千如何开支尚须请示。各地汇款昨已汇发，重庆金款昨送，兰州金款定明交奚③送，昆明则须候班机。

晚闻委座已到穗。

七月十四日　星期四

今日得草山电，谓厦门存金均可照计划运送，此事办毕，可省却一心事，因作如下之措施（商徐部长后）：

①电台北王处长［逸芬］明日准备五万两小条，后天必须飞兰。

②派李光烈赴厦督办此事。

③电告有关各方。

---

①　碧瑶会议，蒋介石于 1949 年 7 月 10—12 日访问菲律宾，与季里诺总统会谈，发动组织远东国家反共联盟。

②　吴顺明（1911—1993），浙江绍兴人。黄埔军校第六期毕业。时任空军广州军区司令，赴台历任空军政治部主任、"总统府"侍卫长、第三局局长、空军副总司令，退役后担任"总统府国策顾问"。

③　奚寿康，见本日记 1948 年 5 月 28 日注，时任财务署审核司司长。

下午署会，发现精神差得多，要设法提高之。

抄［国防部］三厅、抄部队番号表。

委座抵穗消息发布，各方注意，希望局势有转机。晚拟厦门存金处理节略至深夜［见图3］。

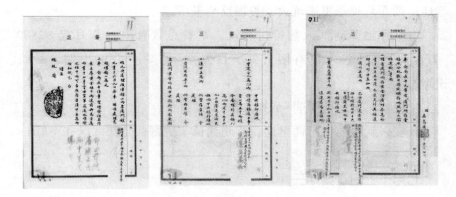

图3　吴嵩庆所拟"厦门存金处理节略"

注：主要内容为运兰州、贵阳、重庆、汉中、台湾及福建等地之黄金军费，有蒋介石亲笔批示。如：兰州五万两，批："仍可照运"（此处为总裁办公室之标准节略，吴嵩庆原稿"厦门存金处理经过节略"是7月16日呈，共5页，有细账，也已解密）。

资料来源：台北"总统府"解密档案"厦门档案卷"，档号3130903。

七月十五日　星期五

得妙妙、蓉蓉①来信，甚慰。罗司长②返穗，疾风劲草，知人不易。

七月十六日　星期六

非常委员会今日成立。

---

①　即编注者吴兴镛，见本日记1948年1月30日注。

②　罗郁纯（1906—?），福建福州人。毕业于中央政治学校，中央训练团党政班受训。1946年任财务署审核司副司长，次年任司长及财务署办公室主任，1948年时任账务司少将司长。

下午得电话，知台北运金机到穗，飞机师候招待，因派杨科长往，空军机麻烦在此。

晚看到穗后第一次影片，为英产，题为 *Over The Moon*。

七月十七日　星期日

连日阴雨，今日大放晴，心为一振。

上午九时半偕天安至锡安堂礼拜，嗣至署，候［詹］特芳抄件。

接［蒋］经国先生电话，嘱五时往谒［总裁］，按时往，得指示①：

①运兰之五万两即改运渝。

②原定运渝运筑黄金暂缓。

③福州多运五千两，即以台湾省府保留款抵拨。

由寓至黄埔，往 70 分钟，返 55 分钟，往时与洪兰友②先生同舟，独返，办一切手续毕，仍照原定计划偕叶（良光）林游荔湾，遇立夫先生于船馆，此繁华尚属初见，餐毕游海角红楼回。

午邀吕少甫君来餐。

七月十八日　星期一

晨徐部长嘱往商，因我昨天有信致伊，请求早发七月份经费及请早准备八月份款也。

伊谓军费追加甚多，不胜负担，并谓台湾不肯负担军费及拆台③，嘱商郭总司令、顾总长后再定数目。

下午请示二长官后决定原则三项：

---

① 此处即见蒋介石不到一天，就更改手批军费黄金支出，如运兰州的 5 万两改运重庆。此与兰州的军事局面变动有关。

② 洪兰友（1900—1958），江苏江都人。毕业于上海震旦大学法科。长期从事国民党党务工作，为 CC 系骨干人物。历任中央组织部主任秘书、中央执行委员、重庆市党部主任、社会部政务次长、内政部部长等职。1948 年出任国民大会秘书长，1949 年去台湾后，并续任"国民大会秘书长"。

③ 拆台，宁波方言，即拒绝合作。

（1）请即拨①新疆开拔费 100 万；②空军运费 100 万；③服装费 700 万。

（2）请于本月底拨①七月份其余经费 1880 万；②八月份副费一部 400 万。

（3）请于八月内拨①八月份其余经费；②九月份副费。

嘱侠生往洽。

七月十九日　星期二

上午往参加总部会报，此尚为数月来第一次，因要求多留穗人员以配合财部工作案，与何副总司令①冲突，事后因之，究自量狭。

十一时赴财部参加会议，讨论军费拨发办法，下午五时继续，均无结果，定明日十一时答复。

科长级［考绩］：

甲级：李宗弼、甘芷江、杨继承、翁重源、许敦彝、司徒光、李光烈

乙级：江健予、曹聚瑞、常明之、王士奎、董世纯

特级：宋执璜——新；王道欣——管；王维元——文

七月廿日　星期三

上午十一时又赴财部讨论拨款日期及方法，分汇款、发金及银三类，西北仍发金，汉中、长沙、赣州、昆明、海南岛、定海发银圆，余均汇发银券②，末后讨论汇款日期问题，余厉色谓李局

---

① 何世礼（1906—1998），广东宝安人，为香港何东爵士之子。毕业于英国乌烈芝皇家军事学院（Royal Military Academy, Woolrich）、勒希尔炮兵学校及法国方丁布鲁炮兵专门学校（École d'application de l'artillerie et du génie, Fontainebleau），后加入中国国民党，历任军职。1943 年起，任联勤总部副参谋长，此时任副总司令，1949 年赴台后历任基隆港口司令、"国防部"常务次长、"联合国军事代表团团长"、"联合国安理会军事参谋委员会首席代表"、"总统府国策顾问"等职。

② 银圆券：国民党政府于 1949 年 7 月 3 日在广州、重庆两地发行银圆券，一圆可兑换含纯银 23.49 克的银圆一圆，而金圆券在广州以 5 亿圆兑换银圆券一圆，在重庆以金圆券 7.5 亿换银圆券一圆。

长嘉隆①，不要再拖，看林崇墉②样，言之过分，实悔失言。

因思如何纠正坏脾气，悬铭自警：柔克刚，静制动，缓济急。

七月廿一日　星期四

上午邀集各业务署讨论业务费问题，嗣又赴国防部参加人数经费会议，由阎院长主席，自八月起，经费限定 2800 万，现要研究如何裁减员额，至下午三时许始散，我报告几点：

①七月份已到月底，希望仍照上月 350 万③人数发；

②业务费不够；

③项目款如核定要另拨；

④以后发款要按时，务使每月一日发副食到士兵，每月卅日发饷。

下午署会后，乘机赴渝人员，决分三批走，可见前天在总部会报，发言太仓促欠考虑，补救仍来得及。晚应招商局宴。

七月廿二日　星期五

上午赴总部参加勤务会报，先至张局长④处一转，伊尚高卧未起，起后略谈业务，成见甚深，倘不改组，前途殊多困难。

四时谒徐部长，谈台湾情形，如拨款方法之错误不解除，将陷军费于绝境。伊谓严家淦日内即来，可否俟伊到后，再行报告阎院长。至本月台湾经费，嘱商徐副总裁。伊即挂电话至台北，嘱王代表速办⑤。

---

① 李嘉隆，时任广州中央银行业务局长，抗战前曾任南京中央银行经理及四明银行总经理。

② 林崇墉，见本日记 1949 年 5 月 14 日注。

③ 新华社 1949 年 7 月 15 日从北京发出电讯："蒋军残余仅有 149 万。"

④ 张铸九时任国防部预算局长 [1948 年 12 月接自赵志垚（见本日记 1948 年 3 月 11 日注）]，至次月底预算局即并入财务署（见本日记 1949 年 9 月 1 日）。

⑤ 王锺，此时担任中央银行驻台湾代表，接自沈祖同。1947 年为央行驻东北代表，后任台湾银行总经理（1951—1960）。

晚应黄署长约，在"钻石"与空军诸同事叙餐。

七月廿三日　星期六

靖中、侠生均去香港。

得俞局长［济时］电，兰州、贵阳均可运，重庆则先运五万两，因决下星期二始运。此后只剩重庆问题，恐仍需陆续运。

晚至"广州"［戏院］看苏联片《海上双雄》，尚佳，此种宣传最有效。

前天赴兰飞机搭邵处长眷，影响公运，实极不应该。

厦门来司机黄志成开机［车］伤人，被扣，此小孩实磨励之。

七月廿四日　星期日

昨晚睡未稳，半夜未眠，晨起精神很坏。偕天安赴锡安堂礼拜，胡牧师讲题为复兴民族的灵力。

至署与魏司长、李科长等研究七月份业务费分配办法，总觉脚踏实地者少。古人以人不如我为表示不能用才，余果如何用之耶？

午睡后游荔湾，邀孙家小妹一家同去，与众人乐为乐，信然。

七月廿五日　星期一

思人生的艺术，总觉力不从心，同一句话，这样说，得罪人；那样说，反得人情，而结果则一，虽学此艺，必须去恼心、怨意，处处为人着想，有自尊心不忘人也，有自尊心方可。今日因分配业务费案，无聊的责人又过甚，何必！

下午三时偕董副司长应约访严厅长于台湾银行，谈台湾军费事，有三个问题，一为军费划拨问题，二为筹款问题，三为算账问题，伊似多不感大兴趣。

晚访谒总司令，谈业务费问题兼及其他，分区补给伊怀疑，亦不肯弃权耳。

七月廿六日　星期二

晨起整理业务费案，做成简单报告后赴总部参加例会。下午分配业务费公文发出。得厦门电知今日未起飞，空军飞机之沿途延搁常如此。

为总司令拟签呈阎院长报告，关于台湾军费之困难三点①：

1. 军费之拨发——财部与台省纠纷。
2. 军费之差额——国防部与台省纠纷。
3. 军费之汇率——国防部与央行纠纷。

八时半亲送交贾②秘书长。

七月廿七日　星期三

查究下列各案：

①最近拨发黄金案；

②运输经费及疏运费案；

③资遣费案；

④台湾给与差额比较。

下午下班后将给与表送贾秘书长，值开会未遇，留条而回。至悔公处，承告预算财务机构改组已内定③，嘱拟组织方案。

对于上阎院长报告认可，并嘱分缮副本呈总长、秦次长、俞局长

---

① 台北"总统府"解密"1949年军费档案"，有7月26日郭忏总司令的报告（是用财务署信纸，乃吴嵩庆代书报告）："（一）军费之汇拨问题：台湾要现金银，财政部要台湾银行以金圆券换台币先发，然后统筹结算。（二）军费之差额问题：国防部依人数的银圆经费，依台湾银行牌价汇率给与台币，但台币贬值与物价上涨，相差悬殊，为保障官兵生活，台湾银行垫款补差额（六月份即补二千亿旧台币）。（三）军费之汇率问题：军费、联勤向财政部以银圆计，而台币换银圆则随时间而贬值变更，如行政院以每银圆二十五万台币计，而财政部拨款以十七万计，至于七月份薪饷及八月份副秣费更是以十一万余台币计，而致相差悬殊。"

② 贾景德（1880—1960），字煜加，号韬园，山西沁水人，晚清末科进士。时任行政院秘书长，赴台湾后任"考试院院长""总统府资政"。

③ 即九月起，联勤总部撤销，财务署与国防部预算局合并为预算财务署，归属于国防部，仍由吴嵩庆担任署长。

及其本人。

七月廿八日　星期四

上午访贾秘书长未遇，留条而回，访湖北朱①主席、熊觉明 [民]② 等拟明请他们吃饭。

徐部长来电话嘱往谈，因昨应提 150 万，仅提 42 万，而十三行③ 即得知消息，谓央行已无银圆，故银 [圆] 券抑价。央行人认为是我们泄露消息，余答我们只有三个人来接洽，即程、董、司徒三人。当然当嘱以后谈话要小心，但可能也是央行中人无意泄露，此双方面也。但 [徐] 可老之找我，从各人谈话中，发觉伊错听本署将百万支票交十三行来提现，伊之冲动比我还甚。

杜梅和④向可公交涉省府借款，旁听中得一感想，政治是互相利用，互相留难。

下午署会如常。

七月廿九日　星期五

上午赴总部参加勤务会报。

晚招待湖北朱主席、熊厅长、刘秘书长、吴处长及财 [政] 部徐副总裁 [柏园] 及各司长于南园，此尚为来穗第一次之正式宴客，饮酒过量，夜睡不稳。打了防疫针，手臂又作痛。

---

①　朱鼎卿（1902—1982），又名万均，湖北黄冈人，朱怀冰之弟。中央军校高等教育班第三期。历任军长、兵团司令官，1949 年 2 月调任湖北省政府主席兼保安司令，后改兼湖北省绥靖总司令，同年改任第三兵团司令官兼暂编第八军军长。1949 年年底在四川起义，历任湖北省文史研究馆馆员、全国政协委员、政协湖北省副主席等。

②　熊东皋（1902—1952），字觉民，湖北松滋人。历任国民党中央调查统计局科长、华中特派员、国营湖北应城石膏公司董事长、立法委员等，赴台不久病逝。此时仍为湖北省财政厅长。

③　广州十三行，又称广东十三行、十三洋行，是清朝在广州设立的对外贸易特区内的十三家牙行商人，成为外贸商行的通称。

④　杜梅和（1905—1987），字冠卉，广东三水人。早年入广东中央银行，历任会计科科长、总稽核、总秘书兼信托部主任等。1945 年调任农民银行总管理处主任秘书。抗战胜利后，时任广东省财政厅厅长兼广东省银行总经理，1951 年迁居台湾。

七月卅日　星期六

晨起头晕，勉强赴会。

得徐部长［堪］电话，嘱往一谈，其缘由为请在台换十万两小条，次为军费配拨稍为拉长，余均允之，对于前者须向上报告。余亦提出海南岛运费案，请专案拨款，台湾以后请拨台币等等，归后向悔公报告认可，下午分电。

株洲失败，前二天银［圆券］价狂跌，失败局面做事不易有如此，故"挽狂澜"之不易。得意时记住失意时，即君子有终生之忧，均警惕在平时要注意补过，一到狂澜之时，力多功微，此焦头烂额，不如曲突迁［徙］薪也。

晚看 Gary Cooper 之 *Dr. Watson*［*The Story of Wassell*］影片，我们所需者即如此之无名英雄，勉之、勉之。

七月卅一日　星期日

上午偕天安礼拜如常，讲师王君，题为"祭坛能洗去罪恶吗？"讲旧约故事，听不清楚。

下午至周搏风兄寓玩桥戏，至十时始回。

八月一日　星期一

每周一上午业务甚简，可见高级官长如不守岗位，一切业务不能推动，此干部之不可缺也。

觉姐①今日来穗，十二时赴空军机场接，至一时半始到。

晚杨、叶请吃饭于大同，归后小坐归寝。

八月二日　星期二

上午赴总部会议，讨论总部结束事。总司令催运长沙款，因报告

---

①　吴嵩庆夫人此日由台北乘 C-47 型军用运输机经厦门小停后抵广州，编注者吴兴镛随行。

已运总数，决下午再运八万。

八月三日　星期三

晨得俞局长电话，谓兰州黄金可否运回 1.5 万两①，余谓须商徐部长，伊谓如商徐，则可多运回若干。

余走访徐于其寓，俟至一时余，始自非常会议回，伊说困难，允至三时再商。

三时依时往，则决以大块不发生作用，运渝改铸为理由，决派机往，运回五万两，同时酌运银圆往，使此事处理不生痕迹。

下午与毛署长②通话未通，因急电请派机，并电俞局长请示。

程潜③叛，湘局危矣。

八月四日　星期四

上午与毛署长通话，知机下午可到，因嘱准备一切。同时与〔知〕老先生已赴韩④，复电不可得，即照商定计划执行。

---

① 此时是解放军进攻兰州之前夕，蒋介石办公室可能已有情报，马步芳防守不易，怕失去 7 月 16 日运去兰州中央银行的 5 万两黄金（见图 3，右页）。但运走黄金，对兰州守军的士气当是极大打击，是相当敏感之事。

② 毛瀛初，主管空军飞机调拨（见本日记 1949 年 6 月 30 日注）。

③ 程潜（1882—1968），湖南醴陵人。日本陆军士官学校毕业。此时任湖南绥靖公署主任兼省主席。中华人民共和国成立后任中央人民政府委员、人大常委会副委员长、湖南省省长等职。

④ 蒋介石原定 8 月 4 日飞韩，但前一日深夜，驻韩"大使"邵毓麟急电："以韩方准备不及，坚请延后四十八小时往访"，故改为 8 月 6 日由定海飞韩国镇海与韩国总统李承晚举行会议，史称"镇海会议"，会后 8 月 8 日返台湾。此行邵毓麟是为次年爆发的朝鲜战争"造势"（金景一：《浅论朝鲜战争前蒋介石与李承晚关系的核心线索》，《国际政治研究》2002 年总第 86 期），是 1949 年 6 月赴韩就任前献给蒋介石之计（邵毓麟：《使韩回忆录》，台北传记文学出版社 1980 年版，第 105—106、244 页）。盖邵深知朝鲜人之性格，或会因蒋李会议挑动金日成提前越过北纬 38°线，积极进行半岛统一战之冲动，如此则台湾可安矣。后李承晚 1953 年访问台湾时，特别向蒋介石抱怨此事，并恨邵入骨，蒋在次年将李承晚的话转告了邵毓麟（吴兴镛：《黄金档案——国府黄金运台》，第 389—393 页）。

晚总司令来电话，知陈明仁[1]又不稳，询已汇款若干，告之其数，并再电衡阳询问。

下午署会如常。看一影戏，故事为某姊妹二人，姊切望其妹成功，结果妹成名，但丧［伤］其心，最后妹逃而姊自杀，究竟其姊为功为罪，留得观众自评。余特别有感触，如不能得同仁之心，则事业何用？

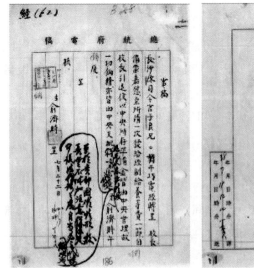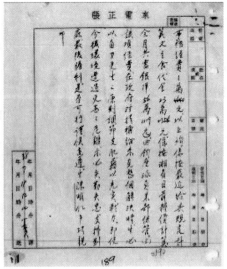

图4 陈明仁致蒋介石电（右）及总裁办公室复电（左）

注：陈明仁1949年7月19日电蒋介石需款56万余银圆，总裁办公室7月22日复电推脱，"一切粮糈，亦皆由中央支配"，是以俞济时名义回电，但草稿上有蒋介石黑笔修改："至于贵部困难情形，校长无不时加注意……"

资料来源：台北"总统府"档案，民国38年（1949年）6—8月。

八月五日　星期五

上午为兰州空运事，电话与央行等连［联］系，十时亲赴机场，

---

① 陈明仁（1903—1974），号子良，湖南醴陵人。黄埔第一期生，曾任军长，1947年坚守四平获青天白日勋章。1949年任湖南省主席，率部起义。历任湖南省军区副司令员、第四野战军二十一兵团司令员、湖南省临时政府主席、中南军政委员会委员等职。陈明仁之起义或与军费有关［图4］，陈于7月19日要求56万余银圆购粮，总裁办公室7月22日复电推脱，或已有陈将叛离的信息。

始办竣，盖原定派三机，仅到一机，即嘱赴兰，其余二架，下午装银圆赴定海。

下午至央行会议，讨论八月份军费汇拨日期。

晚招待央行同仁。决明日赴港。

八月六日　星期六

下午六时偕觉姐赴港休息。港穗间旅行尚属首次，计二十六分钟由九龙渡江，甚为方便。渡轮两头可驶，不必掉头，过江约七分钟。原定新享房间，无着。坐车到处找，后始在大中华找到一间，晚饭后稍散步即归寝。

在穗机场遇奚处长，询兰事，知宁夏马①言不可靠，此事实甚复杂。

八月七日　星期日

晨兴早餐后，即过江赴九龙找房间。在轮渡遇朱嘉佑君，同去旅馆。得九龙饭店空一房，因坐伊车过江接觉姐，又去半天。

午饭后小睡，醒来大雨，与觉姐在旅馆深谈，旋乘公共汽车赴郊外散步即归。

在港一天余光阴，并未充分利用。

八月八日　星期一

晨兴，偕觉姐过港办杂事，并访林圣凯②、费颐年③及程［邦藻］、陈［康华］二宅，四处以程寓为最好，林处较便，陈处最新最

---

① 马鸿逵（1892—1970），字少云，回族，甘肃兰州人。国民革命军上将。民国初期宁夏的当政者，宁夏马家军领袖。他继承其父马福祥统率宁夏新军，人称"宁夏王"，时任西北军政副长官兼西北行辕副主任。

② 林圣凯（生卒年不详），浙江人。1928年兴办了武汉第一家化学油漆制造厂——"汉口建华机制油公司"。1938年，日军进犯武汉，工厂迁重庆，1945年迁回汉口。2003年，黄鹤楼翻修使用的仿古漆即其"双虎"品牌。

③ 费颐年，生平待考。系传主吴嵩庆在香港的老友，20世纪70年代初曾转来周恩来有关吴滞留大陆的三位公子的信息。

僻。费未遇，林处遇其夫人，为道漆厂之损失，实业界此次损失类如此，宣示群趋作贾，厌办厂。想在港觅寓，太贵又太生疏，此非我走之路，感怅万端。

下午四时机返，结束初次港行。回署始知昨草山来电话，催设法运回兰金，此固遵令运往，运前运后均有报告，今忽有此变，何也？非出尔反尔，盖政治如捉迷藏耳①。

八月九日　星期二

晨访徐部长，对兰金不能运回。拟明日再派奚处长往，带顾［祝同］、郭［忏］及央行函往，未悉能运回否。郭总司令谓兰金与军费系二件事，不能因金事牵及军费，是也，因决军费继续运济。

晚央行李局长请海空陆财务同仁于行内。

八月十日　星期三

今日与财部、央行开会商八月份军费拨款程序，经再三商恳，大体退后五天，如能按期拨到，尚可勉渡，恐又有变化耳。

余深怀疑现央行办事人员，盖有林②、夏③等在沪时之暗影也。

八月十一日　星期四

又接俞［济时］局长电话，问兰款，告以处理方法，惟闻马子香④今日来穗，未知果否。至晚始知已到渝，则运金仍难办到。

八月十二日　星期五

马子香到穗，余下午往访，遇青海省党部主委马君，言词中对军

---

①　蒋介石有兰州战事不利的信息，参看本日记 1949 年 8 月 3 日注。

②　林崇墉，时任中央银行业务局局长，见本日记 1949 年 5 月 14 日注。

③　夏晋雄，时任中央银行国库局局长，见本日记 1949 年 5 月 14 日注。

④　马步芳（1903—1975 年），字子香，经名胡赛尼，甘肃河州（今临夏市）人，回族，为民国时期西北地区军阀马家军重要人物。马步青是其兄长。时任西北军政长官公署长官。早年随父马麒投西北军，历任军长、青海省代主席，1949 年去埃及。

费困难及央行基金不足深以为虑，此亦实情也。此次总望有解决办法。

　　[陈] 舜畊来电索款，为电台北王 [逸芬] 处长照拨。

八月十三日　星期六
谒顾总长报告业务。

八月十四日　星期日
今日空军节，下午赴沙面向空军招待会道贺，遇陈立夫先生。

八月十五日　无日记

八月十六日　星期二
遵令开始运输厦门存金①。

八月十七日至十九日　无日记

八月廿日　星期六
与徐部长、李 [嘉隆] 局长商拨款事。

请左曙萍②兄午餐。

晚偕左曙萍兄至粤卫戍司令部李副参谋长寓餐，李总司令③亦来，谈话中深感如粤局有危，卫戍部决难发生作用。

---

　　①　此日福州陷落于解放军手中，厦门存的金银要开始转移台湾，估计 30 余万两，为第一批军费黄金 90 余万两的余数。

　　②　左曙萍（1908—1984），湖南湘阴人。黄埔军校第六期毕业。曾任驻德助理武官，湖南常德县长，新疆伊犁、焉耆两区行政督察专员，浙江省政府委员兼秘书长。赴台后，历任台湾产业党部书记长、"经济部" 顾问、台湾银行监察人等职。

　　③　李及兰，黄埔军校第一期毕业，此时任广州卫戍司令，见本日记 1949 年 2 月 12 日注。

八月廿一日　星期日

礼拜如恒。左曙萍兄来寓详谈，并留午餐。晚看《日月同光》一电〔影〕片。

八月廿二日　星期一

晨伴左曙萍兄访徐永昌部长①及顾总长，知徐部长及秦次长开〔去〕西北，左兄任务即可完成。

八月廿三日　星期二

上午总部会报如恒。接令支民国出版社及《民主评论》② 款。

八月廿四日　星期三

闻本署处理黄金为人所不谅，因令审核司查账。委员长到穗即离。天安离粤赴台。晚宴高级班同学。

八月廿五日　星期四

国防部检讨联勤结束会议，上下午举行。总长宣布（一）陈初公③任补给次长；（二）赵君栗④任四厅长；（三）余任预算财务署

---

① 徐永昌（1887—1959），山西崞县（原平市）人。陆军大学毕业，任国民革命军第三军旅长、师长。后先后出任绥远、河北、山西省政府主席。抗战时任军事委员会办公厅主任，战后代表中华民国参加盟军东京湾受降仪式。为中华民国陆军一级上将，此时任国防部部长。

② 《民主评论》为徐复观创办之半月刊杂志，1949 年 6 月在香港出刊，徐自任杂志发行人，宗旨标榜政治民主、经济平等和学术思想自由。

③ 陈良，见本日记 1948 年 2 月 14 日注。此时出任国防部（后勤）次长。

④ 赵桂森（1911—1980），字君栗，江苏江都人。黄埔军校第六期生，陆军大学毕业，曾任陆军大学教官、师长，此时任国防部第四厅厅长，赴台后任联勤运输署署长、副总司令等职。

长；（四）张子久任经理署长；（五）韩德勤①委员代次长职务。

在此时期，不能辞，亦不应辞，但艰苦当前，宜如何细心筹划耶？

八月廿六日　星期五

今日上下午仍开会。上午赴国防部参加陈初公召集之财粮座谈会，初公之"结论"风度，仍不减于昔。下午在署讨论预财机构改组方案，仍由陈次长主持，通过改组原则、实施细则、编制、规程等，晚即在署叙餐。在施②宅闻兰州失陷讯。

八月廿七日　星期六

上午总部会报，此乃结束会议也，感慨万端。回署与各同仁商应办各事，至二时余始回，盖程、陈、钟［时益］、董［德成］等均赴港也。今日孔诞，下午休息。

八时偕觉姐赴沙面散步，在附近餐厅西餐，九时至新华看《母亲》一篇影片，立意甚好，精神稍快。

八月廿八日　星期日

晨礼拜如恒，讲师仍为胡牧师，讲希伯来民族收获时，必留一块角不割，留给穷人。因之，在人生之理智、情感、意志各方均须留此一角，为人类服务，在现制度下，救穷固为富人应作之事，但如何均穷富，乃现代之责。

初公来署，拉杂谈，为言工作情形与人事之安排，托伊征求若干人意见。午联勤同仁在南园欢宴总司令，赵署长致辞甚得体，总司

---

① 韩德勤（1892—1988），字楚箴，江苏泗阳人。保定军官学校毕业，追随顾祝同，抗战期间任江苏省主席、鲁苏战区副总司令，参与徐州会战、策应武汉会战等。1949年1月任联勤副总司令，此时出任代理国防部次长。赴台后任"总统府战略顾问"等职。

② 施邦瑞为联勤同仁，管测量方面。

令①勉以（一）多联系；（二）认识最后胜利，亦得体。

下午至施宅玩桥戏。

八月廿九日　星期一

晨兴访王德芳②君未遇，伊昨来访，回署后伊又来，取出版社款也。

传委座二日由渝来穗。三南共军退，我军有收复长沙可能，兰州失陷正式证实。

下午赴国防部部务会议，此为以联勤一部分身份出席之最后一次，讨论军费各款，无重要事项，阎院长亲来主持。

陈初公于会后再邀几人谈财粮问题，伊谓军粮计核之会，应事先与阎院长沟通，否则伊主席如开会时有成见，将使会议失败。此乃中国人办事之一重要法则，不仅在会议席上以雄辩制胜也。

晚高级班同学在青年会叙餐，饭后访何［世礼］副司令谈，伊今日自台来也。

八月卅日　星期二

上午会报，为联勤最后一次会议，主要讨论东南区事，陈初公理解甚清楚，喜做结论，不容人多说话，仍是老习惯，会后尚须多研究问题。

下午邀各业务署谈东南区欠款案。

徐部长③数次电话，催运台金，余因一面电渝报告，一面商先运

---

① 卸任联勤总司令为郭忏（见本日记 1948 年 1 月 12 日注），出任东南军政长官公署副长官兼舟山指挥所主任，不到一年即去世。

② 王德芳（1905—1985），号辉祖，湖北崇阳人，叔父为王世杰。北京大学经济系毕业，后在湖北省银行、金城银行工作。先后任国民党中宣部部长办公室秘书、国民政府外交部简任秘书。1949 年赴台湾，开设贸易公司，后旅居美国加州。时任国民党中宣部秘书，来取《民主评论》出版社款。

③ 财政部长徐堪希望用台北五万两黄金去作广州八月份军费及九月份军队副食费。

七万两，以五万两留穗，二万两转蓉①。

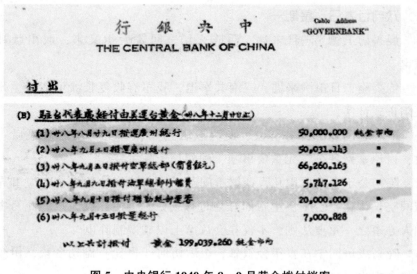

图 5　中央银行 1949 年 8—9 月黄金拨付档案

注：9 月上旬总裁办公室要央行归还运广州与运成都的七万两，就是由 8 月刚从美国运回的黄金十九万余两里支出，中央银行的 "付出" 有这两地七万两的支出。见中央银行之 "运台保管黄金收付及存余数量表"，民国 38 年（1949 年）9 月 3 日及 10 日的两项支出。

资料来源："国史馆" 档案 002-080109-004-002-001a。

八月卅一日　星期三

上午陈次长、何［世礼］司令约十时至国防部讨论东南区，余因

---

① 见中央银行原档（图 5）"付出（B）驻台代表处经付由美国运回台湾黄金（卅八年十二月廿日止）……（2）卅八年九月三日拨运广州总行 50031 市两及（5）九月十日拨付联勤总部运蓉 20000 市两"，此 7 万两支出为吴嵩庆自己决定，未得蒋介石批准，为蒋所不满（1949 年 9 月 4 日日记被申斥，图 6），还要吴去重庆当面解释 "擅自动支黄金之事"（9 月 5—8 日日记）。9 月上旬总裁办公室要央行归还财务署运广州与运成都的 7 万两，就是由 8 月里刚从美国运回的黄金 19 万余两里支出。

至央行交涉拨款事，如无解决办法，即将黄金扣作军粮①，徐部长昨谈原则也。嗣赴会，除已知各节外，无新决定，并定下午六时由各业务署将东南区业务费分配数送署汇编后呈陈次长。

下午台湾运来黄金到，余即嘱入库。晚参加高级班同学会叙餐后赴徐部长处，会谈财政危机，徐尚言今后每月以三十万两金及一千万银圆作支出，作三个月计划，余允明日由央行来借二万两济急。晚高级班同学在青年会叙餐，尹静夫②君请客。

九月一日　星期四

今日起联勤总部取消，财署改组为预算财务署［隶属国防部］，仍由余继任。

在联勤工作一年零八个月，在第二段有顾问在，余虽［与］其合作无间，但未善用之，中国病在不能切实做，如当时能择三五个军做实验，切实做到，亦为一贡献。结果只在纸面计划，仍犯过去旧病，后一段在波［播］迁与币值疾变之时，更觉无法处理。回首前尘，只有悔痛，只有余愧。

在此期间，郭总司令悔公信任有加，只有感激，余亦学得做长官之风度，除一件不愉快事外③，余无闲言。今后任务日艰，其何以自勉。

---

① 台北"总统府"解密"1949年军费档案"中有吴嵩庆电（9月28日）："东南区八九月尾款及九月份军费共应拨九百廿八万（银）元，因财政部汇款未予解决，该区补给司令何世礼强提保管款，前经呈报在案（9月9日），查第一次原提五万八千余两，会同封交台行抵押后……顷接台北本署……电话报告'何司令以央行汇款未到，派员带同枪兵饬赴司令部，令又提黄金三万三千余两，向台行抵押，连同前次所提共为九万二千两'等语……"

② 尹静夫（1901—1999），四川仁寿人。毕业于北京大学，先后任《四川日报》总编辑和四川大学教授。历任重庆市政府处长和副市长，中央粮食部司长、次长，交通部常务次长，1948年被选为立法委员。去台湾后，任"立法院"秘书长、"行政院"秘书长，1978年赴美定居。

③ 见本日记1948年12月23日，曾记此不愉快事。

九月二日　星期五

在行政院举行军粮计核大会，会中因讨论粮饷合一问题，徐[堪]部长与陈[良]次长大作意气之争，此乃二公过去成见所围，今日又表面化。

平心论，军粮以及征实各有利弊，但在今日战时，如不征实，不知将加国家财政多少困难，结果扰民更甚，非统筹全局所宜也。

下午访庞主计长详谈。

九月三日　星期六

上午九时至财部讨论军粮大会交议各案，广州周司令争华南区粮费二小时，决定华南按48万人每月13万大包［100千克］①。本年四个月，除征粮15万担［75千克］外，余价购，按［一担］16［银］圆计，须594万，一、二期各198万于本月十日及月底拨付，如此则本月粮款将为900万左右。其余各案，亦"粗枝大叶"谈之。

下午讨论军费配拨问题，只议八月份如何善后，九月份谈不到，财政濒于绝境，奈何。余对李嘉隆②大加难堪，实嫌修养不足。

得委座电，大不满此次黄金处理③，余因要求徐部长谅解，拨还款若干。

九月四日　星期日

上午赴礼拜前至署得电，申诉擅自动支黄金之事④［图6］，并嘱即赴渝一叙，此意中事。礼拜后，准备材料，并约徐柏园先生至其寓午餐。探询央行实情，并告以明日赴渝，是否有报告带去，又请其转

---

① 当时军粮一大包是以100千克计算，一担为75千克（150市斤或2400两），士兵每日军粮定量是熟米27市两（台北"总统府"档案，"国防部三十八年自四月份起月需经费总表"）。此处13万大包是以51万人计，考虑了粮耗。

② 李嘉隆，广州中央银行业务局长，见本日记1949年7月20日注。

③ 见本日记1949年8月30日注。

④ 见图6及本日记1949年8月30日注。

报徐部长。

　　下午在寓准备材料，访顾总长、陈次长报告赴渝任务，嗣应约谒徐部长未遇，通一电话，嘱报告财政困难情形。

　　晚准备材料至深夜。

图 6　吴嵩庆 1949 年 9 月 1 日呈蒋介石的报告

　　注：时任预算财务署署长的吴嵩庆 9 月 1 日呈蒋介石的报告："经商徐（堪）部长，将由厦运台黄金允运七万两经于世日（卅一日）运到，以五万两在穗，另拨以二万两明日运蓉……"上面有蒋介石手批申斥："为何不先呈报（而）擅运。"

　　资料来源：台北"总统府"解密档案。

九月五日　星期一

晨赴机场。十时一刻始起飞，至柳州、桂林下降，庄、郑二君各至机场相接，谈业务尚无困难。四时抵重庆（渝时三时），汪主任等多人来接，赴火烧场①一转，朝天门至曹家巷，叶尖全部焚去，真大劫也。至各宿所慰问同仁后至署会商善后。

电俞局长请示进见之期，约明日再约。

晚王麟祥君请吃饭。

九月六日　星期二

留渝。

昨夜睡未稳，固因新床择席之故，也为寓所太奢，心有不安耳。

上午至署处理火灾同仁善后，原则不亢不卑，总使同仁得最低安慰，而不引人说财务人员用钱太奢耳。讲话二次，一对财务署同仁，二对预算局同仁，勉以亲爱精诚，共同奋斗。

打多次电话，始与夏［功权］武官接通，看明日再说，总要进谒一次，说明目前财政之危机。

晚与财务处同仁聚餐，［邓］元勋来讲该处困难五点：（一）编制核定人数不符；（二）预算不符；（三）新兵；（四）就地补给之副费；（五）垫款——此乃一般共同之困难，如何办？

九月七日　星期三

留渝。

与夏武官数次通话，知昆明卢主席②昨来渝，今日恐无暇接见。滇局自星期一公布变化后，大局顿见紧张。卢来则情化［况］又不同③，殊可慰也。

---

① 重庆大火（1949 年 9 月 2 日午后至次日晨），是中国近代史上一场大规模的城市火灾，死伤近万人。

② 卢汉（1896—1974），原名邦汉，字永衡，彝族，生于云南昭通。1911 年辛亥革命后，随龙云入滇军，保送云南讲武堂。曾任军长、集团军总司令，时任云南省政府主席，12 月 11 日起义，后担任全国政协常委、国防委员会委员等职。

③ 蒋介石的 9 月 6 日日记："……卢汉……要求新编六个军与二千万现款……仍以为余有权将存台金银任意支配也……"

九月八日　星期四

留渝。

上午又打电话至林园，俞局长谓仍恐无暇接见，经国先生接话，则谓请午时吃饭，因驱车至林园，进至门前，适委座送客出，见余，即邀往谈话。余报告擅运黄金七万两经过，并即［将］军费支付情形及央行实力估计，当面报告，着重于老本已将吃完，应求自力更生之道，报告约一刻钟，辞。

午经国先生宴空军将领，饮谈为乐，归已四时许。

九月九日　星期五

留渝。

今日购票无着，决明日返渝［穗］。

有蒋君来署见，据云前在侍从室服务，离将十年，谈伊对国家整个组织之心得，谓如人之身，应着重于各种系统之配合，语有独到，上下午谈二次。嗣出示其所著之政府组织表及各市建设计划，前者注意于各部之分司，前［后］者只说各市之大概，又觉空言无补，浮而不实。

晚在寓邀高级同仁叙餐。

九月十日　星期六

留渝。

上午原定赴穗。十时至机场（九龙坡），候至下午一时许，始见央航机临空。下地时，轮撞地过重损坏，机又起飞，折至另端下地，则右轮撞破机翼，后轮亦坏，机损甚重，幸旅客均安，诚一警［惊］险镜头。席新斋先生①亦乘此机来，谈为平生未有之险事，送伊回寓后，至寓休息。

---

① 席新斋，民国初期曾任仁寿县县长、抗战时期四川省粮食储运局局长，时任经济部主任秘书。

晚央行赵观白经理①邀至市吃小馆牛肉，名为粤香村，价廉物美之平民食堂也。

九月十一日　星期日

晨接电话，知机十一时可到，因驱车至白市驿机场，同仁均来送行，至十时半。十一时机到，十二时起飞，三时半抵穗，一路在云海上飞，诚壮观也。

至寓，钟［时益］司长来报告近日经费情形，嗣访谒顾［祝同］总长未遇，见陈［良］次长匆谈，访徐［柏园］副总裁详叙并留饭，知余报告委座之央行情形又生波折。央行认为不确，不确非谓估其过低，乃过高耳。因与徐［堪］部长约明日往谒，伊拟明日赴渝，此正余所企求者也。

接芝书，此为上海沦后第一书，殊慰。

九月十二日　星期一

晨八时半至沙面徐宅，财部正因阎院长带来总裁对于央行实力估计尚有余力②，正作答辩。问余为何误会，余言余亦曾报告，或参考各种材料而成，但央行究竟实力若干，可支持几时似应坦白报告，伊以为然，嘱同往央行商之。

结果与汪子年兄研究半天，始将表式拟定，未悉采用否？下午与徐部长通话，伊决明晨赴渝，嘱请假期间，多予协助。

九月十三日　星期二

近来惰性日增，任何事总觉计划不够周详，推行缺少毅力，凡想办之事不办，只是今日拖明日，均属惰性。其因体力渐差欤？不禁心寒。

---

① 赵观白，时任广州中国银行经理，曾任海南省银行经理，后任台湾证券交易所董事长（1964—1976）。

② 台北"总统府"档案存 1949 年 9 月 18 日蒋介石办公室军事组长王东原签条："（阎锡山院长）见可亭部长，商讨最近财政现状，约计一个月内，尚可由美运到银洋二千余万，存有黄金一十六万两，以上其他金银也不在少，……"

今日局势需要活力，十分的活力，我的活力何处去了呢？

九月十四日　星期三
觉姐定今晨搭空军机往①，结果因台风未成行。

九月十五日　星期四
今日天阴，觉姐恐仍走不成。

上午九时赴陈次长公馆讨论补给纲要，化〔花〕半天时间所决者寥寥。我对初公积极不懈之精神衷心钦佩，惟不听人意思，太喜自己讲，流成太主观、不检讨之缺〔点〕耳。

午回寓，人去室空，顿成清寂，觉姐行矣。

下午署会后，讨论明日起草补给纲要之要点。晚参加沈司令发藻②等宴会后，至主计长公馆详谈一小时，回寓已十时。

刘以弼君③今日来穗对账。

九月十六日　星期五
派林司长去参加起草，余在署料理杂事。

下午勤务会报后，谒总长谈人事及询本署编制案，知亦不在总长处，嘱另抄一份呈核。

在总长寓遇陈继承④及刘峙⑤二公，询及汪兰生，知在贵阳。

---

①　夫人林熺回台北，本日记编注者吴兴镛亦随行。

②　沈发藻（1904—1973），江西大庾（今大余）人。黄埔军校第二期毕业，历任团长、旅长、师长，1944年任军长，1948年任国防部第五厅长，1949年先后任第三编练司令部司令官，第十三、第四兵团司令官。赴台后任军长兼台湾防卫副总司令。

③　刘以弼，财务署职员，赴台后，曾任联勤运输署预财室主任。

④　陈继承（1893—1971），别号武民，江苏靖江人。保定陆军军官学校毕业，曾任国民革命军陆军师长、军长、司令官、北平警备总司令等职，时任战略顾问，后去香港，转台湾。

⑤　刘峙（1892—1971），字经扶，江西吉安人。国民革命军陆军二级上将，曾任黄埔军校教官，参与北伐、中原大战等多场战事，由师长、军长，至司令长官、绥靖主任。1948年为徐州"剿总"总司令，徐蚌（淮海）会战失利后去香港，再转印度尼西亚任小学教员，后赴台湾任战略顾问。

九月十七日　星期六

今日起开始检讨会议。

据云检讨会议之起因有三：①［徐］部长到差后三月之检讨；②［李］代总统对国防部之批评；③［蒋］总裁交议方案。

顾总长还有露骨表示，代总统所谓招是非者如汤恩伯到处都败，现又负福建责，统一指挥者，拟将华南划归华中白长官统率。至总裁交议系军费问题，现每月只能出 1300 万［银圆］，其余 1500 万须交地方筹。"讨论"半天，除暴露首脑部矛盾与缺点外，毫无所得。

九月十八日　星期日

上午继续检讨，谈人事问题，余看过去办法均不大差，问题在于执行耳。为何未严格执行？乃纪律废弛，政府威信低落而已。

下午后勤小组开会至九时，余又担任粮券办法研究，因邀各有关同志至寓便饭，讨论至午夜散。

九月十九日　星期一

上午又继续讨论人事。

徐可公昨返穗，余因往谒，未参加会议，偷空至署处理事务，至徐处，谈渝行仍无办法，东南区更无具体结果，国是如是，忧心忡忡。

下午又是会议，研究后勤方案。

九月廿日　星期二

上午续检讨后勤问题。补给纲要提出引起讨论员额问题及其他民众负担等问题，所有准备材料大多浪费。

今日起请附近何医生诊湿气病。

九月廿一日　星期三

续检讨后勤问题。决定总员额为 250 万人，至如何裁减，下午小组研究。［阎］院长提出一表，将各省财赋负担详细估计，此实为一办法，科学的研究程序。奈陈［良］次长固执成见，莫知所从。午夜与俞局长通话，承告：①迪化机明晨去二架；②酒泉机去一架，请陈处长带回；③余暂缓。是则西北局势大变矣。

九月廿二日　星期四

上午续检讨，总裁及代总统交议案，余发言：

①现在每月按实有人数发饷——并非按编制人数。

②以后每月只有1300万，对各省采协饷办法，则如各省不能筹足的款，将如何处理？

顾总长禁余发言，此非因发言有何意见，实对个人成见，余尚何必再干？在上者无能无定策，在下者泄泄沓沓，国不亡，得乎？

午刘参军长①宴客，得知委座午后到。

九月廿三日　星期五

今日停开会。

晚访俞［济时］局长，知西北局面大变②，送款事已告一段落。

九月廿四日　星期六

上午至财部，徐部长告已见委座，对东南区事准先拨五万两，再派员去算账，另拨五万两铸币，余允即上报告请示。

与顾总长通电话，问迪化机究怎样，答已告陈次长，问陈次长则谓不必再过问，任之而已。

下午继续开会，讨论五厅提案，仍属一枝节与片段。

晚邀刘以弻、董松坡、詹特芳三君至寓便餐，交换东南区意见。

---

① 刘士毅（1886—1982），字任夫，江西都昌人，桂系将领。保定军校毕业，曾任南京中央军校筹备主任，时任国民政府总统府参军长，国民革命军陆军二级上将。去台湾后，曾任国民党中央评议委员。

② 新疆省警备总司令陶峙岳于9月25日发出通电，宣布新疆和平解放。

九月廿五日　星期日

今日上午十时在空军总部开会讨论东南区问题①，只得放弃礼拜，此为第三次。

会由林次长主持，决议：

①东南区总员额 50 万人，国防部直接单位不在内。

②国防部直属单位，其底薪由国防部发，至差额如东南区不能负担，则由国防部补贴。

③特种业务专案呈请外，一般业务费由东南区统筹。

④海空军经费照规定人数发给。

一叶知秋，陈次长对我有戒心，奈何？

偕 Spencer 至邹宅玩桥戏，回后为［兴］来儿写信及准备旅费。

九月廿六日　星期一

昨得台［北］电，知来儿今日到，昨夜已为其准备信件、旅费，今日午后请良光代接，后闻一时半到，因搬行李，二时半至家。

下午国防部会报，事多涉财务，今后真将困难万分。

晚饭后约来儿至黄花岗散步，拉杂告以独立奋斗精神之重要。

葛连祥兄今日抵港，余因［蒋］老先生在穗，恐随时有事，未便往接，派元勋及程侠生兄之弟往迎，迄夜未得电，未悉果按时到港否？心念良友，迄未去怀。

---

① 台北"总统府"解密档案（图 7）存吴嵩庆 9 月 9 日在重庆呈蒋介石之报告："顷接东南区补给司令何世礼申（九月）微（五日）电以'央行应汇东南区八九月份经费均未汇到，七月份薪饷未清，八九月份军费未发，东南五十五万人生活将濒绝境，若不立刻解决必发生不幸事端，故已权饬十二财务处将贵署现存该处代保管款，央行之黄金，转向台行抵押，请在一周内，将应拨军费如数汇发，以便赎还原金，并盼万勿延汇。查东南区军费系由财部在本署应领军费内，按月扣拨，径由央行汇台行转发，唯台行坚持需俟央行现金汇到，始肯转拨，而央行则主张以后清结，双方办法未协定，以致军费补给全部落空……'"后在 9 月 28 日的报告里提到，"何世礼将军，派员带同枪兵饬赴司令部，令又提黄金三万三千余两，向台行抵押，连同前次所提共为九万二千两……'"（图 8）

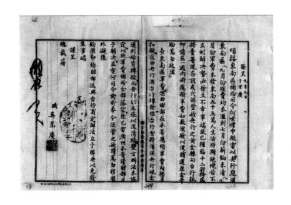

图7　吴嵩庆 1949 年 9 月 9 日所呈报告

　　注：吴嵩庆 1949 年 9 月 9 日在重庆呈蒋介石之报告，已警告何世礼将启事端。蒋介石在报告末先批 "准在" 两字，但画掉，再批 "阅"。何后来果然在 9 月上演了 "抢金" 事件（见吴兴镛《蒋总裁严控下军费黄金的两个 "擅自支出"》，台北《传记文学》2017 年 9 月）。

　　资料来源：台北 "总统府" 解密档案。

九月廿七日　星期二

　　清晨起身，早餐后送来儿起程，并托良光伴至机场。

　　上午八时半许得经国先生电话，嘱即去见，至农林上路①后，委座嘱将西北款均交胡宗南②，并在台存金内扣拨作特支费，即电渝照办。

　　下午至央行交涉，徐部长似甚不高兴，伊实困难，但我又有何法？看他样子在做下台准备。

　　元勋赴港接连祥接不到，程君亦未接到，未悉日内有函电来否？

　　晚松坡应约来舍，谈业务后，伊又表示辞意，曹事未决，又生一事，人事难处有如是。

───────────

　　①　此即广州之农林横二路行邸，为蒋介石驻跸处。

　　②　陶峙岳于 1949 年 9 月 25 日宣布新疆和平解放后，西北款即无需再运迪化（今乌鲁木齐）。台北 "总统府" 解密档案里有吴嵩庆在 8 月 5 日密电呈蒋介石："……又新疆开拨费前后二百万元，除已运及飞机损失十二万外，尚急需补运八十四万……" 此处换为黄金，约一万余两，为西北款。

九月廿八日　星期三

上午十一时后得徐部长电话："五万两为何不运来，你不信我的话吗？你只知道向我要钱，你已耽误了我五天，国家哪得不亡。"

这从何处说起！五万两金之拨发，我当然不能凭口说，非请示得令不可，伊亦明知非如此不可，则骂我者非骂我也。

对政客翻脸，尚属初次经验，恭维之如上宾，骂斥之如亡国奴，此之谓也。不禁想起彭子□前月气得手发颤时情形。

为再作报告催询①（图8），并二次电俞催询。

晚侠生来谈人事问题，人事处理如艺术画，惜余不懂艺术何？

九月廿九日　星期四

上午得连祥信，告已抵港，谓周后他行，不知何往，已函电邀来一谈。

得湘荪②函，谓已抵定海，寓北大街二号江川君寓。湘荪是不肯南来者，今冒大险赴定，可见沪地不能居。又江川君来信，谓民心已收回，士气未收回，此可谓一语破的，前途希望渐浓矣。

二次电催俞局长，询徐部长黄金案，尚未批下，想徐必气极，余亦不愿见之。

下午约陈〔康华〕、程〔邦藻〕二君来寓谈人事，已知梗概，当善处之。

九月卅日　星期五

晨赴农林上路，与俞局长算账，并探徐部长请示案，适遇徐见后

---

①　台北"总统府"解密档案有吴嵩庆电蒋介石（9月28日）（图8）："……三。财政部徐部长通知，奉准在上项黄金内提拨五万两〔据云2万两留台，3万两运蓉，均铸金圆〕连日催拨急如星火，应否照拨，敬乞　核示。"蒋在"三"上面批"照办"（下签"中正"）。但其后，经（蒋经国）批："昨奉谕财（政）部部长易人，此金仍暂缓拨（已面告□矣）。"

②　吴士珍为财务署秘书，1948年离职，此时冒险由上海抵定海，见本日记1948年4月4日注。

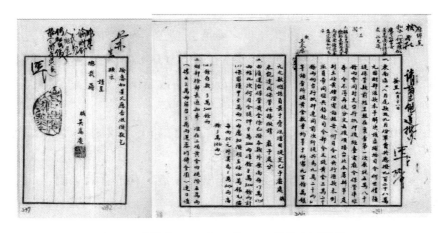

图8 吴嵩庆1949年9月28日呈蒋介石签呈

注：吴嵩庆呈蒋介石（9月28日）签呈："一．何世礼将军派员带同枪兵饬赴司令部，令又提黄金三万三千余两，向台行抵押，连同前次所提共为九万二千两……；三．财政部徐部长通知，奉准在上项黄金内提拨五万两（据云2万两留台，3万两运蓉，均铸金圆）连日催拨急如星火，应否照拨，敬乞 核示。"

资料来源：台北"总统府"解密"1949年军费档案"。

出来，神色恍惚，想结果未佳。

午请周、郭、林三公吃饭，主人为黄、左及余三人。郭告总长已辞职，由第三者代理，又悉徐部长亦辞，由关吉玉①继。又闻徐亦辞央行职，俞鸿钧继。平心言之，今日财政，乃吃老本政策，无政可言，不过刘②糊涂、徐精明，分别在此而已。

下午再赴农林路，案已批下照办，但人事更动，势又暂缓矣。

今日接上海［吴］兴归第一信，知母亲确已抵沪，甚念为慰。

十月一日 星期六

今日下午又浪费于开检讨会，上午谈政工、兵役，对退役俸亦谈

---

① 关吉玉（1899—1975），字佩恒，满族，奉天辽阳人，北京朝阳大学经济系毕业，留学德国柏林大学。1932年归国，1939年任江苏省财政厅厅长，1941年任财政部赋税司司长，1945年任松江省政府主席，1948年任粮食部部长。此时出任财政部部长兼中央银行总裁。去台后，历任高雄硫酸铵公司董事长、"考试院"秘书长、"国策顾问"等职。

② 刘攻芸是徐堪财政部长之前任。

及，决先调查，延宕政策而已。

下午由顾总长主持，报告非常委员会成立军事、外交、经济三小组，军事组由委员长主持，国防部长、各战区长官及行政院长为委员。明日下午三时开会，要开夜车赶一军事改新纲要提付讨论，这样急赶文件，其内容可知。

打电话至台北，嘱暂缓付款，黄［锺澄］① 均未接，不知往何处了。

顾总长辞职，广州市长更动事今日已发表。葛连祥君未到，其不愿来穗，可知。

十月二日　星期日

晨礼拜后访汪子年君未遇，访左曙萍君又未遇。返至署内，阅外报知北京政府已成立，毛泽东为主席，周恩来为阁揆兼外长，以红地五星为国旗，以《义勇军进行曲》为国歌。苦矣吾民，将再有四五年之混乱。

午至太平馆应桂［永清］总司令等吃鸽子。

十月三日　星期一

上午与海军刘署长②讨论海军军费问题，深感经费周转之重要。今日一切停顿，何以言战。

徐"部长"电话来邀"国防部"秦、陈次长及张、王、余等叙餐，表示去思，饮酒殊多。

侠生回，知连祥不肯来穗，拟明日赴港访之。

十月四日　星期二

上午何［世礼］司令来谈③，觉此君甚讲道理，但中国因为不讲

---

① 黄锺澄（？—1999），北京朝阳大学毕业，此时任财务署台北收支处副主任。

② 刘庆生（以笃），见本日记 1948 年 5 月 7 日注。

③ 陈康华，号靖中，时任预算财务署副署长，见本日记 1949 年 6 月 26 日注。

理之处多，此所以多摩擦也。

以笃告，现靖中精神甚觉痛苦，觉过去不堪回首。此君阴沉，近不能，远不得，何以设身处地以慰之？

下午本拟赴港，因台风未果。

与各主官讨论人事问题。

晚应徐副主任等宴，有三席，恐为某军所出钱。

十月五日　星期三

上午随陈［良］"次长"及张"署长"访"财部"新"部长"关吉玉先生，旋访"国库署局"、业务局等单位。余单独二次访"财部"，首与汪［子年］主任秘书长。嗣与徐［堪］"部长"直接谈，对于运台黄金事有所解释。嗣决定由我负责，先去运来八千两，以作其结束时经费总体之用。

下午三时赴港访葛连祥兄。抵旅社后，即驱车往访，伊在寓候，旋同往游山至香港嘴吃海鲜晚饭，回至旅社畅谈至深夜二时半。

余提三问题请答：

①目前国际局势如何？伊认苏美对立之势已成，但第三次大战何时爆发尚不可必，美胜利希望较多。

②对国内局势之观感，伊认为共党必胜。至真正成功须看其将来做法，至国民党因人与事均太失望，必败无疑。

③他个人之动向，拟先回家，将来或教书或做事，随机会而定。

余托以访母寄款，并告以个人立场，并劝以先以纯客观态度观察再下结论。

至英国人之优点在沉着，不冲动，重现实。其政策将处于资本主义与共党主义之中间路线，及经济上社会化，政治上仍采民主方式。英国地方政府，组织实简单如下表：［略］

London 市组织特殊，London County 以下有一个 London City，即伦敦中心市区，此外有 28 个 Metropolitan Borough，至警察则另有 Metro-police 管区。

财政 County-borough 自成一体，County 无收税权，下一级则有税收权，County 所需者列入下一级预算内，而 Borough 等税收主源则为不动产之 Rate，即全部不动产每五年予以估价一次，按地价收 Rate，地方需款多寡以增减其 Rate，普通税率在一镑内，但亦有超出者。

十月六日　星期四

送葛君走后久久不能入眠。此葛君态度之决绝，甚至不能化[花]一天时间至穗一行，其已有接洽可知，而对国民政府最后必趋消灭之观念，已牢不可拔，尚何言哉？吾甚望其对共产主义有深切之认识与信仰，而非投机行为也。

七时半起身，驱车至费颐年君寓一转，即渡海至九龙机场，九时起飞，十时至署，闻黄金下午可到，甚慰（八千两央行案）。

下午署会略谈后即散。

十月七日　星期五

时局日紧，闻曲江①已陷，悲观主义充满各地，银圆[券]跌价，人心惶惶，"国防部"又忙疏散矣。

昨日运到之黄金八千两，央行迄未提出，僧多粥少，有何办法！

徐可公[堪]去职，对余必怀恨，余又有何法？

下午临时后勤会报谈疏散，陈次长责余领款太宽，致相差甚巨，此官话又何必打？准备明后天赴台，希望得一些权宜之解决。

十月八日　星期六

上午随初公访关"部长"知亦无办法，本来点[石成]金有何术？

近日来就忙于兑现银小数钱之杂事，如此国是，安得不亡？

下午因黄金账大骂[詹]特芳，结果伊并无错，我乃失态至此，曷胜愧悔，伊之忍耐工夫可佩。

---

① 曲江在韶关北面，距离广州 280 多千米。

晚饭后想赴汪子年君谈谈解释①，转觉无多大意义，作罢。
定明日赴台。

十月九日　星期日

上午飞台北。

十月十日　星期一

留台。

十月十一日　星期二

留台｛上午见林、陈。陈宴。关、陈、阎［严］来｝。

十月十二日　星期三

留台｛上午在台行讨论军费，午后见关"部长"，下午再开会｝。

十月十三日　星期四

留台｛开会｝。

十月十四日　星期五

留台｛决定"中央"机关单位金额｝。

十月十五日　星期六

｛陈［诚］飞渝，未邀｝。

十月十六日　星期日

｛上午赴草山，下午回｝。

十月十七日　星期一

｛上午赴草山，下午回｝。

---

① 解释徐堪去职，可能怀恨事。

十月十八日　星期二

{上午见顾，下午开会，"中央"机关、郭事}。

十月十九日　星期三

上午飞香港 {见陈、林、俞［鸿钧］}。

十月廿日　星期四

留港。

十月廿一日　星期五

上午由港飞渝。

十月廿二日　星期六

{下午五时半开会}。

十月廿三日　星期日

今日为到渝后第一星期，不知教堂在何处，未往礼拜。

至署研究如何结算过去账目及改良公文处理。

下午在寓休息，闲看小说，咳嗽加剧，请陈医生来诊。

邱司令及西康张处长铁僧①来访。

子久②打电话来，谓拟来下棋，其中有文章。麟祥打电［话］来，谓明晨七时三刻初公嘱往见，亦有文章。"任他弱水三千，我只取一瓢饮"，管他！

---

① 张铁僧（1907—1987），别名先奇，四川江安人。时任西康省储运处处长、省田粮处副处长及国大代表。1949 年后，历任四川省人民代表大会代表，政协委员、常委、副秘书长，民革四川省委员会副主任委员等职。

② 张子久，刚上任的经理署长。

十月廿四日　星期一

上午赴阎"院长"公馆开会，不过向少数主管人员宣布如何紧缩员额，确定军费而已。惟伊谓我们只有三个军即能打胜仗，此点与我意见相同。

下午访"国库署"陈署长①、田粮署田署长②谈业务，决明日下午对军粮款问题再开小组会议。

十月廿五日　星期二

上午约赵、倪二君来谈，西安经费决折发黄金一部，以抵过去之战临费银圆③。

十时半访央行，未遇，访陈次长，人来客往，略谈即止，十二时半始回。

下午开粮食小组会议，讨论军粮积案。

晚应关"部长"宴。

近来陈次长对余心中隔阂日深，非打通，即求去，此二路必须择一而行。

十月廿六日　星期三

上午至复兴关及中华路视察人事、房屋之安排，为最近两件纠纷事。

为华南军费及整个军费之核算，次长限明日答复。董司长及司徒科长今日回。

---

①　陈庆瑜（1899—1981），江苏常熟人。东南大学经济系毕业。曾任河南财政厅主任秘书，此时任"财政部国库署署长"，去台湾后历任"财政部"次长、"部长"，"国策顾问"等职。

②　田雨时，时任田粮署署长，1949 年后赴巴西，后居美国。

③　"国史馆"蒋中正档案（002-080109-016-012-002x）中有吴嵩庆的"机密报告"（民国 38 年 12 月 5 日于成都）："谨将奉令保管各款支拨情形报告如左：一、存台汉中款五万两案：1. 支胡主任特别费 100 万元；留渝候令 40 万元；共折金 1 万 6470 两。……"按：以银圆 85 元折黄金一市两（见本日记 1949 年 12 月 6 日注，图 10）。

晚得于局长电话，请明日同往汉中，余以胡［宗南］主任今日已到渝，程司令等亦在渝，似不必往，婉辞。

十月廿七日　星期四

上午处理署务，得陈次长电话，谓黔东欠现银，嘱向央行交涉，并亲赴贵阳一行，因偕人望①于十一时半赴央行晤关"部长"、康心之先生②。适值开会，会后又恳商，决明日上午十时再谈。

下午在阎［锡山］"院长"公馆开总体战小组会议，自五时至七时。决明日下午三时半在复兴关继续开会。

回至署，董司长正与各同仁商业务，此乃小［少］年精神也。

今日又有人劝我不必辞，此乃第二人作如是观。

十月廿八日　星期五

上午至央行算账，陈"署长"照规定计算，不肯放松，康心之照央行实力不肯拨款③。在两重困难下，又不见谅于陈次长，个人进退事少［小］，其望国家整个之改观实不可能。余日望美援，但美援又望梅止渴，是否将引起国际纠纷均是问题。

算清旧账，计九月应补 596 万［银圆］，十月应补 204 万，共计 800 万。但如将台湾经费扣算（560 万+100 万），将仅余 140 万，有数钱作无数用，决难支持。下午赴复兴关参加总体战小组会议，至

---

① 陈人望，时任财务署重庆收支处长，原是共产党员，此时已与中共地下党有联系。

② 康心之（1894—1967），陕西城固人。早年参加同盟会，曾任国民政府四川省粮食储运局局长、四川省银行总经理，此时任"中央银行"顾问。女儿康靓为中共地下党员，本人也与共产党有接触，支持民主运动，截留央行金银，参与民革的组建。1949 年后留大陆，任全国政协委员。

③ 《蒋中正日记》中 10 月 11 日记："……阎伯川已由穗来台……正午与伯川谈财政，彼来要求拨存金四十万两作两月支出之用，余即允之……"）1955 年 7 月 27 日，俞鸿钧呈送"中央银行及台湾银行库存黄金数量报告表"民国 38 年（1949 年）10 月 15 日的两项支出，"（2）拨付东南长官公署 125000 两"及"（3）运渝总行 275001 两"，即蒋答应阎锡山之 40 万两黄金。此时央行应还有足够黄金（约折银圆 2300 万），但由于康心之此时已决心留大陆，想截留央行金银（图 9，有蒋中正亲笔书"存"字）。

晚，倦归，忘赴张副总司令之宴。

今日早晨召集全体同仁讲话：1. 单身搬关上；2. 眷属寓所；3. 附员不办公。

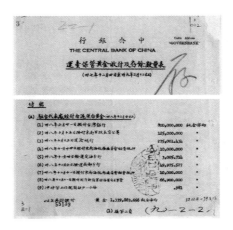

图 9　中央银行之"运台保管黄金收付及存余数量表"

资料来源："国史馆"002-080109-004-002-001a。

十月廿九日　星期六

上午勤务会报请陈副署长［康华］代出席，余在署清理公文及催算最近三月盈亏账目。余怪［陈］初公催急，而收支司允上午清算之账，至下午尚未完成，日延一日，亦觉过去之不上轨道。

晚赵士魁君来宴谈，主要目的似为处分其副处长事。

陈次长又催汉中央行运款，此干涉央行工作，将吃力而不讨好。

十月卅日　星期日

上午赴关上一转，至"国防部"开总体战筹备会，至一时始散。

午袁化宇来便饭，劝以自立之道。

下午访关"部长"未遇，访徐市长①、许处长未遇。

---

①　徐会之（1900—1951），原名徐亨，湖北黄冈人。1924 年入黄埔军校第一期。1947 年任国民党中央执行委员、三青团中央干事、汉口市长，此时来重庆。1950 年经香港去台湾。1951 年以涉及预谋颠覆政府罪，被枪决。

晚应徐处长、赵经理宴。

晚饭后至办公室与董司长算军费账至十一时，亏累如此，无法再干。

十月卅一日至十一月三日　无日记

十一月四日　星期五

与央行交涉经费，上午已至摊牌时期，至午后一时半始散，决定先拨九月份约300万余，十一月副食费400万（扣去220万）。

十一月五日　星期六

上午赴四厂开勤务会议，余报告十月底止经费情形。陈［良］次长又强调十月止一切经费已否清发，对于过去亏空暂不置理。余亦强调奉次长谕，今后经费不挪垫业务费。闻余早退席后，陈又言，急要之事不能不垫。如此，则事更难办矣。

退席后即赴央行交涉带琼黄金及汇款，张署长至拍案大怒，余再三劝解方得下台。今日困难下实无法做事。国家艰苦，至今至极。

晚至［顾］总长、［秦德纯］次长处报告经过。

十一月六日　星期日

晨飞海口。

清晨五时至珊瑚坝集合。张署长、刘科长及田粮署陈主任秘书，四厅一处李副处长及本署科员雷厉一行六人同到。机中与子久下棋消遣，抵柳州下落加油。余询小贩知银券只值六角。抵海口，共飞六时。下机后即谒余［汉谋］主任、陈①长官，略谈任务。

---

① 陈济棠（1890—1954），字伯南，广东防城人。1913年在广东陆军速成学校步兵科毕业。1928年掌握了广东军政大权，1936年发动"两广事变"，反蒋失败。抗战时任农林部长，此时为琼崖行政长官。1950年去台湾后任"总统府资政"、"战略顾问"等职。

晚与财处同仁开会，讨论清算经费办法。

十一月七日　星期一

留海口。

上午赴王公祠附近苗圃谒省府薛［岳］主席，言谈中对琼事不管，粤事已成尾声，对发［行钞］券事表示不可能，至粮食情况严重，特表关切。

决定所带万两金，由陈长官伯公带台五千两购粮，晚将手续办妥。

十一月八日　星期二

留海口。

连日与财处人员接触，深感人才之不易得。钟无能，刘刁滑，一做主官均敷衍不管事，欲求实心做事者甚难得。

十一月九日　星期三

留海口。原拟赴榆林，赴机场候半天，机未到，且天气太坏，恐不能起飞。回，徒浪费半天光阴。

十一月十日　星期四

留海口。

十一月十一日　星期五

留海口。

由余主任召集华南补给会议。

十一月十二日　星期六

晨飞榆林。

晤刘安祺司令①，谈榆林缺粮，士兵每天仅得八两，入晚目不能视，不叛变纯为感情维系。又言士兵副食可自想办法，只要有农具种子，即可自行垦殖，屯田办法于琼岛仍可用。

十一月十三日　星期日
留海口。

连日云会计长大选兄②来寓弈［围］棋为乐。万里故人，惟因此尚有不少事待研究者未予注意，留待将来再说。

十一月十四日　星期一
留海口。

十一月十五日　星期二
晨由海口，趁［乘］空军班机飞台北。

十二时起飞，抵台已五时，回寓休息。

十一月十六日　星期三
留台北。

得渝陈署长电知"国防部"组织将大变动，嘱即日返渝主持。晤［陈］舜畊知空军明有机位，因访王叔铭兄，承允准搭二人。

晚访谒陈［诚］主席二次，未晤。嗣打电话来找，报告赴琼经过，及明赴渝情形，伊对"国防部"驻台单位应归并长官部特予强调。

---

① 刘安祺（1904—1995），山东峄县人。黄埔第三期毕业。抗战时期任师长、青年军军长等。胜利后任兵团司令官。1949 年 6 月，率部撤往台湾。此时在海南岛任二十一兵团司令。次年初调去台湾，历任台湾中部防守司令官、澎湖司令官、金门防守司令官、陆军总司令、"国策顾问"等。

② 云大选（1887—1983），字子青，海南文昌人。北京陆军军需学校毕业。1946 年任陆军总司令部军需总监，陆军总司令部中将会计长，同年秋退役，1950 年去台湾。

十一月十七日　星期四

晨由台北直飞重庆。

原定王叔铭副总司令来渝，余及其他搭李文范①、马超俊②二先生与其余人员同行。旋王不来，余等仍乘建国号直飞，过赣湘黔川上空，感想万端。

三时抵九龙坡［机场］，入城问情况。晚至秦次长寓便饭，座中有兵役部旧同事，旋至冠生园应许厅长宴，宴美国武官也。八时半至关"部长"寓开会，讨论经费问题，早归。

十一月十八日　星期五

晨八时至［陈良］次长公寓，伊不候已走，追至办公室，略谈公差情形，伊亦无心来听。访［顾］总长详述经过，访耿处长亦述此意，并分呈余主任函。至署得知资遣调派人员详细命令。

下午五时至"国防部"参加讨论资遣办法问题，余奉令今早退席赴央行交涉经费，承关［吉玉］允费［金］5000两、银［圆］20万，余拨银券。央行由员工包围，看其中数人之面，其得意得可憎。

午约詹［特芳］来便饭③，晚约叶、邓、王来便饭，均谈去留事。

---

① 李文范（1884—1953），字君佩，广东南海人。早年留学日本，加入同盟会。曾任内政部长，1948年任司法院副院长，赴台后任"总统府资政"。

② 马超俊（1886—1977），原名麟，字星樵，广东新宁人。早年追随孙中山赴日本加入同盟会，曾任劳工局长、南京市长、中央组织部长，抗战胜利后创立全国总工会，时任国民党中央执行委员，去台湾后任"总统府资政"。

③ 此是劝詹特芳留任，显然从以后的发展看，詹此时已决定投奔共产党，并透露国民党政府的军费金银的机密（詹特芳后著《蒋介石盗取黄金银圆及外币的经过》，中国人民政治协商会议文史资料委员会编：《文史资料选辑》第93辑，文史资料出版社1958年版，第60—66页）；注释者于2014年10月由美国飞访詹于其湖北潜江住所（时年93岁），他特别提及此次午餐所谈去留事。

十一月十九日　星期六

上午参加晨报，精神涣散。嗣奉令赴央行交涉，找不着负责人，至十一时半回，仍无结果，留人交涉。

下午总长召集各干部，续讨论资遣人员问题，知昨有风潮，研究加钱，并闻尚有资遣人员联谊会之组织。在如此紧张关头，只来应付此等问题，无能乎？亡国现象乎？

晚与各高级干部研究善后事宜，无人愿共甘苦者，余无德无能乎？覆巢无完卵乎？

周武雯、邓元勋二君晚来谈。

十一月廿日　星期日

上午至署个别谈话。

午为四处陈君证婚。下午在寓休息。

十一月廿一日　星期一

昨夜三时半署前发生民众蜂拥过街，一说去兑现，一说是暴动。当然前者成分为确。卫兵制止，据云夺枪走火，打死一人，秩序已乱矣。金融误国，甚矣。

上午至总长公馆，与海南李扬敬①讨论海南岛事。定明日下午继续在"政院"讨论。

下午部务会报，决定资遣及调派人员给与。

下午为林丛证婚后至署邀集各志愿同仁个别谈话。

十一月廿二日　星期二

今日主要与各员继续谈话，并于晚间召集会议，告以革新精神。

---

①　李扬敬（1894—1988），字钦甫，广东东莞人，保定陆军军官学校毕业。1949 年任广州市市长，此时任海南岛防卫副总司令兼参谋长，赴台后续任"国大代表""总统府国策顾问"。

今日发生二件事，一叶知秋，或将又须考虑进退。

①关于资遣费案，总长认为士兵不应发这许多，而归咎于本署。其态度辞色令人难受，余固不难代人受过，但必有人中伤。

②总长来电话，财署资遣人员甚多，为何陈康华、董德成等亦散，以后业务如何办？并谓名单必须经其核定。

于此，现在难避责任人，尚要攫最后一名位，如果如是，余可退矣。

十一月廿三日　　无日记

十一月廿四日　　星期四

上午在四厅开资遣会议，决定一厅所提若干问题，余特别提出二点：

①资遣费只按黄金块数计算，不按纯金计算，以资简捷。

②请监察局、政工局、第四厅①派员会办收支情形。

经此一办，则清楚而明责任。下午四时由毛、陈二君核定各单位人数，连夜算出总数。

十一月廿五日　　星期五

今日开始发放资遣费，除若干单位外，均于今日发清。

陈处长②今日对余态度特别不客气，余以意度之，因资遣费办理得丝毫不能有任何毛病。每单位数目有一定，各单位所须［需］黄金由监察人监视包好③，不能有丝毫之差别，故劳而无好处，一叶知秋。余所得情报有几分可信，干部难得有如此。

下午邀各同仁商议发放办法，余将应如何求其公开办法详细说

---

① "国防部"第四厅管理补给计划。

② 重庆收支处处长陈人望，见本日记 1949 年 10 月 27 日注。"余所得情报有几分可信，干部难得有如此。"此两句颇堪玩味，吴嵩庆似已知他此时已与中共地下党有联系。

③ 董德成参与发放资遣费，每人二两黄金（吴兴镛：《黄金秘档——1949 年大陆黄金运台始末》，第 253 页）。

明，即每块黄金编号，每人抽签取金，大家同意，交郑处长[①]去执行。

看今日局势，真有土崩瓦解之势，欲挽回危局，非再经更大之失败教训不可，但亦须视接受教训之程度如何而定，大局如此，能不慨叹！

晚湖北随来同仁来谈，余贡献离别之意见。事后尹本义涕泣求相从，余鉴于詹君之前车，不觉灰心，婉慰之。

十一月廿六日　星期六

上午发本署资遣费，一切办法均未照规定办法。郑处长似心甚乱，盖为眷属之累欤？

与晏司令[②]通电话，请派机送同仁眷飞台，伊请借现洋一万元作交换条件，余答之，请明日来借。

今日为资遣费之余波，国家纪律荡然，欲不败得乎？

十一月廿七日　星期日

晨余至署办理，四厅来电话开会，嘱靖中往，回言谓后天起程，只留二人，即分头准备。最急为送眷，俾留署人员能安心工作。二次访晏司令，遇到时详谈，伊允明天上午九时半答复。

财署同仁要求发眷米，此亦为现状要不得之事，允发十元。陆运人员亦要求发钱，亦发十元，责任再说，先解决问题。今天，领款情形已乱。

---

① 郑清怀（1914—1984），字伯伦，湖南汨罗人，时任预算财务署总务处长，去台湾后任预算局办公室主任、联勤总司令部军需署财务组长。

② 晏玉琮（1902—1980），号琮林，贵州龙里人。毕业于云南航空学校，历任中央航空学校教育处长、轰炸大队队长、航空委员会参谋处处长、空军士官学校教育长，时任重庆空军第五军区司令。赴台湾后，任空军总司令部督察室督察长、台湾警备总部副总司令。《蒋中正日记》1949 年 11 月 31 日记载对晏司令极不满：“昨卅日，六时起飞，……七时到新津换美龄号转飞成都……机场……飞机炸毁……晏玉琮司令扣管之重要物质甚多，未知确实，惟报亦未来接命令，乃即慌乱擅逃命不负职责……”是晏司令将停在机场上的四架驱逐机和六架高级教练机一并炸毁。

下午为唐君证婚，问罗司长①知黄金账仍未对清，因即亲往找何、姚、徐诸君，将所有账目取来，交江科长连夜整理。

十一月廿八日　星期一

全日在索款人围攻中。

晨决先送同仁眷属，有机赴台，否则送蓉。先至署及四厅一转，嗣应约赴空军，晏司令已赴机场，打电话不通，与沈司令谈，约十二时回答。至时再往，允派机一架送至蓉（运费银圆一万，即将已借数转账）。允三时前送到，因急往署，派人分头接眷，至国府路集中同往。后闻当晚未起飞，未知次晨成行否？

署中同仁包围索眷米及陆运人员津贴，允各发十元。

下午［陈］靖中未别先行，董［德成］司长续行，其余同仁候机场未至，夜始集中余寓。郑处长下午则自坐车带眷走。

余宿陈［良］宅，夜十二时得电话，嘱往关"部长"处交涉银圆二十万，顺利答应，但嘱代运四十万至蓉，陈亦答［应］，因此同仁工作至次晨未睡。打破一切困难，完成任务，余亦于五时始至陈宅。

十一月廿九日　星期二

晨六时三刻张主任卫民及陈处长人望应约至嘉陵新村陈宅，余催醒，即打铺盖，带同赴四厅。后初公问为何将行李带走，并请晚仍往彼寓宿，余答带行李不过备应变，晚自当回彼，明日仍当如此办。

在四厅知银圆 60 万均已运到，因发洋 5 万，警察 1 万。……至午，得知共军已到江边，陈次长催银圆车速行，余亦同行。三时抵山洞，至海总联络（国防部所在地），候后车至晚，在暗中路上发款若干，并奉

---

① 罗郁纯，此时任账务司司长，见本日记 1949 年 7 月 15 日注。

令发杨森①部等 14 余万，余答仅奉令留 10 万元。陈嘱向前追，忽接报谓一辆在附近抛锚，匆派车往援，共可凑足 15 万余元，足敷发款，所差无几。嗣接报②提前十时赴机场，余守候杨总司令提款未至，候至清晨一时始载款起程。在最后二小时中，炮声不绝，令人脸无人色，再三催促动身，余镇定处之，可知最后五分钟之不易也。

十一月卅日　星期三

流浪第一天。

深夜一时自海总出发，路上车仍甚挤，三时抵白市驿叉道，杨[继承]③君赶来低告，不如径往机场，余拒之。四时许抵青木关，候二小时许，后车未到，继行。八时三刻抵璧山，口干甚，问数十家后始在六十九军某接兵部吃饭洗脸，开销老百姓一元，部队一元，并送饭给老余吃。

偶遇吴中相④君，知现任视察组长兼游击司令，亦见沙团长（宪兵，二个团长均姓沙）各发二千银圆。因车上只有四千，允后车到时补发，并向沙团长借油九加仑。三时半抵铜梁，理发洗脸吃饭，精神一爽，六时余即就寝，候杨未至。

十二月一日　星期四

晨派余司机至路口接车，至四时回报，未见来车。其间访谒杨总

---

① 杨森（1884—1977），字子惠，四川广安人，早年入四川陆军速成学堂。后返四川任军长，为知名军阀，以妻妾众多闻名。抗战时任军团长，胜利后为贵州省主席，此时任重庆市长，兼任重庆卫戍总司令及西南军政长官公署副长官。赴台后，历任"总统府国策顾问"、"中华全国体育协进会"理事长等职。

② 此时是总裁办公室，通知晚上十时去白市驿机场，上总裁中美号专机，当时陈良即离开车队径赴机场。蒋介石是午夜前 30 分登机，次晨 6 时起飞去成都，专机驾驶为衣复恩，在其《我的回忆》里，误以为吴嵩庆此时也上了专机。

③ 杨继承也参与由重庆运输金银到成都的车队，并与吴同机赴台湾，后曾任龙潭第一军团财务收支处长。

④ 吴中相，黄埔第三期毕业，时任少将战地视察组长。

司令及罗①司令官，报告此次由渝退出及此次运款情形，杨甚傲，即言快缴而已。

下午四时，与罗司令官派员何处长商定，后车未至，非在途抛锚，即已赴遂宁。因定即晚赶赴彼城，以期截留。

晚十时抵遂，至县府叫醒陈县长，请伊嘱警察局即晚派员寻找银车。二时回报至，找到杨［继承］科长，因嘱连夜再寻银车，夜即宿县府。

十二月二日   星期五

晨七时杨科长回报，银车已找到，因嘱伊即驶来县府。

八时许遇杨总司令，余报告找车经过，伊言速激，继之声色俱厉，余心厌之，即欲离去，不料伊大声叫骂，掌余颊，并大言枪毙余②，卫兵上枪直对余，生命在顷刻中。经旁人拉余走，伊仍不甘心，派兵看守至下午三时，俟银车找到缴清，始解除监视。余所带卫兵已被缴械，经说明后亦仍送还。四时离县府，至罗司令处发款毕，起程回蓉。同行冯君，谓须房［防］路中暗算，因连夜赶至绵阳。今日经过，诚如一梦。在被监视中，余不断反省，余之坎坷，亦属自取辱耳。何怨人哉？

十二月三日   星期六

昨晚宿离绵阳十公里一小店，晨六时半起身，七时起程，下午四时许抵蓉，即往报告陈次长，伊表示多发罗广文部十二月之经费六万元，殊不值得。

---

① 罗广文（1905—1956），四川忠县人。毕业于日本陆军士官学校。回国后任中央陆军军官学校教官，是陈诚系的重要将领之一，曾获青天白日勋章。时任第十五兵团司令官，同月25日，罗广文率残部二万人起义。1954年任全国政协委员，1955年任山东省林业厅厅长。

② 两天后，蒋介石知道了此事，他在1949年12月4日日记中写道："……晚为（王）叔铭生日聚餐，对杨森跋扈鲁莽、手批国防部吴署长之颊，其行动闻之怒，乃出言不慎，悔之……"当时担任参谋总长的顾祝同于1982年谈到此事，提及4日是陈良报告蒋介石，"总裁即命经国先生电杨纠正"。

晚细思如不将在遂宁经过报告于上峰恐反不妥，拟明日再报告。

晚宿收支组。

此次流浪四天，最大感想即前线太苦，后方过奢，如不能纠正，失败定矣。噫！

十二月四日　星期日

晨再谒次长，又谒总长，报告在遂情形。余谓在第二次大战，美司令官因打一士兵被撤职，余以一高级长官而受辱，正式报告徒增上峰处理之困难，只认为个人之纠纷，不愿再做书面报告。国乱如麻，军阀依然，直为党国伤心耳。

晚召集同仁商署事，及留蓉二人，众无一应，尚何言哉。

十二月五日　星期一

上午找关"部长"半天未遇，"央行""财部"均乱一团，处处如此，可叹。

次长指定派陈［康华］① 副署长带款金一万两、银五万元飞昆。

十二月六日　星期二

晨奉令召见，至知询此次在途杨森威迫经过，因详报告，认为一时冲动，请勿计较。而此一番好意，因处理不善，反出意外，殊觉惭愧，委座慰勉有加，认为此乃表现精神，晚又来找进见，知对余面呈报告［见图 10］已详细看过，并询明一误写之数字。余疏忽如此，甚惭。

俞局长嘱明日即行，适运一万两之机至，原机归本署支配，决乘此机回，本署除留四五人相助外，均一律先回。

与陈次长商业务后同至官邸，候至午夜归，布置行前事务，并与

---

① 陈康华去后，适遇卢汉起义，陷在昆明，辗转至次年 3 月才脱险抵香港（见本日记 1950 年 3 月 5 日）。

林［运祥］司长①详谈，已将二时，决明晨四时起身。

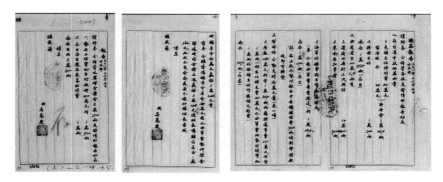

图 10　吴嵩庆 1949 年 12 月 5 日呈蒋介石的两个报告

注：两个"保管款"报告包含四项军款，主要为汉中款 5 万两（供胡宗南部队之军费）、由厦门运台湾 22 万余两（本日记 1949 年 8 月 16 日），另外一项"保管款"则是"奉令保管之奖恤金 8 万 7500 两"（图最左一页），亦见于本日记 1949 年 6 月 29 日注。上面有蒋介石亲笔批"存"字，蒋发现并询明一误写之数字少个零（右图最后一行）

资料来源："国史馆"档案 002-080109-016-012-001a、002 及 003a。

十二月七日　星期三

今日由蓉飞台。

清晨五时起程，［叶］良光同车、陈人望兄来送行，至机场看情况甚乱，幸衣复恩大队长之助，十时机均备妥，人物均上机，因带人太多，只得将行李抛弃。

晚五时半抵嘉义，乘夜 11：30 车赴台北。人望临行规以用人勿疑，当永志之。

今日接取由台昨日飞蓉之五万两金②，未悉安全否，为念。

---

① 林运祥（1915—?），广东揭阳人。广东省立勷勤大学经济系、美国印第安纳大学企管系毕业，获硕士学位。1939 年起任财政部会计处少校组长，此时任预算财务署预算司少将司长。去台湾后，任陆军总司令部主计中将署长，"国防部"主计局中将副局长，联勤总部财务署中将署长等职。

② 据曾担任陆军经理署长的赵抡元将军的回忆，他在成都新津机场送别吴嵩庆之后，去"中央银行"成都分行，得到"财政部长"关吉玉批准，以财务署第六财务处长的身份领出由台北运来的黄金 4 万两作胡宗南部队之军费（赵抡元：《"斩"黄金发军饷——成都保卫战惊涛骇浪一幕》，广研鉴，https://blog.boxun.com/hero/2006/xsj丨/192_ 1.shtml）。

十二月八日　星期四

晨六时半抵台北。

至署办事处布置后，即上草山与［陈］舜畊交接款件。在山午餐后，访万主任［耀煌］长谈，取来参考文件若干。

偕［程］侠生访驻台办事处钱主任、林［蔚］副长官、何［世礼］司令、陈［诚］长官（未遇）等。

晚约杨继承①兄来便饭。

十二月九日　星期五

晨程副署长来谈台北各项业务，并研究会议工作方针。

下午访钱主任、林副长官、何局长，并访谒陈主席，关［吉玉］"部长"未晤。

思今后工作端在精神，必须严树纪律，方克有济。

十二月十日　星期六

上午与各同仁讲今后工作方针，而着重于纪律，手订服务守则交议，分三项：①服务原则；②服务要领；③三大纪律。

至台行及"央行"办事处洽提黄金事。

下午邀在台资遣人员谈话，实心有不忍，容再研究。

晚至舜畊处吃面，辞归。

此次在渝遣散旧部化［花］1000［美］元②，托友寄家分途送

---

①　杨继承，与吴同机到台湾，见本日记 1949 年 11 月 30 日注。

②　这部分美元为蒋介石奖助，来自 1949 年 12 月 6 日之报告中的第四项（图 10，中图）："购美金十万元，盈余 3 万 6468 元：前奉令购发汤（恩伯）总司令美金十万元，原已由军费垫付，拨金归还时，因金价上涨盈余 3 万 6468（银）元，陈组长嘱存美金 1 万 7622 元，此款已交俞（济时）局长……"此美元款乃内战军费奇闻之一，换个人，盈余是没账的，易在台面下处理掉，但吴嵩庆管理军费是涓滴归公，都交总裁办公室。故在战乱中，蒋介石把此一部"盈余"美元奖助吴，但数目不详（估计在 5000—7000 元）；此处上留大陆 2500 元，后来吴把剩余美元资助陈（舜畊）组长夫人在 50 年代去美国留学一年（详见吴兴镛《黄金档案——国府黄金运台》，第 285—295 页）。而吴嵩庆自己子女 20 世纪 60 年代留美，均有奖学金，连机票都是自付。

1500元，此后三五年，经此措置，略可心安（寄家托汪［子柔］、詹［特芳］①、叶［仁杰］、王［诚］、王［先翔］五人）。

得知委座今日由蓉返台②，约九时可到。

十二月十一日　星期日

晨至署，想去礼拜，找不着青年会。

访俞局长知昆明事变已证实，闻卢汉并曾电刘文辉③想扣留委座，现靖中④尚在滇，想不能出来，留蓉几人，未识能退出否？

下午在寓休息。

十二月十二日　星期一

洽定飞送海口华中华南两区经费，计华中一万两⑤，华南7800两，另与关部长洽妥，由"央行"拨金5000两、银圆24万元，以解决未兑支票问题。余派董司长解往，希望此行能了悬案，定明日起飞。又洽妥运银圆四架赴成都，定明起飞二架，接回公教人员。

下午三时秦次长召集各单位讨论迁台后问题，均属支节。余建议召集小组会议，建议"国防部"整个组织，地小人杂，思之寒心。

---

① 詹特芳受托带300美元，于1950年春节后交吴嵩庆次子吴兴来（时在重庆大学数学系就读）。2014年吴兴铺访詹于其湖北潜江住所，才知道叶仁杰、王先翔全名，都是财务署选择留大陆的同仁。每人都受托带300美元给吴嵩庆家乡老母做生活费。

② 蒋介石本订前一日飞台北，然而9日张群偕余程万、李弥、龙泽汇三军长赴昆明被扣，电讯中断，蒋决定留蓉，上午召胡宗南、王陵基、杨森、萧毅肃等研商滇局及行止，均劝阻西昌之行，午前十时始知昆明已叛，即离成都军校至凤凰山机场，于晚八时飞抵台北。蒋从此再未踏回大陆土地。

③ 刘文辉（1895—1976），字自干，号病虞，四川大邑人。保定陆军军官学校毕业，到成都依刘湘，后任军长。时任西康省主席，8日已起义。历任西南军政委员会副主席、中国人民政治协商会议常务委员、林业部部长等职。

④ 陈康华（靖中）陷在昆明，是12月5日运送黄金军费去的（见该日日记），辗转至次年3月才抵香港（见本日记1950年3月5日）。

⑤ 华中1万两是拨给白崇禧华中"剿总"退到海南岛的部队，台北"总统府"档案里，有12月19日白崇禧从海口一电：由第二预财处转发。但同时又要戌月（九月）及亥月（十月）薪饷（见本日记1949年12月13日）。这是蒋介石最后一次给桂系部队的黄金军费。

晚得号外，美援有希望。

十二月十三日　星期二

上午参加"国防部"组织研究小组，将来此又将成为摩擦对象。

下午参加东南区预算研究，所提方案可称最低限度，但两千万［银圆］一月之巨款，如何筹措，实堪焦虑。

今日得白健公［崇禧］与总长两电，均索款，拟先借蓉款运滇。今日迁往办事处。

十二月十四日　星期三

关于运款赴滇事，今日决定如下：

①将在运蓉 48 万内拨运 11 万，蓉款不再补足。

②空军认为赴滇不可能，拟先飞海口交王叔铭负责，一面请顾总长电彼与成都通话，甚清晰，知彼处平安。

下午访空军周［至柔］总司令，谓陆军已毫无希望，非彻底改造不可①，而彻底改造又属不可能。噫，国亡矣！

十二月十五日　星期四

研究明年度预算，觉最高［每月］需 29 万［两金］，最低也需 22 万。待遇没有十分改善，沿海照目前待遇，内地略加副费，恐国力仍难负担耳。

下午访郭［忏］夫人、黄副总司令、周副司令，并在周宅晚餐后返署。

十二月十六日　星期五

上午访秦次长［德纯］请示明年度预算及本年十二月军费案，伊嘱预备数表同往谒阎"院长"，嗣于十一时许谒见"院长"，报告详

---

① 《蒋中正日记》（1949 年 5 月 12 日）："空军高级干部十余人来见，似由至柔令他们来，表示：一、台湾行政希望交空军负责……"可为周此处言论作一脚注。

情，"院长"指示大意如下：

①过去"国防部"老欠各战区经费，各区亦日来电报索款，今后应切实算出人数，一次发款，庶责任分明。

②最近"行政院"公布拨六成款给各战区，此办法不妥。

本此原则，下午三时由秦次长召集会议商讨各战区人数，觉得大家不清楚，事乱如麻，解决无方，心痛之至。

晚同仁做夜工来算表，余晚餐后洗一澡。

十二月十七日　星期六

海口来电知［顾］总长及陈［良］次长昨抵海口，并嘱速运银赴蒙自、沾益①。

下午长官部召集明年度预算给与会议，综合意见。

①有支无收，恐仍待研究。

②预算 2000 万［银圆］恐仍不敷，因未包括主食、服装、工事、油料、防空等费在内。

③副食费不敷。

陈［诚］长官请各单位研究后，下星期再开会。

十二月十八日　星期日

上午访左曙萍兄及由新疆归来之叶成②军长，并偕左君及妙妙［女公子］赴青年会礼拜。下午在寓休息。晚赴音乐会。

十二月十九日　星期一

晚约海空陆同仁来寓晚饭，讨论如何核实问题，觉顾虑甚多，无结论。

---

① 卢汉 10 日起义后，国民党第八军、第二十八军由蒙自、沾益向昆明推进，16 日开始进攻昆明，故此时尽速运补银圆极为重要。

② 叶成（1905—1994），字力戈，浙江青田人。黄埔军校第三期毕业，抗战胜利后任师长，兼迪化（今乌鲁木齐）警备司令。新疆解放后，经南疆进入印度去台湾，继任军长职。

舜畊来通知，约明晨赴草山。

十二月廿日　星期二

上午赴草山，应蒋［经国］教育长约也。伊病卧床，特来谈，谓军费希望能节至每月十万两内，恐甚难办到。

访庆祥兄①未遇，谓今日赴港，晚伊来访，谈暹米事，此便宜米，政府应予收购，允明日进行之。

午请关"部长"及央行同仁在寅便饭。

十二月廿一日　星期三

关于海南岛购粮事，原定印度有存款 400 余万印币。今日想以此款除发新疆退出人员 15 万印币及马步芳 1 万元外，余作购粮款。但关"部长"又想作使馆经费矣，则此款又落空。嗣得央行消息，谓印度国行来电谓此款应作还英国 1935 年借款，则更难办矣。

十二月廿二日　星期四

今日偕元勋访问北郊第六军，看各部队生活情形，至午后一时始回。部队之困难，上层阶级均没有切实解决诚心。明知而无法改善，亦属痛苦。

吃得饱穿得暖乃今日最低限度要求，但这与整个之政治与风气如何密切关联。

晚赴中山室参加青年会主办之弥赛曲圣曲演奏。

十二月廿三日　星期五

今日下午一时至革命实践研究院讨论"经费与给与"。余先讲目前军费情形一小时，次一小时讨论如何改善，发言甚为热烈。下课后仍有唐军长等聚谈。

晚将讨论情形报告林副长官，伊亦认为应加改进，明日给与会议

---

① 毛庆祥，见本日记 1948 年 8 月 22 日注。

中提出。

晚朱、赖诸君来寓便饭。

十二月廿四日　星期六

上午十时在台北宾馆开海南岛军费会议。阎长官对余设置一切不满意，亦属劳而无功，陈初如［良］先生谓一切先要求长官谅解，甚是。定明日续商，嘱同仁连夜拟标准。

下午四时东南区开预算会议，余亦被邀参加，决定固定经费如粮饷、副食、办公费等月需［银圆］2200 余万。

晚至左曙萍兄家餐，请新疆客人也。

十二月廿五日　星期日

今日圣诞。

上午至"行政院"续开海南岛经费事，阎"院长"认为开列给与数太大，经再三核减，定为 200 万元，计：主食 90 万；副食 28 万；薪饷 42 万；事务费 7 万；业务费 9.3 万；战临费 9.3 万；装备渔船 14.4 万；共 200 万。

黄金折价以 90 元计算，共需黄金 2 万两，银圆 20 万元。

为提款竟日晚打电话，夜和衣睡。

无暇为孩子买礼物，折发代金。

十二月廿六日　星期一

晨送余［汉谋］、薛［岳］二位至机场，因天雨未起程。

十时至长官部开军费汇拨问题，任厅长①比余能解决问题，未悉通货今后不致膨胀否？

下午四时开核实会议，仍无决议。

晚至兵工署桥戏。

---

① 任显群（1912—1975），江苏宜兴人，曾任台湾省行政长官公署交通厅长、台铁局长及台湾省政府财政厅长。吴国桢事件受牵连，后因追求一京戏演员入狱。

十二月廿七日　星期二

今日起开始业务讲习：

每星期二预算；每星期三收支；每星期四账务；每星期五经理室；每星期六出纳室。

十二月廿八日　星期三

余、薛二公昨前二天均因天时未行，今晨动身，余俟业务讲习定后赶往，已起飞 5 分钟。余作事常延误如此，对朋友访问亦如之，想起《圣经》中往 ［迎接］ 新郎故事①，须多警惕。

十二月廿九日　星期四

上午与央行洽积欠经费，觉得拖得不耐烦，下午来电话定 5 时半开会，遍找不着，不知何故。现在最紧急问题为：

①清算旧账。

②清算十一月份账。

③清结十二月份经费。

④拟定明年度预算。

⑤今后工作方式。

晚参加沪大同学会。

十二月卅日、卅一日　无日记

---

①　见于《圣经·马太福音》，这个 "新郎故事" 的引申含义为做事要有充足的准备，甚至是用未雨绸缪的态度来面对重大任务。

一九五〇年

大事记

一月　四日　淡水陆海空军演习

　　　十三日　蒋夫人回国

　　　十四日　中共签订中苏协定

二月　廿六日　香港法院宣布两航公司财产解禁交中共

英普选成绩发表，议席共 625 席内：工党 315 席，保守党 297 席，自由党 9 席，共产党 0 席，爱尔兰国民党 2 席，独立自由党 1 席，议长 1 席。

三月　一日　蒋总统复职

　　　八日　陈诚组阁经"立院"同意

四月　一日　军需署成立

　　　廿日　海口撤守

五月　十六日　定海撤守

　　　廿六日　举行军风纪会议

　　　廿七日　菲律宾召集碧瑶会议，我国不参加

六月　廿五日　韩国［朝鲜］战事爆发

　　　廿六日　安理会下令停战，美决以军火援南韩

　　　廿七日　杜鲁门发表声明给予韩国以海空军掩护支持，命令第七舰队防止对台攻击，并请中国［停止］对大陆一切海空活动。

　　　廿八日　我对美防卫台湾原则上接受，已令海空军暂时停止活动。

　　　廿九日　麦克阿瑟元帅飞韩视察，第七舰队出现在台湾

海峡

　　七月　　卅一日　麦克阿瑟元帅访台湾

　　八月　　一日　麦克阿瑟元帅返东京

　　　　　　　　　苏俄重回国联［联合国］任安理会主席

　　九月　　九日至阳明山革命实践研究院八期受训

元月一日　星期日

今天是卅九年元旦，天气特别好。

上午团拜并访友拜年，至［陈］舜畊处详谈。午请署单身同仁便饭，下午在寓休息，湘臣兄①来弈为乐。

今年在台北过新年，尚属首次，自属感慨万端。台省本身防御，将极艰苦，如国际局势变化，国内亦将再经大流血的惨剧，真是劫数。

中国需要改革，卅余年来，不能达此目的乃国民党官僚腐化之罪，中国不能实行极权的共产主义，需要能自我改革的国民党去奋斗，但国民党如不能改革，则大混乱、大流血将无代价，国民党最后不但不能成功，反为历史罪人。

改革改革，愿从自我改革做起，人人奋斗之，本人今年格言当为"沉着""有恒"。

元月二日　　星期一

今日起赴草山见习，规定为十天，余偕陈、黄、唐诸君同车按时到，候时甚久，不知所措，组织与准备均有问题。

九时约在阳明山庄开始台北防御战之演习讨论，观每人发言，准备亦欠充分。

午饭后，下午带回书一批。下午随陈［良］次长访关［吉玉］部长算旧账，并讨论明年度预算。

晚请新疆客叶［成］军长、钟师长在寓便饭，左、许、贺诸兄

---

　　①　林国珪，字湘臣，其妹林燨是吴嵩庆的夫人，见本日记 1949 年 1 月 19 日注。

同座。

元月三日　无日记

元月四日　星期三
赴淡水参观陆海空联合登陆演习，有登陆舰、水陆战车、飞机等，显得不紧张。

带回丰盛野餐盒回台北。

元月五日、六日　无日记

元月七日　星期六
草山开会。上午讨论补给，下午讨论通信。

晚至谭岳泉兄家餐，座均湖北先生。

元月八日　星期日
晨八时半召见①，询本年预算情形，谓人数须计 80 万，军眷 10 万计算，总军费［每月］不能超过 1100 万元［银圆］为限，余另拟。九时参加草山会开，讨论情报。

午饭后，回寓休息。下午偕妙妙访周主席奉璋先生②，隐居潇脱。

晚访王副总司令叔铭谈蒙自锡块事，并访林运祥君，连夜计算预算数事，即至署连夜交缮。

元月九日　星期一
上午九时再进谒［蒋］，候陈［良］次长至九时半始至。（阎"院长"则八时五十分已来谈），仍谈预算案。

①　蒋介石召见，见图 11，蒋亲笔红字批语于 1950 年预算。

②　周岩（1895—1953），字奉璋，浙江嵊县人。保定陆军军官学校毕业，1937 年参加淞沪会战，1949 年 1 月，调任京沪警备副司令兼浙江警备司令，旋出任浙江省主席，年底因病请辞赴台，被委任为"总统府"战略顾问。

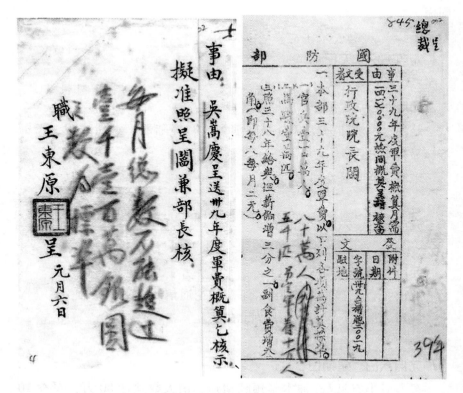

图 11　蒋中正红笔批示吴嵩庆所拟 1950 年军费预算

资料来源：台北"国史馆"档案 002-080102-033-002-001a。

下午来电话，嘱七时半往会餐，再谈预算案。

元月十日　星期二

上午草山讲习，题为兵农合一。

元月十一日　星期三

下午在长官部开国军补给会议，讨论半天，对员额问题，做不彻底之解决，其余谈不到。

元月十二日　星期四

预算问题，为今日工作主题，上午访任［显群］厅长后，省府只能负担原定之数，无法再加，原拟加 13 种税，已计在内，每月只可筹千余万台币，但明令未下，尚未开始征收，公债推行办法（可筹 3 千万），亦尚在拟订中。现筹款方法，只可卖公产，故省府负担千万银圆，实已尽最大努力，至财［务］处知尚在拟 63 万人预算，一面预算不能平衡，一面尚仍加数字，不知如何了也。

运蒙自锡块事，今日民航队来洽，约需运费 60 余万美金。

空运蒙自 26A［军］①，空军来领运费，共需 45 万余元［银圆］。

元月十三日　星期五

全日又为预算困扰，上午至林副长官②处会商，任厅长亦来，决定省府切实补贴数目，与中央可节之款，勉成预算，计一般 1185 万，东南③ 2671［万］省府应补贴 1400 余万。一月份暂筹 1000 余万，拟明日上呈。

民航队事，晚再与俞［济时］局长商，或可改运海防出售，拟明商［陈］次长。

蒋夫人［宋美龄］有今日到台讯。此次夫人回国，其发表言论均示大勇无畏精神，引起美国人士注意。其实仰鼻息于人可耻，即候世界大战亦可鄙④，如何自力更生，以争取民心，乃最基本之任务耳！

---

① 1949 年 12 月 9 日，卢汉通电起义（见前日记），在昆明将第八军军长李弥和第二十六军军长余程万扣押。后由于两军共同向昆明进攻，迫使卢汉将李、余二人先后释放。余程万停止了对起义军的进攻。但在参加起义问题上受到第九十三师师长彭左熙等人的坚决反对。彭左熙此时将部队撤往蒙自，准备空运台湾。正当该军准备登机时，解放军突袭蒙自机场，打破了其空运台湾的计划。该军在西逃途中大部被歼，彭突围抵达越南，1954 年去台湾，1986 年病逝于台北。

② 林蔚，见本日记 1948 年 1 月 19 日注，此时任东南军政长官公署副长官。

③ 东南军政长官公署（1949 年 8 月 15 日—1950 年 3 月 31 日），统一指挥辖区内军事政治，包括福建（金门、马祖）、浙江（大陈、舟山群岛）及台湾。

④ 蒋介石认为，美苏必战，为解决中共，他将希望寄托在爆发第三次世界大战上（《纪念中国社会科学院建院三十周年学术论文集·近代史研究所卷》，方志出版社 2007 年版，第 330 页）。

元月十四日　星期六

上午为民航队运锡事接洽半天，结果决交中信局办，但据其估计，不过盈余四五十万元美金，亦少矣。

脑后偏左生瘰，甚痛，陈医官认不轻，因买安福药膏及盘尼西林片服敷，一夜未稳睡。

元月十五日　星期日

上午原想在寓休息，得电话，嘱随林［蔚］、陈［良］二公及任［显群］厅长同往大溪①，商讨预算案，现国家财力最多只可支持九个月，实属已至极艰苦地步，此案下午始能再商徐柏园、严家淦等决定之。

见［蒋］夫人面现憔悴，谈此次回台经过，后询余是否仍在航空委员会，不知八年来已大变沧桑矣。

晚湘臣兄来弈，访李支君未晤。

元月十六日　星期一

下午与"财部"算账，并谒阎"部长"谈空［军］、海［军］银圆事，允拨 100 万，海军之本票则不允兑，并谓总裁对十一月份以前欠款不允再给，果如此，则保管款②垫款将无法归还，当再交涉之。

下午业务费会议，开无结果。

元月十七日　星期二

舜畊来办公室，送来账单一纸，嘱研究，嗣邀往公园坐谈，说蒋教育长［经国］有事转达，但吞吐其辞，此已为第三次，不知究为何事？实属不解。

---

①　大溪在台北南郊桃园，有慈湖行馆为蒋介石驻跸处。
②　保管款为厦门运存台北财务署之黄金，有军款与奖恤金（或机密费）两种（参看本日记 1949 年 6 月 29 日、7 月 6 日及 12 月 6 日注与图 10）。

元月十八日　星期三

上午在"国防部"偶遇关"部长"与陈次长，知总裁召见，因同车往，至则稍候，王雪艇先生辞出后进谒，知为军费事，仍须以11 万—12 万两为限，并询蒙自银圆已否运到，现在办事之难有如此。

至舜畊处算账，次长说均无问题，惟在有无钱耳。

今天蒋教育长又来电话，谓拟一谈，不知究为何事，令人生疑。

元月十九日　星期四

晨谒白长官，报告预算情形，承告十万大山及六万大山①尚有部队，越境部队亦须汇款，在今日财政情形下，闻之双方有啼笑皆非之感！

下午续开补给会议，对发饷案决仍旧贯，开会至七时半，决毫无新贡献，噫！旧环境旧思想旧条件，欲言改革之难有如是。

晚侠生夫妇来便饭，说共党在大陆情形，一般至坏，惟有二优点：①按时发饷；②按时开会（登报不发通知）。

[张]子久来弈，确比余胜一筹。

元月廿日　星期五

关于预算案，"财部"提出方案，拟先拿三个月经费 36 万两，以10 万两换钞 4 千万台币，另以糖 28000T［吨］（值 300 万美金）、盐6 万 T（值 80 万美元）作保证准备，换言之，以六成黄金换十成台币②，恐办不通，午间关"部长"宴各有关人员，研究结果，均认为不能办，拟明日向草山报告。

---

① 十万大山及六万大山"反共救国军"是白崇禧在 1949 年 11 月离开广西时所安置，解放军（第一三四师等部队）于 1950 年年底至次年 2 月完歼 3 万余"反共救国军"。

② 此时官价新台币 280 元兑黄金一两，但黑市价高于官方价达 350 元；至 5 月香港黄金价大涨，从台湾流出黄金大增，新台币贬值压力大，而政府持有黄金已捉襟见肘（吴兴镛：《黄金秘档——1949 年大陆黄金运台始末》，第 275—279 页）。

元月廿一日　星期六

上午随关"部长"、徐董事长柏园、严［家淦］厅长、任［显群］厅长及陈［良］次长于十一时进谒总裁，报告昨天会商，"黄金不能少"一句话，并由他们提出军费可否减问题，经决：

①一月份军费照给。

②军额减为 80 万人①。

③军饷应直接发到官兵身上。

退出后又交换意见，并在草山吃饭。余以为众人所言，核实员额应办，核实想省钱则未必也。

下午五时介寿馆，仍由上述各人向陈长官［诚］、顾总长［祝同］报告，陈个人［性］极强，并言语跋扈，在此急难之时，令人可愤②。

元月廿二日　星期日

今日王［逸芬］、罗［郁纯］、翁［重源］诸君为草拟直接发饷办法③忙一天，余上午参加讨论，晚间又往一谈外，偷闲未管。

十时至青年会礼拜，题为根本的改革。晚［叶］良光来谈，谈及［陈］舜畊月内五十生辰，当邀来寓祝寿。

元月廿三日　星期一

空军寻求以 11 万人列军额，并均以东南区待遇，过［分］矣。（原东南尚区列 9 万人，并以 8 万人列东南区待遇），但此亦可反应［映］多少矛盾奇异之现象，把很简单事变成很复杂，探本穷源，即

---

① 军额人数原为 100 万，见图 11。

② 陈诚自始即对吴嵩庆不满，认定他是蒋介石的人，东南军政长官公署的财务处长陈铁麟（见本日记 1950 年 4 月 1 日）是他想要取代吴成为财务署长管理军费的人选，可惜资历太浅，也不为蒋介石认可。

③ 即点名发饷，杜绝"吃空额"的弊端，见本日记 1950 年 1 月 27 日。

国民政府失败之原因也。①

午至次长处候训。下午随同赴草山谒委员长，报告直接发饷办法，并请求其径嘱陈、林二公办理。

至舜畊处一转，洗一澡回。

元月廿四日　星期二

今日主要工作为准备向研究院报告材料，及预算事。

任［显群］厅长催询是否能按期发饷问题，此事虽牵涉甚广，要之余未能在岗位上力求迅捷并力争，亦为惰性之表示，明日即力进行，以补过。

元月份预算可望照规定发，二月份减少至十四万两（林副长官意）未悉能照此定案否？

晚应白君约，在台北招待所吃饭，谈滇事经过，饭后访周心万②兄谈。

元月廿五日　星期三

今日光阴又浪费于奔走预算中。上午见关"部长"、陈署长，下午又得到严家淦等建议，军费应减至2000万元③，则又将做不可能之做法。

午伴徐圣禅先生④至七重天吃高级菜，并约星期天赴游北投，徐先生迄未见过，在台初会，亦出意外，盖伊有事相托也。

---

① 此处见周至柔总司令为空军争取与东南区同样较优的待遇，也就是与陈诚的陆军系争权（见本日记1949年12月14日），而蒋介石就利用两者矛盾，驾驭得心应手。1950年3月蒋介石复行视事，用陈诚组阁为"行政院长"，而军方以周至柔为参谋总长。

② 周心万，浙江诸暨人，是国民党党政高级班毕业学员，曾任陕西省党部执行委员。

③ 见本日记1950年1月13日，按指东南区预算，原为2671万元。

④ 徐圣禅（1882—1958），原名徐桴，以字行于世，浙江镇海人。留学日本，参与孙中山革命，曾任广州护法军政府粤军联络人、黄埔军校教官、北伐军军需长、浙江地方银行董事长、上海市银行总经理、浙江财政厅长，后去台湾任"国大代表"。

晚应陈洁予①君邀，伴暹罗［泰国］"大使"吃饭，并约后天星期五午请其吃饭。

元月廿六日　星期四

昨今均为索取元月份经费而空忙。

上午后勤部门，为明日讲话而预习，各献图表，书其能事。

明日下午召集预算会议，余令准备材料。

晚请徐厅长雨笙来寓便饭。

元月廿七日　星期五

晨赴草山革命实践研究院讲后勤补给，余讲预算财务部门，约廿分钟，大意本年元月预算为：一般给与之预算 1185 万［银圆］，东南区加给 1931 万，共计 3116 万。但实际尚须减去 408 万，实为 2708 万。

因省府本月不能负担 1472 万，仅能负担 1064 万也，除省政府负担外，余为"中央"负担。惟财政尚须求军事预算再减少，是否能再减？

预算由三种因素组成①给与；②人数；③事业。现①③不能再减，惟有经酌减人数着手，但应不影响军事。

现在所希望在能实行点名发饷一事。

下午四时由总长召集讨论卅九年度预算案，由陈长官，各副长官，各次长参加，结果有裁减方案而无多大出入。

午请暹罗"大使"Langa Nilkambang（Charge d'affairs）及马秘书在台银俱乐部吃饭，有徐柏园、中信局赵经理②、林副理、陈署长等作陪，谈购暹米事也。

---

①　陈洁予（1906—1998），浙江杭州人，曾在侍从室参与密电码研究，任军委会译电人员训练班主任、军事技术室主任、军电处处长等职，1949 年中将除役，随姐夫毛庆祥从商，赴台后续办私人企业。

②　赵聚钰（1913—1981），号孟完，湖南衡山人。上海复旦大学、步兵学校毕业。曾任国民党中央常务委员，退除役官兵辅导会主任委员，时任中央信托局台湾分局经理。

元月廿八日　星期六

今天在职务上发生二件事：

①非常委员会组小组审查卅九年预算，余列席，结果，仍以 80 万人计算，总预算仍为 2777 万元。阎老西［即阎锡山］对预算看不懂，逢迎者尚以投石下井为快，国是［事］如此，真不堪再问。

②财部无端扣款，致东南区经费不能发足，即将引起大纠纷。

元月廿九日　星期日

上午至署一转，嘱董［德成］、林［运祥］诸君清算各月经费，旋赴青年会礼拜，午请［林］湘臣、秉章①二兄午餐。湘兄今日为 56 岁生日，秉章兄与海筹②近始由定海来也。

下午赴北投至徐圣禅先生寓晚餐，菜最丰。

思预算之迟迟不能确定，来日之困难日甚，拟建议恢复军费监理委员会，并函初公催解决过去问题。

元月卅日　星期一

晨访补给司令部，何司令③不在，晤诸友，解释可能误会也。

下午部务会报，予报告财政状况，并吁请［陈］次长在荣任前④必须解决问题。

晚应左曙萍兄邀请便饭，归途访林宅询沪情。

元月卅一日　星期二

上午偕陈次长访"财部"关"部长"，谈清理去年欠款事，决定后天上午九时开会。

下午将卅九年度［1950 年］预算，及军师经费计算表送［阎］

---

① 江秉章为林国珪原配江氏之兄，生平不详。

② 林海筹为林国珪之长子，原配所出，生平不详。

③ 何世礼（见本日记 1949 年 7 月 19 日注），此时任东南军政长官公署补给区司令。

④ 陈良于 1 月 26 日出任"交通部部长"，卸"国防部"补给次长职。

"院长"，伊似满意，此为第一次。

二月一日　星期三

今天头昏昏，将昨晚想经积极去做的精神又打了折扣，体力影响事业有如是。

准备明开会材料，又言要准备华中、华南材料，我们同仁是天天做夜工。

东南区款未发清，反响渐大了，今日何司令、昨天林［蔚］副长官均来电话，下午"财部"办清公文，交我送"［行政］院"去批。

二月二日　星期四

上午在"行政院"开军费会议，至一时，结论，"财部"本年拨专款约 290 万元，海空军旧欠 56 万，新拨空军 50 万，金门 36 万，共约 140 万，与［仍］旧在保管款开支之款，均请示是否拨还，或拨半数，或全开支。

此事余最狼狈［尴尬］，盖保管款①本属机密，现成公开。经此次经验，应习得办事方法，大事不放松，小节可任放。

下午与美武官 Poston 约明晨谈。顾总长明赴海南，派罗司长②往，极勉强，恩威均不足济，可叹！

二月三日　星期五

上午与美武官约见，候二十分钟未至，此诚惯失信之中国外人。

总长赴海南，罗司长随往，九时半赴其寓，十一时至机场往送。款③仍未领到。

---

① 保管款，见本日记 1950 年 1 月 16 日注。狼狈是宁波乡语，为尴尬之意。

② 罗郁纯，见本日记 1949 年 7 月 15 日注。此时任财务署账务司少将司长。

③ 款以银圆计，是财务署向"财政部"领，由"国库（中央银行）"供给银圆或黄金。

二月四日　星期六

昨今两天，均为洽款忙，至下午五时许，阎"院长"始批下，仍只解决元月份之126万余及二月份第二期款，至海南60万及兵工经费，十二月以前欠款仍未解决，闻林副长官对此甚不满意。

晚请圣禅先生一家来寓餐，请湘臣、秉章二兄作陪。

二月五日　星期日

上午编制会议，余赴礼拜未终席。今日讲题为耶稣是救主的二种意义，青年会礼拜堂的团结力似甚强。

下午邀友弈棋未出外。

二月六日　星期一

东南区元月份欠拨军费，迄今晚已至央行阶段，仍未拨去，此事延误，余应先负责，总是欠积极精神之过，凡事尚须自跑为是。

此事已告状至总裁，晚得电话，嘱八时半赴草山，而得电时已近九时，陈［良］初公嘱仍赶去，到则已散，初公略谈经过，别去，余洗一澡回。

二月七日　星期二

元月份经费纠纷总算暂告段落，但仍有几笔款未领到，得解决，此事已催王均一①数次，希望明天必决。

思近日精神不济，无进取精神，以致一切均办不好，其何以自勉。

前军需署严副署长②来访，约明日晚便饭。房租案批准。

---

① 王均一（1896—1979），名平，以字行，山西人。山西法政专门学校毕业，曾任绥远省府秘书长，此时随阎锡山入阁任"财政部"次长，后专任"国民大会"代表，1951年以后，专研佛学。

② 严宽（1891—1969），号宏基，安徽庐江人。1944年任军政部军需署副署长。去台湾后任"总统府"中将参议。

二月八日　星期三

连日忙结账，真奇怪！最简单几个数字，账务司弄不清楚。

严宏基先生来访，约明日来寓便饭。

二月九日　星期四

约侠生来谈，商署内急待解决之事，将旧存公积金于年底分完了事，另向初公请来 5 万元作公积金。

晚请署内同仁陪严副署长吃饭，但伊另有应酬，经电询也不来，只得自吃，伊最后总来一转而去，此所以应酬也。

二月十日　星期五

为东南区预算案，林副长官又来找去，算来算去，均跳不出原预算范围，又何必作茧自缚耶？因于晚访蒋［经国］教育长详述预算不能再减理由，并述四点。

①希望整理仓库，处理物资以作临时经费。

②增加副食生产以养军。

③确实点名发饷以核实。

④开发经济以求自强自足——尤其海南。

二月十一日　星期六

每日在预算、计算中兜圈子。今日林副长官又来算账，以空军只能照 9 万人计算，其余应由国防部拨，此种账永说不清，经解释后始明白，因决将业务费仍列 200 万元，其余 40 万作空军补助费，亦换汤不换药也。

刘［汝明］、沈①两兵团欠薪，今日决予解决，在四厅开会商定，派四组出发，回忆两周前刘司令官面言"救命"之语，虽属笑话，不觉为办事之"无法"报。

---

①　沈发藻，见本日记 1949 年 9 月 15 日注，1949 年先后任第十三、第四兵团司令官。

总长嘱准备预算材料，定期开会仍将核减。此事费考虑，要如何始说得明白？与舜畊至彭司令①处解决训练班经费，顺便为胡牧球②君解决职业。

二月十二日　星期日

上午礼拜，晚饭后访舜畊，祝其明日 50 寿诞，并邀其明晚来寓祝寿也，余时均在寓看徐訏的《风萧萧》。

想在今天做的事一件没做，这正是惰性与无恒的表现。我真已老了吗？朋友疏远了，事业荒芜了，警觉！警觉！

得港侠生电，知葛连祥兄已率家到港，则乡不能住矣！

二月十三日、十四日　无日记

二月十五日　星期三

得夏武官电话，于十二时赴草山参加军费审议座谈会。到有张岳军、王雪艇③及关［吉玉］、严［家淦］、俞［鸿钧］诸"部长"，吴主席［国桢]④、［显群］厅长及林［蔚］副长官、何［世礼］司令，

---

① 彭孟缉（1908—1997），字明熙，湖北武昌人，黄埔军校第五期毕业，参与东征、北伐，后奉派赴日本野战炮兵学校进修，返国后任陆军炮兵学校主任教官，1946 年赴台担任高雄要塞司令，颇得蒋介石信任。后历任台湾省保安副司令、台北卫戍司令、参谋总长、"总统府"参军长等职。此时任革命实践研究院军官训练团主任。

② 胡牧球，安徽庐江人。黄埔军校第六期毕业，1933 年任职于中央航空学校，在台湾曾任绿岛（20 世纪 50 年代囚禁政治犯之地）少将新生训导处副处长，退伍后任唐荣公司机械厂研考室主任（董事长为吴嵩庆）。

③ 王世杰（1891—1981），字雪艇，湖北崇阳人。天津北洋大学肄业，获英国伦敦大学政治经济学学士，法国巴黎大学法学博士。回国后曾任教于北京大学，与胡适等创办《现代评论》周刊。后入国民党，进入政界。国立武汉大学首任校长，历任民国教育部、宣传部、外交部部长。去台湾后，出任"总统府"秘书长，历任"中央研究院院长"、"总统府"资政等职。

④ 吴国桢（1903—1984），字峙之、维周，湖北建始人。清华大学毕业，美国普林斯顿大学政治博士，曾任重庆市长、外交部政务次长、中央宣传部长、上海市市长、台湾省主席等职。1953 年赴美后发表反蒋言论，称为"吴国桢事件"，晚年任教美国大学。

报告军费情形①，委座指示今后军费每月［补助］不得超过五万两。

下午即在林副长官处商办法。

毛泽东所订协议②，昨日签字，今日广播收到，表面乃军事同盟，暗中必有细目。

二月十六日　星期四

晨想调查"央行"存金未果，据云仅有83万两，必不至［止］此数。③

下午林副长官来电话，谓年终发房租津贴，你闯了大祸，余为解释办理经过情形，目前一切不合理，任何事可为攻击目标。

二月十七日　星期五

旧历新年，规定休假一天。

八时半赴周宅、赵宅拜年后，即赴东南长官公署与林副长官商委座手令各项，何司令亦来，因决定下星期三再赴草山，并先期分嘱各员搜集材料。

周［至柔］总司令宅甚热闹，贺客多空军。下午偕陈［宝麟］厅长分访王惜寸④、俞樵峰⑤、俞佐廷先生⑥，前二位未遇，与俞老先

---

① 台北"总统府"解密"1949年军费档案"，有2月27日林蔚署名的报告一件（系吴嵩庆亲笔起草）："二月十六日　手谕奉悉，关于军费审议谈话会，拟请　准于二月二十二日（星期三）午十二时在后草山集会，并另行通知左列各员准时参加（有关人员随带材料）：张岳军先生、王雪艇先生，俞总裁鸿钧，关部长吉玉、严部长家淦、吴主席国桢，任厅长显群，（空军）周总司令至柔，徐（财务处）处长凤鸣，（海军）桂总司令永清，刘署长庆生（第四署），（国防部）陈次长良，吴署长嵩庆，（东南区）何司令世礼，陈处长铁麟（财务处），理合报请　鉴核，谨呈　总裁蒋。职林蔚"。

② 毛泽东（1893—1976），字润之，湖南湘潭人。时任中华人民共和国主席，1949年12月至1950年2月访问苏联，此处"协议"即指同苏联签订的《中苏友好互助同盟条约》。

③ 吴嵩庆在1949年6月曾查出厦门中央银行有"溢出"之黄金9万余两，见本日记1949年6月12日注，故有此疑。

④ 王惜寸（1878—1964），字征莹，浙江奉化人，为蒋介石生母王采玉之堂侄孙。蒋介石创办黄埔军校时邀其为军校秘书，北伐后曾先后任浙江及贵州财政厅长，1949年到台湾后任农民银行常驻董事。

⑤ 俞飞鹏，字樵峰，见本日记1949年7月12日注。1949年到台湾后，担任"总统府"国策顾问。其间先后担任招商局（今阳明海运）董事长、"中央银行"副总裁等。

⑥ 俞佐廷（1888—1951），字崇功，浙江镇海人。曾任四明银行常务董事兼总经理。1949年迁往台湾，后定居香港。

生谈，移时而回。与刘署长通长途电话。

二月十八日　星期六

今日办公室寥落，林、王、董、翁诸君来一转，因谈及新年拜年之不能废，必有其存在之理由，金以为①较生朋友，可互认住址；②生气朋友可藉此言和，然欤！

宪兵司令张镇①昨去世。

闻郭［忏］悔公中风，急往郭宅探，知其夫人已于昨日飞定［海］。闻请周主席、陈厅长等及高级班同学左、周、娄、胡诸君来餐（为介左君赴浙任秘书长），询方鹏兄，知稍好，但未脱危险。

陈［诚］长官由定［海］回。

二月十九日　星期日

上午礼拜如常，今日主讲的系一教徒兄弟名王翰，在空军做事，其中一段说某一官吏（指美国）以星期日做礼拜为时髦，并不能算是基督徒，可资警惕。

今日俞樵峰先生公子结婚，余于出门拜年中始闻之，消息之木②可知，因思孔子多闻，以温良恭谦让以得之，余其太狭欤！

二月廿日　星期一

上午为后天开会材料而准备。

下午参加"国防部"会报后，访谒陈［诚］长官及陈顾问，顾［祝同］代"部长"等均为预算问题。

二月廿一日　星期二

上午公祭张司令真夫，我在祭时感觉到有串戏的空气，世事一切

---

① 张镇（1900—1950），字申甫，号真夫，湖南常德人。黄埔军校第一期生，曾被派往莫斯科中山大学学习。1940年，率宪兵司令部移防重庆，升任中将宪兵司令。

② 宁波话，消息不灵通之意。

均作如是观，则贪嗔念可休矣！

为准备明日材料，向多方接触。在公祭中遇蒋坚忍先生①，知来台已数月，晚往访未遇，又赵君栗②来电话，知亦已来数周，余消息为何如是不灵，实非做事之道。

二月廿二日　星期三

今午在后草山讨论预算问题［见图12］，三月份起仍将减费③，余提议之物资等四个委员会减为物资机构核实委员会三个，大家没有发挥讨论，今后重心将在物资之处理——筹款耳。

晚高班一期同学叙餐，狂欢中发觉若干人有政治气味。

空军今晚有晚会，一转而返。

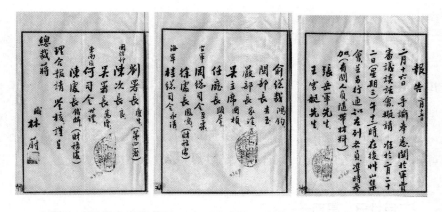

图12　吴嵩庆亲笔书写、以"国防部"林蔚次长名义呈蒋介石的
"军费审议谈话会参加人员名单"

注：军费审核小组1950年2月22日参加名单共15人。

资料来源：台北"总统府"解密档案。

---

① 蒋坚忍（1902—1993），字孝全，浙江奉化人。上海大学毕业，黄埔军校第四期及中央航空学校结业。北伐时任军政治部主任，曾任陕西民政厅厅长，赴台后任"国防部"总政治部主任、常务次长等职。

② 赵桂森，字君栗，见本日记1949年8月25日注。

③ 见本日记1950年2月25日之军费记录。

二月廿三日　星期四

林副长官二次电话：

①为空军桃园机场事，需 1600 万台币。

②为一月份预算，嘱加眷粮款 35 万。

此二事各有春秋，总之，路已将走穷，如不从积极处改善，实无法再做。

云子青君①自海外来。

二月廿四日　星期五

军费审核小组所决定之悬案迄未解决，此种悬而不决之事，半由环境牵制，半由个人惰性所致，如何纠正此惰性，当自二事做起：

①不常酒——除非有客，不吃酒，有客吃酒亦有度。

②做夜工——除非另有约叙，平时必须于 9：00—10：30 做工一时半。

但悬案已将成僵局，必须积极催办，否则更难着手。

下午伴云子青兄游北投，晚邀其友敦致文、汪楚翘②、杨孝先③诸兄来寓便饭，张子久来弈。

[下接另一政府印发的日记本]

二月廿五日　星期六

[提要] 预算小组开会。

这日记 [本] 前几天才送到，决自今天起弃旧换新，今天是我四

---

① 云大选（子青），见本日记 1949 年 11 月 13 日注，1946 年任陆军中将会计长，此时到台湾。

② 汪逢楠（1897—1964），字楚翘，湖北英山人。北平中国大学肄业，旋转入军需学校学员班第六期。1926 年任黄埔军校教授部经理教官。1945 年任湘桂黔兵站总监部中将副总监。1947 年退伍。1949 年去台湾，受台北经理学校之聘任教官十余年。

③ 杨孝先，贵州人，曾任白崇禧驻贵州办事处主任。

十九岁的开始［阴历一月九日生日］，应如何重生？重创新生命？

午顾［祝同］、陈［诚］请在介寿馆会餐后报告军费紧缩情形，饭后即开会，讨论至五时半，结论如附件（抄在下），能否办通余甚担心，晚署内同仁送菜来寓祝寿，实觉惶恐，外客尚有刘、陈二君。

今日天气特别晴朗。

军费审核小组谈话会纪录　二［月］廿五［日］

一、今后每月军费预算照下列规定办理

1. 三月份军费总额仍为 2777 万元［银圆］，除由台湾省政府在物资处理"爱国"公债防御捐项下提补 1472 万元外，其余 1305 万元（约合黄金 14 万两）先由"国库"拨发黄金 10 万两，余数约黄金 4 万两，应尽先在军用物资处理所得款项下划拨抵充，但如在三月十日前不能筹足此数时，则欠筹部分仍由"国库"于三月十四日前以黄金补拨之。

2. "国防部"应于五月底前在三个月内将军费总额缩减至 2000 万元为度，并先拟定 2000 万元之军费支配标准，然后依此标准拟定逐月缩减方案切实施行。

3. 台湾省政府筹补军费每月固定为 1472 万元，无论军费总额缩减或增加均不变更。

4. 四月份军费由"国库"拨发黄金 10 万两，五月份军费由"国库"拨发黄金六万两，非有特殊原因不予增减。

二、军用物资由"国防部"妥为整理使用，目前不需要者，可予变卖或换取急需物资，变卖所得之款应由"国防部"专案保管，作预算外急需案款之用，但动支时须经"行政院"军费预算小组会议之审定。

三、为审核军费预算，监督其切实执行起见，"行政院"应组设三人或五人军费审核小组，随时审定军费预算案件，一面将决议事项通知有关机关执行，一面报院补备法案以资迅捷。

四、稳定物价为实施本案之首要条件，应由台湾省政府全力办理之。

本星期预定工作课目：

一、试编四、五、六三个月预算。

二、试述失败之由。

三、试拟"重生"。

二月廿六日　星期日

昨日会后纪[记]录送林[蔚]、顾[祝同]、王[东原]诸公阅，各有春秋，林公对预算分配认为应先决定标准，这是政策问题，极是。顾公不加可否，谓当与陈长官研究之，其深沉如恒。王公在"国家立场"认为非减不可，同时声明此系作最坏打算，可能将来当加，亦是。

晚访蒋坚忍先生，谈西南区事，殊多感慨。吉林路西南区有屋四十栋，此种方式，即所谓封建式，此种现象，普遍皆是，非仅胡公①一人而已。

二月廿七日　星期一

俞[济时]局长晨来电话，询明蒙自②运费开支情形，此乃俞公精细处。

共党政策三敌人，反帝、反封建、反官僚资本；四友人，一、工人，二、农人，三、小资产阶级，四、智识阶级及其他民主人士。此应为国民党之政纲而非共产党，现在则一则过之、一则太不及。

预算草案算来算去总是此数，林公嘱拟自给自足办法，拟商赵、任二君。

二月廿八日　星期二

"国防部"与东南区合并计划，本署部分今日拟定。

---

① 指胡宗南。注释者曾询其住吉林路之旧部。此时胡任西南军政长官公署（长官是顾祝同）代军政长官，驻西昌，至次月才去台湾（见本日记1949年6月8日注）。

② 云南个旧市东部，有锡块运台湾，见本日记1950年1月12日。

晨赴基隆接葛连祥兄未至，午后始回，《扫荡报》① 开财务会议，因防空演习停止举行。

晚报号外报告总统明日复职。

三月一日　星期三

葛连祥君及同行共七人抵台，余仍往接，遇胡邱灵君亦接回，询葛始知出亡直接原因为追缴手枪而已。虽闻所带外币及托带港币均已在入口时全换伪币汇家，而致我老母［无］日盼此数以生活，我因可以管仲家贫谅之也。② 但伊毫不私留外币若干，其热诚与天真，实可贵也。

"总统"今日复职。

轮胎案今日下午四厅召集会议，任［显群］未到，无结果，余追往询之，允明日付，至［于］二期，俟十日前答。

三月二日　星期四

看完林志远君所著《闲话美国》，其所持意见多与我相吻，当邀谈之。

薛［岳］总司令闻明日将来台，当准备材料。

上午将同学录等送葛君，并嘱邓、蔡二君往访。晚邀其来寓餐，伊决明日迁新竹住。

三月三日　星期五

今天各界庆祝"总统"复职，即旧历元宵也。

上午阎"院长"在"立法院"报告：坦白承认在大陆失败之事实。报告毕，委员群起质询，有的言辞太不客气。因上午未毕，下午

---

① 《扫荡报》为国民政府在大陆时所创的军方报纸，1931 年创刊于南昌，名为《扫荡三日刊》，后更名为《扫荡日报》、《扫荡报》，战后更名为《和平日报》。内战后迁去台湾，1950 年 7 月停刊。

② 春秋时，管仲与鲍叔为友，曾一起做生意，当时管仲家贫，分利钱时总是多拿，鲍叔不认为管仲是贪心的人。但吴嵩庆日后知葛君已私用所托带老母生活费。

继续，余嘱罗君往听。

中国宪政，自为一种变例，因政府并不完全受议会控制，故议会中无政府派，只有议会与政府整个之对立。议员中即有同样政府者，为避嫌疑，亦不敢公开支持政府，但暗中偷偷摸摸之勾结，往来不绝，于是若干无耻议员，仍遂其卖空买空之伎俩，故现宪政上轨道，余以为应做二点：（一）政府一切绝对公开；（二）议员与政府间往来说情信件谈话，均应公开发表。

三月四日　星期六

李宗仁在美发表反对总统复职言论，认为违宪，美人目为喜剧，争权夺利，至此已极，国难如此，可叹！

目前预算案为最急，交王副署长拟一部分方案，不热心，亦不得要领。年终房租津贴案尚有大波澜。

三月五日　星期日

陈继承君①来访，似有所求，未言，伴谈，错过礼拜时间。

［程］侠生来谈陈②等脱险经过。

与云子青君弈，大负，表示余退步，且沉沦不肯止，无自克力。

经训班学生63人宴云会计长及余甚欢。

三月六日　星期一

今日作预算研究活动。

晨起即访任［显群］厅长谈二小时，下午访关［吉玉］"部长"找些材料，晚与严［家淦］"部长"通电话，约明日赴台行。

就所得资料言，小［少］壮者有傻劲，但言过其实［指任］；持

---

① 陈继承（1893—1971），见本日记1949年9月16日注。

② 陈康华（见本日记1949年6月26日注）于1949年12月5日被陈良派送驻滇军队军款（黄金1万两，银圆5万）到昆明（见本日记1949年12月5日注），因12月10日卢汉起义，与杨继承、李光烈、盛汉恢等陷在昆明三个月，后化装变身份，经贵阳、湖南、广州、香港赴台。

重者能稳健，但一筹莫展［指严］，国是如此，奈何，奈何。

下午部务会报，将房租津贴纠纷情形报告，今后对任何措置不能再有特殊情事。

三月七日　星期二

今日又为预算奔走，上午与严部长谈二小时，下午访瞿总经理①找资料，证实昨得结论为近事实，深夜起来，准备报告材料。

午邀海南丘总经理②及有关人员至台行俱乐部午餐，讨论海南事，闻丘为薛经济私人，在湘时极厉害，此人希望［求］甚大，恐不易得结论。

看共党广播，对暴露缺点之努力，足资效法，对经济金融之改革，亦可借镜。

共党广播纠正事务主义及辛辛苦苦的官僚主义，即忙于杂事，而大事未办妥之谓，切中我们之病。

三月八日　星期三

预算事，今日又向关"部长"找到材料，省府军费部分收入二月十五日止，仅一千三百万［新台币］③，占实际支出六分之一；三月六日止，仅三千四百万，占实际支出四分之一余款何处来？可想而知。

"行政院长"提陈辞公，前几天忙于疏通，今日"立院"通过。

今日函出请发三月份余额四万两报告，并拟进见报告一切。

---

① 瞿荆州，湖北黄梅人。时任台湾银行总经理。曾参与《自由中国》杂志编辑会（胡适为发行人，负责人为雷震，编辑人还有毛之水、殷海光等）。

② 丘国维（1897—1966），号汉山，广东乐昌人。早年做过炊事员，曾被薛岳任为军需主任、处长等职，授陆军少将军衔。20世纪40年代，兼任湖南省银行行长，时任海南银行总经理。

③ 蒋介石1950年1月8日的批示，军费总数每月不得超过1100万银圆，就是2750万新台币；而此处实际支出，一个半月是7800万新台币（3120万银圆），超出预算甚多，缺的余款就用黄金补。

三月九日　星期四

［陈］舜畊来谈改组时不去总统府原因，第一，在［蒋］老先生身边事难做，还有种种理由；第二，这还是缺乏奋斗精神，此语甚是！我之不好与人接触之习惯，亦即为无奋斗精神之表现也。

下午至草山洗澡散步，积垢为之一清，倘此次改组，能得一闲职，则当至温泉休息一个月医好皮肤病①也。

晚邀王、赖、叶、陈君推行甬同乡会征求事，饭后与陈、唐二兄至陈顾问寓桥戏。

三月十日　星期五

今日研究预［算］财［务］分合各方案。

林副长官今日来二件事：一为定海战临费希望多凑若干，二为东南区职员要求房屋津贴签一字送来，均有啼笑皆非之感，此中包含问号太多了！

葛连祥君来求作保，并请今后三个月生活费。伊不愿同学资助，而望我一人担负，又有啼笑皆非之感。

余幄奇副主任②昨来台，闻降［落］新竹，寓北投。

今晨在严"部长"公馆与 Poston 及 Banet 二［美国］武官谈海南事一时半。

三月十一日　星期六

上午访海南来之余副主任幄奇先生于此北投奇岩街十号，宅系新筑，久找不着，因得空洗一澡，觉全身一爽，倘此次内阁改组，余得闲职，则拟洗温泉一月以除皮肤病也。

与林副长官谈定海补助款，仍嘱筹相当数，此又不知如何了也。

---

①　吴嵩庆有糖尿病，患有常见的皮肤真菌感染，造成顽固体癣、股癣、足癣。

②　余汉谋，字幄奇，时任广州绥靖公署主任。此时由海南岛到台湾，任"总统府"战略顾问（见本日记1949年1月4日注）。

访葛连祥君于严宅，伊现感二边不着落之苦闷，但到台来，并非余对之冷漠，实因伊见事太易，应予警惕，而伊为［人］谋不忠（寄钱自收不缴，在港购物甚奢）实应自反省，否则恐难成大器也。

本星期预定工作课目：拟订预算。

三月十二日　星期日

新阁名单已非正式公布，财政严静波继，交通［陈］初公去职，副院长张厉生①，均意料中。

上午礼拜，陈牧师讲坚［艰］苦，弟兄甚有感触。下午赴林宅观董君下棋，约可让我们九子，因闻海峰②八岁能棋，故乐为教。晚"国防部"三次长宴余长官等，余牙痛甚。

三月十三日　星期一

晨赴一总院③看牙疾，王［黄］之濂④兄仍如此，承告对牙姑息恐延及邻齿云，嘱明晨再往。检验身体，血压并不高，也不低，以后应注意（余血压为130/90）。

阁员名单公布，"国防部"改组尚无消息，想明日总可决定，闻总长人选仍在考虑中。

晚至侯厅长⑤寓餐，听浙一○三师金师长谈沦陷区事。

---

① 张厉生（1901—1971），字少武，原名维新，字兴周，又名星舟，河北乐亭人。法国巴黎大学政治系毕业后于1925年回国。抗战期间先兼军事委员会政治部秘书长，后任内政部部长，此时任"行政院副院长"，后历任国民党秘书长，"驻日大使"，"国策顾问"等职。

② 林海峰（1942—　），浙江镇海人，为林国珪幼子、日记作者的亲内侄，1952年入日本棋院专攻围棋，1965年赢得名人赛，旅日六十余年，共赢得35个日本正式棋赛冠军。

③ 第一总医院：台湾光复后，国民政府于1946年将台北"日本台湾陆军病院南门病室"改编为台湾陆军医院，后改组为陆海空军第一总医院，陆军第一总医院，1968年改组为三军总医院，并迁建至汀洲院区，2000年搬迁至内湖院区现址。

④ 王之濂，为黄之濂之误，见本日记1948年6月14日注，系第一总医院牙科主任。

⑤ 侯腾（1907—1963），湖北黄陂人。黄埔军校第六期毕业，历任国民革命军营长、团长，陆军大学班主任，中华民国驻美大使馆武官，国防部第二厅厅长、次长，台湾"国防大学"校长，"总统府"战略顾问，战略计划研究委员会主任委员等职，病逝于美国。

三月十四日　星期二

上午诊牙，几费半天。

思业务未圆满，大半因思虑未周，未事前预防、事后策划所致，而其中原因，则为个人惰性所致，余性急而实惰，常悔追既往，而疏防未来，此乃失败之大因，今后应内急外缓，内严外宽，勤策将来，而不追既往，庶可纠正几份缺点欤！

晚云子青、张子久二兄来弈。

三月十五日　星期三

晨仍赴诊牙，候甚久，嗣诊断须去五齿，明日动手术。

下午赴中信局开会，讨论购面粉两千 T［吨］给海南，在应购洋米两万 T 案内扣算。

访"经济部"严"部长"谈军报及预算。

晚在中山堂观政治部主办之《春色恼人》话剧，尚好。

思多言之害，集格言三句：多思少言、多防少悔、多做少评。

三月十六日　星期四

上午仍赴一总院诊牙，决定下星期一拔去五个牙。

"立法委员"女委员王某二人因在广西开木行，在抗战时被征用木料，一再来要款，洵属无耻行为，余很不客气对之，这正与有人拉拢作一对照，可见余之不配作中国政客也。

预算问题仍未解决。

三月十七日　星期五

顾总长召见，面告已辞去总长职务，并由周总司令兼任，嘱仍安心工作。上次见面时，伊说一般主张"国防部"与"长官部"合并乃错误，因一管行政一为作战，似不愿放弃兼"部长"，现环境推移，伊亦无法再留。平心言之，顾总长亦有其长处，但陆军老作风不能不革新，周来，余必须引退以避，但我总觉得周必胜于顾。

三月十八日　星期六

今日报公布周总司令兼参谋总长，孙司令立人为陆军总司令。

诊齿如恒，遇鲍处长，伊全部齿均已取去。下午第二次并编会议，除念纪录外，无所事事，想见效率之低，与人才之穷。

作成预算节略送周总长。

晚同声社宴王主计长，韩司令汉英①宴联勤同仁。

三月十九日　星期日

上午访李崇年兄谈葛事，伊允代找事，但怀疑其思想。余以为思想无问题，但伊太现实，眼光浅，重机会，未免见异常思迁，为不可靠耳。

礼拜后访关"部长"，承示傅泾波②来函，述美态度之转变，但亦看如何自力更生。

下午游草山公园。

三月廿日　星期一

上午诊牙候久医生未至，拟明日再往。陈"院长"今晨训话，余缺席。

下午开合并会议，金以新任早发表为是，以便讨论决定新编制。行政效率之低处处可见，余实自惭自愤。

三月廿一日　星期二

今日命令公布，徐桐轩③君被任为预算局长，此早在意料中，希

---

①　韩汉英（1895—1966），字平夷，海南文昌县人。保定军校第六期步兵科，曾任国民革命军师长、柳州军校副校长，去台湾后任"国防部"中将参议。

②　傅泾波（1900—1988），名永清（慈禧赐名），满族正红旗人，英文名：Philip Fugh（英文名是司徒雷登所赠）。先念北京大学后转燕京大学，司徒雷登为美国驻华大使时，傅泾波以"大使私人顾问"的名义在大使馆协助司徒雷登的工作，1973—1984 年曾来往海峡两岸。

③　徐凤鸣（1910—？），见本日记1948年3月6日注。此时任"国防部"预算局长。

望财务方面亦能趁此摆脱也。

在十一年前，余初任经理工作，尚不知身处危境，今日当更应警觉。

访方青儒①、查良鉴②、邓鹤九③诸兄。

三月廿二日　星期三

上午去牙齿二枚，面态似改观。

下午赴草山革命实验研究院讲预算财务，报告二小时，以图表表明，并分发副食及点名发饷办法，听者似尚感兴趣。

三月廿三日　星期四

黄剑公④打电［话］来找，至告以财经两署决合并⑤，邀余担任，此又一更苦差使，允考虑后再报告，余推荐刘庆生⑥君未允。

邀侠生⑦、以笃商，均劝担任，并决组政策小组，邀［徐］桐轩参加。

三月廿四日　星期五

黄剑公又打电［话］来，于十一时往，仍劝担任，对编制人事均嘱自定。

---

① 方青儒（1907—1984），字知白，浙江浦江人。中央党务学校毕业，曾任国民参政员，浙江省社会处处长，国民党中央执行委员，在台续任"国大代表"。

② 查良鉴（1904—1994），字方季。南开大学政治系、东吴大学法学院毕业，美国密歇根大学法理学博士。曾任安徽大学、中央大学教授，赴台后任"司法行政部部长"。为查良镛（金庸）之堂兄。

③ 邓翔宇（1896—1989），字鹤九，湖北蒲圻人。湖北法政专门学校毕业。1947年任行政院参事兼机要组主任。1948年当选为立法委员，1949年去台湾，续任"立法委员"，1976年后为国民党"中央评议委员"。

④ 黄镇球（1898—1979），号剑灵，广东梅县客家人。保定军官学校毕业，赴德国研习防空学。历任师长、防空学校校长、联勤总司令，1947年后历任广东行辕副主任、广东绥靖公署副主任。赴台湾后，此时又出任联勤总司令，后历任"总统府"参军长、台湾警备总司令、战略顾问等职。

⑤ 财务、经理两署合并为军需署。

⑥ 刘庆生，别号以笃，时任海军第四署署长（见本日记1948年5月7日注）。

⑦ 程邦藻，字侠生，时任财务署副署长（见本日记1949年1月31日注）。

晨与徐、刘、程诸君商定预财二单位大体人事，拟下次商政策。

下午新旧参谋总长交替，争取镜头者多。二位讲话似均有些nervous［紧张］。

晚邀高级班各期同学来校对同学录，王东［原］公亦来。

三月廿五日　星期六

上午十时新总长就职典礼，"总统"布达命令，训示甚为恳切，大意：

一、重整纪纲——洗刷耻辱之决心始能做工作，尽责任。二、确立制度。三、办事要点：①实行授权考绩，贯彻分层负责。②根据科学方法加强组织精神。

十一时在"总统"办公室召集陈总长，周、顾新旧总长等开会①，余亦列席谈今后预算，［总统］并谓今后如能坚持下去，共党将自己崩溃。

下午周总长召集讨论预算，决定总额为2300万，定下星期五开全国员额会议。

本星期预定工作课目：

拟订军需署组织；拟选军需署人事；拟订军需署工作大纲；组设军需座谈会。

三月廿六日　星期日

上午礼拜如常，一洋牧师讲"爱你的妻子"

下午拟赴北投洗澡未果，湘臣来下棋，晚至钱［昌祚］宅桥戏。

星期应作郊游，今后务必排除万难实行为要。

三月廿七日　星期一

思针对个人缺点，今后工作当注意联系，拟组设军需座谈会，每

---

① 此是"总统府"最高军事会报，由蒋介石在台湾"复职"后，此日开始举行，每周周六上午十一时，行之终其生。同时，吴嵩庆周五上午也列席最高财经会报，在"总统府"或蒋官邸举行（见本日记1950年4月21日）。

周一次，轮请与军需有关长官前辈轮流出席，以期集思广益。

晨访严［家淦］"部长"及蒋［经国］教育长谈预算。上午至五厂谈新预算员额问题，明续谈。

靖中［陈康华］来电允即来，再复催。

三月廿八日　星期二

今日决定预算方案为 70 万人 2310 万元［银圆］，除省府补贴外，国库负担 838 万，约合 9 万两［黄金］，内由财部拨 1 万 5000 两，［国］库拨 7 万 5000 两，未悉能得批准否？

访徐柏园君谈外汇及军粮，前者因华中李副主任拟赴越，闻越款尚有 1200 万元，后者已订购 2 万 T［吨］，可松一口气。

三月廿九日　星期三

今天偕［叶］良光父子与妙［兴柔］、蓉［兴镛］二儿游乌来、碧潭，并在乌来、瀑布旁野餐，归途在市旁洗温泉浴，至碧潭划船，归已六时。

思人事为一切纠纷之源，剑公谓和而不同，殊有至理，此次余亦当极力试之。

三月卅日　星期四

今日上午十一时在"总统"办公室续商预算，委座首对台行抛售黄金太多大骂任显群①，觉得过分使吴［国桢］主席难堪。嗣讨论预算，指示应以六万两一月为限，定晚间再商，届时由周、吴、严、任在总长办公室研究，计军费每月预算为 2497 万，除省筹 1472 万、财

---

① 为建立台湾民众对新台币的信心，用"黄金储蓄存款"办法，按 1949 年 6 月 15 日新台币发行法第十条规定："凡持有新台币者，得照台湾省进出口贸易及汇兑金银管理办法之规定，结购外汇或照黄金储蓄存款办法之规定，折存黄金储蓄存款……"但吸取了在大陆 1946—1947 年抛售黄金造成"黄金风潮"的教训，鼓励小额储蓄（即一钱，3.125 克就可开户储蓄，而每户每年限 50 两），而非像在大陆，尽量以大金砖（400 两）抛售，为豪门巨贾所抢购。但此黄金储蓄至 1949 年底，也售出 58.9 万两，至 1950 年 6 月 6 日，俞鸿钧上蒋介石报告，已售出黄金 159 万余两（见图 13）。

部筹 2 万两外，由"国库"月拨 9 万两，五月份由"财部"再筹黄金 1 万两（在运用黄金中筹），六月份起再就整理税收筹 2 万两，则库拨为 6 万两以后均照此办。

图 13　俞鸿钧呈蒋介石报告（1950 年 6 月 6 日）

注：原文为"……举办黄金储蓄……自上年五月起至本年五月二十四日止，共计：一、支付黄金 1592700 余市两……现存黄金仅有四十余万市两，如照最近存储情形不止，则该行所存黄金，似已难以维持"。

资料来源：台北"国史馆"（002-080109-010-005-027x）。

［陈］靖中今日到台。今日联勤首次举行编组会议，人人加员额，惟本署减一大半，真是岂有此理。

三月卅一日　星期五

今日举行员额会议，"总统"讲：员额必须将来减至六十万人，以精兵对庞杂之敌人，铲除浮报，充实小单位。"院长"讲：今日财政，最要节流，将积余经费从事再生产。总长讲：今日欲配合财政，不能减生活［所需］，惟有减员额，希望一体支持。

讨论至下午六时半，结论：空［军］82500 人、海 42750 人、海南 140000 人，台湾及金门、定海陆军 43 万 4750 人。

晚七时半联勤续举行编组会议。

四月一日　星期六

上午视察经理财务各单位，并访陈初公谈。十一时至总统办公室开会，系检讨一般军事局势，而余亦参加，表明：（一）责任之重大；（二）上峰之信任；实觉临深履薄，不胜戒惧。

因军粮事，三访李局长①，无办法。又访吴主席、任厅长，知廿六日已运去 1400T［吨，下同］，后天可到 5500T，当分送定［海］、金［门］，显群负责，硬顶精神，实可钦佩。台湾本身军粮、公粮负担月为 19000T，前者 11000T，后者 8000T。

访陈铁麟②及李先庚③二君，劝驾未允，当另再催。

四月二日　星期日

上午访陈初公托疏通李先庚、陈铁麟二君仍就原职，要想做者多，而适任者又多观望，此人事之所以多纠纷也。

在陈［良］宅遇张延哲④君，始知其事变经过。

与陈初公谈财务制度，伊主张不能放弃控制。

邀蔡正南⑤来解释其不平感。

---

① 李连春（1904—2001），台湾台南人，日本神户商业职业学校毕业。当时担任粮食局长，后历任合作金库理事长，"政务委员"与"国策顾问"。

② 陈铁麟，20 世纪 50 年代初为东南军政长官公署财务处长（陈诚为长官），此时不愿任职于新设立的军需署，后任"国防部"审计司长。

③ 李先庚，号有光，云南邓川（今属洱源）人。曾任东南军政长官公署经理处处长、联勤第二被服厂厂长，曾奉命去泰北边区担任云南省党部书记长。回台湾后任成功大学、政治大学会计学教授，设有李先庚会计文化基金会。

④ 张延哲（1903—1973），字文理，福建平和人。燕京大学、哈佛大学毕业，曾任台湾长官公署财政处长（以后是严家淦继任其位）、浙江省政府秘书长。能操流利闽南语，夫人朱秀荣创立再兴中学。

⑤ 蔡正南，此时任职于军需署，见本日记 1949 年 5 月 7 日注。

至北投洗澡，与云君下棋多局。

四月三日　星期一

今日中山堂召集总理纪念周，陈"院长"报告施政方案，历一小时余。

决定编组及人事。

晚邀革命实践院军长以上至台银招待所开座谈会，虽属随便谈，但颇多重要意见可供参考。

四月四日　星期二

上午诊牙，候甚久，返后为程大千①君办汇款事，奔走数地始办妥。

下午为编新机构召集副组长以上会议，东南区均不到，可见处人之难，亦见我对人事控制之无力，决本忍让之心，委婉以求全耳。

晚访谒陈"院长"报告业务，并请转知陈铁麟兄到差。

四月五日　星期三

今天为编组事先番商讨，均未奏效，而反对者陈［铁麟］处长仍在到处造谣，引起长官注意。余威信不能服众，殊觉内疚，但人事关系影响为甚大，实亦为前途危。

上午应白健公［崇禧］召，谈经费事。晚应刘署长宴，有徐副司令及刘军长。

四月六日　星期四

清晨为编组访何［世礼］司令与林［蔚］副长官，均允支持，因即将公布修正案，定明日开始办公。此事必须如此下决心，不能再拖延，成败与否，受人是非批评，均所不计。

晚浙省银行宴客，到多浙名士。

---

① 程大千（1912—1979），原名程沧，四川华阳人。从事新闻工作。

四月七日　星期五

今日编组完后，陈［铁麟］、李［先庚］两君决不相强。粮秣组由何司令指定之人员褚君继任，财务组则以王逸芬①继，下午开署务会议，宣布一切办事大计，希望从此能入正轨。如两个月内无成绩，则我亦惟有引退耳。

在宋次长室，审查陆海空军专款预算案，此亦一要著。

四月八日　星期六

上午十一时军事会报，余报告粮食严重情形，午约有关各人至台银俱乐部开会，决请省府再筹借 2200 吨（另移用马公粮 500 吨在外）由余偕任厅长往见。吴主席极负责，下手令给粮食局嘱拨，但省府困难，亦属实情。

下午四时"行政院"举行第一次军政费审核小组，陈"院长"主持，余与徐局长列席，除拨海军款 130 万外，余无大结果。

晚应单成仪先生②宴。

本星期预定工作课目：

一、举行各项业务检讨
二、研究图表统计材料
三、计划"计划委员会"工作

四月九日　星期日

上午访李局长连春，又同访吴主席，谈粮事，知昨谈 2200T［吨］，又落空，李局长最后表示，最大限度为十二日交 500T，十四日交 500T，十七日交 500T 又 250T。拟分配定海：已运面 800T，再

---

① 王逸芬，见本日记 1949 年 1 月 18 日注。
② 单成仪（1902—1963），字公威，辽宁庄河人。毕业于中央军事政治学校。历任江苏泰兴县县长、辽北省党部主任委员、中统东北区总督导、制宪国民大会代表等职，赴台续任"国大代表"。

运米 1500T［共 2300T］（原定 3000T）。金山：运米 250T，面粉 500T［共 750T］（原定 1000T）。

此次粮之脱节，全为主持无人，今后当极端注意之。

下午至北投洗澡，顺访徐圣禅先生及余［汉谋］副长官。

四月十日　　星期一

晨纪念周，总裁召集"国防部"及联勤［总］部人员讲"负责知耻"之道，大意如下：

①树立制度，确立纪纲（特别为人事经理），每单位先整理好本单位之人事业务，再控制各附属或有关业务之人事业务。

②后勤、情报、政工三项为军政之基础——口号为"组织第一""情报为首"。

③科学化制度：在监督、管理、负责，一切统一，一切集中，一切负责，一切分工合作。

④"服务"为工作之要诀，非以役人，乃役于人，非仅基督教之教义也。

吴主席来电话，谓赵淳如①能于十八［日］再交 2000T 面粉。

四月十一日　　星期二

粮食又生波折，赵淳公来电话，谓悬巴拿马旗的东方之凤（Oriental Phenix）不能直驶定海，须至基隆换船，如是又须迟缓三天，不知此三天将影响大局否？

上午检讨军粮及服装二组业务。下午检讨机帆船旧案，总部会报讨论业务费等事，余未往。

晚邀空军旧友来寓便饭，之后桥戏，空军胜，EX［延长］空军负。

四月十二日　　星期三

昨晚睡未稳，亦生活失调所致。今晨又去一牙，希望一年内不再

---

①　赵志垚（淳如），见本日记 1948 年 3 月 11 日注。此时任物调会主任委员。

有牙疾。

今日举行二个会议：一、财务账务业务检讨；二、预［算］财［务］联席会议。

总司令关切粮［秣］服［装］事，为一切业务之最，宜设法促进以慰之。

四月十三日　　星期四

上午黄［镇球］总司令招集全体同仁讲话，表示自本日起尽忠职务的决心，黄公讲话有力量、有条理、有分寸，余为其旧属，尚属第一次听到而自叹勿如。

所指示之十点如下：

①服从并效忠"总统"；②整饬纪纲，确立制度；③做到三军联勤；④提高服务精神，自动按期核实补给；⑤要廉洁、铲除一切弊端；⑥防间防谍；⑦整理疏散物质——防空防火；⑧研究发展，重新教育；⑨培养运用民间力量；⑩注重图表统计。

下午访李宗黄先生，晚严［家淦］"部长"请客谈海南发钞事①。

四月十四日　无日记

四月十五日　星期六

今日在军事会报中，又发现陈［诚］"院长"之过分成见。当余报告组设军粮会议时，伊即谓此是业务事情，不应在军事会报中提出。会后若干人对余鄙笑，余在生平史中，又一次感到"发于声征于色"。

今后当特别注意"事之大小"，"事之轻重"之分别——事的分

---

① 海南特别行政区行政长官陈济棠建海南银行，并发行海南银行银圆券。虽然当时《安定海南岛金融办法》中规定，"交易买卖一律以银圆（券）为交收标准，禁止黄金、外币在市面行使"，但民众还是消极抵制，所以流通不广。海南银行计划发行的银圆券面额包括贰分、伍分、贰角、伍角、壹圆（图14）、伍圆、拾圆七种，但伍圆和拾圆尚未及发行，海南便被解放。

图 14　1949 年海南特别行政区海南银行发行的海南银行银圆券

寸；侍于君子之侧有三愆[1]——话的分寸；己所不欲，勿施于人——对人的分寸。现在重重人事危机下，临深履薄，宜知所戒矣。将此言告陈、程二君。

此次共军准备大规模进攻，竭全国之力，期在必得，实为今日最危险之时期。宜如何稳渡此时期，第一是不误补给，经此次战争后，第二步再谈创立制度，故创制之说应不急。

本星期预定工作课目

举行会议：周二计划会；周三核实自动补给责任的划分；周四"立［法］院"会；周五军粮会议。

人事：各副组长谈话；

业务：研究各厂情形，计划下周视察。

四月十六日　星期日

上午十时赴草山参加五期开学典礼。"总统"今日训词等于宣誓，说台湾为最后关头，如台湾不守，必以死"报国"。勉将士亦以明廉耻、重气节为先。

此次讲话将成历史文件：第一，先讲总理在黄埔开学之训词；第二，言今后安顿眷属之办法；第三，再勉军人魂，历一小时一刻始

---

① 应为"侍于君子有三愆"，语出《论语》。愆，过失。

毕，余已成正式军需官①，其何以自慰哉？

午沪大旧友陈椿葆②君请舜畊吃饭，作陪。下午赴北投洗澡。

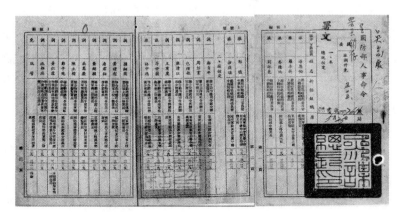

图15　1950年第一批将领任命状（上图）及

1944年吴嵩庆委任状（下图）

注：1950年任命吴嵩庆为军需署军需总监署长。在第1—3页中，也见汤恩伯、罗卓英、秦德纯、郭忏、徐庭瑶等上将名单。其实，吴嵩庆在1944年即已被任命为军政部军需署军需监副署长，六年由副晋正，中国巨变矣。

---

① 图15是蒋介石于1950年在台湾"复职"为"总统"后，第一批将领任命状（由参谋总长周至柔发布），任命吴嵩庆为军需总监署长，故日记有"余已成正式军需官"之语。

② 陈椿葆，上海沪江大学教育系毕业，赴台湾后为景美沪江中学校长（吴嵩庆为董事长）。

四月十七日　星期一

上午纪念周，周［至柔］总长讲话，检讨今后工作业务，为建立分层负责、核实自动补给制度。所谓分层负责，即何时何地均可找出负责人及负责机构，此谓明是非；所谓核实，如数如时如量如地补给；所谓自动，即不等人请，不待上催。而又以联勤人员之标准为廉洁与努力，并有"以联勤努力获取剿匪胜利"之抱负。

余太自缚于事务，如不于此等处下功夫，则今后将误大事。

四月十八日　星期二

下午举行设计会议，观一般精神之衰颓，实感人事革新之必要。

四月十九日　星期三

今日统帅部对海南军事之判断与决策，将为历史的事迹，甚望这几天仍有大胜利以挽危局也。

关于如何运粮等项，均已交办。

下午在"国防部"讨论补给制度，决分若干小组研讨后再开会。决向台行借款 300 万元，作海南军运之费。

四月廿日　无日记

四月廿一日　星期五

上午官邸会议①，讨论金融问题，对新辟财源有详尽讨论，余对严［家淦］、任［显群］二君看法，仍未改变，［蒋］老先生对任亦已恢复信任。

下午召开军粮会议，对旧案结束，对未来筹划，对负责机构，均

---

　　① 此是"最高财经会报"，由蒋介石在台湾"复职"后，周四或周五上午十一时举行。吴嵩庆除每周六上午的"最高军事会议"以外，也列席此财经会报，在"总统府"或蒋官邸举行。

有详细决定，均认收获不少。

晚陈、王二君请吃饭，陈酒后频言请宽恕，其然乎，但余必以大公处之，座谈中提及如海口大捷应予提高待遇，任厅长大赞成，并愿以伊个人名义先电薛［岳］总司令，其冲动有如是。

四月廿二日　星期六

今日报纸盛传海口敌歼灭二千余，降四千余，任厅长谓将发动慰劳，并建议提高待遇至台区相同，其热情可佩。

官邸军事会报，未来召，未悉"总统"有何要事。

至应钱［昌祚］君招，至其宅桥戏，不感兴趣。

物调会赵［淳如］主任委员昨移交，今访新任温崇信①君，知系高级班三期同学，今后当更可联系。

四月廿三日　星期日

今晨报载海口战事仍进行中，询有关方面说海口电讯已不通，战事又起变化矣。

四月廿四日　星期一

海口撤守，已正式发布，胜利消息成为滑稽剧，余消息之麻木可知。

晚车赴高雄视察，同行杨、栗、邓三君。

四月廿五日　星期二

宿高雄——左营海军招待所。

晨视察第二被服厂，地广屋稀，前途扩充希望甚大，巡视后举行座谈。

---

①　温崇信，祖籍广东梅州，生于江苏扬州。留学美国，历任江苏省太仓县、昆山县县长，复旦大学教务长兼政治系主任，1948 年北平解放前夕任市政府秘书长。赴台湾后，时任物调会主任委员。女儿温联琛 14 岁私去延安后，就与其断绝了父女关系。

午后视察仓库，物资之多，令人叹止，而管理之不得其法，与不知利用，亦可说办事之耻，决明继续视察。

晚海军马副总司令①请吃饭于左营，即宿于此。

四月廿六日　星期三

宿左营。今天仍视察仓库，陈总库长亦来，语多牢骚。

对于仓库之整理，此次看后觉增心得不少。

午至屏东午餐，请冯百平②兄来，同往参观酒厂、糖厂。归途访问凤山训练班。

晚在海总餐，有监委数人来视察也。

晚后赴港务局招待所，访王夏二君，长谈至深夜归。

四月廿七日　星期四

清晨偕刘署长赴台南安平视察橡胶厂，邱厂长处理厂务尚有头绪，惟到处拍照可厌。

午赶赴台中，曾厂长、赵总库长来接，宿于铁路饭店，饭后访陈市长③，遇冯副军长。

四月廿八日　星期五

晨陈市长来谈，邀早餐。

视察粮秣厂，精神较一般为差。

午车赶回台北，下车即打电话探询各方工作情形，知军粮甚严

---

① 马纪壮（1912—1998），字伯谋，河北南宫人。青岛海军学校毕业，留学美国海军训练团及战术研究班。曾任太康舰舰长、舰队参谋长、总部参谋长，时任海军副总司令，后历任海军总司令、联勤总司令、"国防部副部长"、"驻泰大使"、中国钢铁公司董事长。孙运璇"内阁"的"行政院"秘书长，"总统府"秘书长等职。

② 冯百平曾任大学教授、国父实业计划研究会理事长。

③ 陈宗熙（1898—2003），浙江宁波人。毕业于南京金陵大学。先后任委员长办公厅机要秘书、科长。1942年出任中华民国外交部机要室主任。此时担任台中市市长。后历任"总统府"秘书、机要室主任，"中国文化学院"市政系主任、市政研究所所长，国民党"中央评议委员"等职。

重，定明日召开军粮会议。

四月廿九日　星期六

邀各单位商军粮问题，想补救逻米不能如期交货案，朱星门①此次误事大矣。

四月卅日　无日记

五月一日　星期一

上午十时草山革命实践院纪念周，"总统"讲革命军人如何立志与养气，以孟子养气章与正气歌为基而发挥，实为一极透切［彻］、沉痛之讲词。

下午送衬衫裤样衣至蒋［经国］宅，嘱做 5 千套。

晚黄副总司令亦来电话，谓劳军衬衣裤决捐 20 万套，另嘱做 30 万套，以 64 万台币拨用，则相差远矣。

五月二日　星期二

上午为劳军衣事，台纺公司宋经理来访，因介见黄副总司令径洽。

看牙访王东公，偷闲二小时。

下午与预算局开联席会议。

本定明赴罗东视察，接"总统府"电话召见，遂中止，改后天去。

五月三日　星期三

上午访任厅长、温主委，均为交涉军米事，朱星门承办三批，如

---

① 朱星门（1907—?），四川纳溪人。此时为"国大代表"，后被台湾省物资局上告法院："三十九年三、四月间向复华米行订购泰国米，因该米行违约未交运，经诉请确定应给付上诉人违约金，并赔偿损失。"（朱为主债务人）

真生大问题，其影响将无穷，将为国家罪人矣！

十一时至"总统府"，十一时三刻进谒，询积余经费，答只有奖恤金与央行移交款①，并无积余，嘱向陈"院长"报告。嗣报告装备、军米、冬服事，均蒙裁可。信任如此，如无成绩，能无愧乎？

四时院会审查预算，通过，向总长、总司令报告业务。

晚纬国②宴各单位主管，饭后访俞总裁、严"部长"，商在菲购雨衣及保管款案。

五月四日　星期四

今日仍偕杨、栗、邓诸君赴罗东视察。罗东厂有生气，不如传闻之恶，全日视察各项设备，至晚开座谈会，谈话一小时余，勉以大公至诚之道，并宣布人事不变动。

晚至宜兰分厂视察，并巡视仓库，夜宿此。

五月五日　星期五

晨由宜兰乘车至八堵，换乘汽车，视察海南归来情形，至［基隆］轮埠见李玉堂将军③及陈［济棠］司令，精神均可佩，士兵情形尚好。回台北已一时余。

五月六日　星期六

上午"总统府"军事会报，对于蚊帐之补充，营产之分配，官佐办公费之改善，保险基金之拨充，［蒋］均有详细指示。

与任厅长商应办各事，均甚洽，任勇于任事，除略有言过其实外，余无闲言。

---

① 见本日记 1949 年 12 月 6 日。

② 蒋纬国，此时任装甲兵司令部司令（见本日记 1948 年 8 月 21 日注）。

③ 李玉堂（1899—1951），山东广饶人。黄埔军校第一期毕业，历经东征、北伐、西征、"剿赤"诸战役。抗战期间任军长，并于长沙三次大捷，击退日军，荣获青天白日勋章。此时担任海南岛防卫副总司令，撤退台湾。因曾试图与解放军联络起义，次年被逮捕枪决，1983 年被中国共产党追认为革命烈士。

五月七日　无日记

五月八日　星期一

昨晚得通知，嘱今日纪念周后进谒［蒋］，九时赴草山参加纪念周，今日讲题，为组织革命实践运动促进会事。

嗣进谒报告筹办米、布、雨衣等事，奉谕雨衣最急，可电"陈大使"① 办，发饷至团应速办，至筹粮征粮办法，已将书面报告上呈。

五月九日　星期二

上午治牙后，与预算局讨论改善待遇案已获结论，即以改善副食办公费（连部）及临时费三项。

下午"央行"来电话开会，讨论中信局之购米购布案，既互推诿，又怕责任，中国人劣性有如是。

闻又有重大决定，其用意甚明。

晚邀财务、总务两组副组长便饭。

五月十日　星期三

今日"政府"又做重大决定，拟撤舟山部队。闻对此事，只"总统"一人主张，无人对此同意。今日即垫付运费267万余圆，计基隆16艘、高雄14艘、金山登陆艇之油费均在内。

访美武官波士登，对海南撤军，伊甚表可惜，对物资处理情形，伊甚表不满，此实可恨，我亦不满。

晚请同署副组长吃便饭。

经国先生邀宴，到知为伊生日，但在［阴历］三月十八日②。

---

① 陈质平（1906—1984），广东文昌人。毕业于南京东南大学，曾任河南大学教授。此时任"中华民国驻菲律宾大使"，后屡任多国"大使"及"国策顾问"。

② 蒋经国生日是阴历三月十八日，1950年当是阳历5月4日；蒋于1910年出生时，是阳历4月27日。

五月十一日　星期四

上午访江局长①，伊明赴菲，托询菲购雨衣情形也。

至则杨继曾②、尹仲容③二君亦在座，谈及军人转业之职业教育，伊甚感兴趣。

五月十二日　星期五

"立法院"讨论总预算案，余等列席备咨询，陈"院长"报告甚详，严、陈补充说明。

今日又听说政治性之言论。

在让座中看到一人面孔④，尚为第一次。

五月十三日　星期六

上午军事会报，"总统"特别关切：①台湾本岛第三期工事费；②澎湖防务；③军人保险事。

会后访中信局，谈军米、雨衣及军人保险各案，又访物调会，询军米案。

下午又在中信局讨论米、布、雨衣各案，有具体决定，因上次之追究责任，现大家均不敢谈。

访［陈］舜畊于农林公司，规模甚大，谈如何在面粉及皮革方面业务之合作。

---

① 江杓（1900—1981），号星初，上海市人，德国柏林工业技术大学毕业，曾任军政部兵工署技术司设计处处长，兵工署驻美代表，此时任"行政院"物资供应局长，后历任"国防部"常务次长，"经济部部长"、"行政院"政务委员、"国策委员"等职。

② 杨继曾（见本日记1948年1月22日注）此时任"经济部"次长，次年出任台湾糖业公司董事长。

③ 尹仲容（1903—1963），本名国墉，湖南邵阳人。上海南洋（交通）大学毕业，曾任安徽省建设厅厅长，行政院参事。此时任生产事业管理委员会副主任委员，后出任"中央信托局"局长，"经济部部长"，为台湾经济发展之奠基者。

④ "看人面孔"，宁波话为给人难堪之意。

五月十四日　星期日

今日为母亲节，余偕妻女赴青年会礼拜。

总司令电话：第六十二、六十四军，自海南撤退者，士兵吃稀饭，决派员赴各地去查。

云子青君来弈，下十余局，太多失眠。

五月十五日　星期一

上午无纪念周之召集。

孙立人①总司令之防御总部要求成立收支组，其动机可谅解，其办法应研讨。

下午计划委员会开会讨论军需人事，余将近年流弊与组织精神为之讲解，想见建立制度之不易。

五月十六日　星期二

今日某方消息，业已传遍，不能保守机密，我真为明后天前方将士虑。

孙立人总司令成立补给区司令部，此乃重复机构，或有其本身之痛苦经验，对财务应如何处理，煞费考虑，非事之难决，人与事复杂关系之难决也。

"立法院"明开会审查预算，今晚八时在袁次长②公馆先集议，如何做表面文章。噫！此战时之民意机关之过欤？抑预算本身之过欤？

五月十七日　星期三

舟山撤退消息，昨晚委员长已宣布。

---

①　孙立人（见本日记1949年1月20日注），此时任陆军总司令。

②　袁守谦（1903—1992），字企止，湖南长沙人。黄埔军校第一期毕业，国民革命军陆军二级上将，曾任"国防部代理部长"，此时任次长，后历任"交通部部长"，交通银行董事长，"总统府"资政等职。

今日上下午至"立法院"开［会］，民会则圣，我总以为民主精神是有益的，要比独裁好，此须有尊重民意之诚意。观今日互欺自欺之方式、卖空买空之行为，实为民主前途忧。

对于撤台［舟山］浙部之犒赏费五元，银圆券收兑、军粮之调配均已予注意布置。

五月十八日　星期四

派员至基、高港埠清查军粮。

觉姐参加妇女会赴基隆慰劳［舟山部队］，据云，有的有笑容，有的不作声，有的说太迟了。噫！太迟乎？

五月十九日　星期五

上午十一时经济会报，决定粮食不增征购，保险基金由奖恤金①开支，米、布、雨衣等速购，要动用各行局存款，军费限六万两。

午任［显群］厅长请在台银俱乐部便饭，并谈军粮问题，问题未解决，但各有谅解。

四时"行政院"举行军政费审核初步会议，作茧自缚，又加一道，会中谈以物调会船租给"中信局"运米案，决由余向各方洽办，因至物调会、"中国银行"办手续完竣。

晚刘［庆生］、徐［凤鸣］、陈［康华］、程［邦藻］等来会谈。

五月廿日　星期六

上午十一时军事会报，对改善办公费有明确指示，对筹建营房亦拟积极进行。

晚云子青君来弈，逾午夜。

五月廿一日　星期日

上午礼拜如常。

---

① 奖恤金（见本日记 1949 年 6 月 29 日、12 月 6 日注）是财务署保管款的一部分。

下午虞仲音、林志远①二君来访，嗣赴北投洗澡。

晚至袁宅便餐，系自助式，甚好。谈"立院"对军费预算态度，深觉派系之争于今仍烈，哀哉！但只要为公着想，亦正可促进进步，当如何善用之？

五月廿二日　星期一

自舟山部队撤退台湾以来，个人警觉性无形提高，如照中共宣传在三个月内解决台湾，则个人必不能偷生，在面临生死关头，其能再不加强岗位责任心，得乎？凡是以加强部队力量，必尽力为之。

下午参加军政费审核小组会议，觉暮气沉沉，谒总长［周至柔］谈业务，觉其见解甚正确。

五月廿三日　星期二

军事会议将于星期五举行，此会议之主要目的，在整理军风纪，对于如何核实，希望有一结论。

五月廿四日　星期三

上午诊牙并访舜畊，谈农林公司事，真是各家困难各自知，想在舜畊主持下，或能转移风气。

对海空陆粮食联合补给及核实发饷两项将见具体化，或可提后天之会议。

五时偕任厅长见吴［国桢］主席，谈各项问题，伊［吴］似急躁得耐不住，忙欤？抑有说不出之困难欤？

五月廿五日　星期四

今日下午举行营房会议，决建 20 个团之营房，其款由省府垫

① 林志远即《闲话美国》一书之作者，此书是 1947 年台湾开明书局出版，封面请许寿裳先生题字。

1000 万，在菲币内拨美金 100 万元。

现在借用校舍 124 所，共计 1715 间，原借住国民学校 4108 间，新校［建］舍估可用者将有 1060 间。

五月廿六日　星期五

今日举行军风纪会议，陈［诚］"院长"讲：分析"匪"之成功及失败之点，欲建立反攻主观条件在树立军风纪。

［周］总长讲强调纪律就是生命，并说北伐时两句口号：第一步，武力与民众相结合；第二步，武力成为民众之武力。今日仍适用，并特别提倡坦白勿掩饰。

午总长请吃饭系自助餐。

晚［陈诚］"院长"请吃饭，并讲勿误会有不公平事。

五月廿七日　星期六

今日军事会报决定事项大体如下：

一、营产分配至团，限一个月内办竣；

二、办公费不超出预算（200 万）；

三、公用汽车重新分配；

四、舟山海南撤退人员应叙奖；

五、金门加一师，92D（师）开马祖。

［以下删有关私事 54 字］

五月廿八日　星期日

上午联勤总部召集出席军风纪会议之司令、军师长开会，我感觉军人还是各自打算的空气重。

下午偕舜畊赴北投洗澡、桥戏、野餐。

晚九时半至"总统"官邸会报，谈下月省府发行强迫储蓄奖券事，我感觉讲现成话者多，而真能负责者少。

雨衣、帐幕决尽量尽速购。

五月廿九日　星期一

复"陈大使"电请购雨衣 100 万码、帐幕 1 万顶，伊迄无正式数目答复，必不坦白或不努力。

思每日忙而无成，须拟订半年度计划，逐月逐周推行，较为有效。

下午至物调会谈雨衣、蚊帐、军米各项。

五月卅日　星期二

今日全日费于参加二个会。

上午至战［略］顾［问］会讨论编余转业军官事项，临时邀江［杓］局长参加，如何生产劳役，伊有详细计划报告，决此部分请省府办，其余储备员额及地方保安工作，由"国防部"调配。

下午参加军政费审核小组，对军人保险办法决定不征收军官佐之保险费，此须修正至为重要。余例案，无财源，一切无办法。

晚容司令①及海南诸友来便饭。

五月卅一日　星期三

任厅长来谈，各项均有洽定，伊有热心有魄力，沉得住气，确为一干才，但有言过其实之病，今日与其稳健持重一筹莫展，不如用此君，亦狂狷中之取舍耳。

下午参加部务会议，此尚为第二次，无聊之至，真觉有今昔之感。

六月一日　星期四

物调会温崇信兄来访：

①仰光米八千 T［吨］，源成行办，6/6 可开，约 6/22 可到基隆；

---

① 容有略（1906—1982），号天硕，广东中山人。黄埔军校第一期毕业，抗战时，坚守衡阳，曾获青天白日勋章。此时任海南防卫部第三路司令，当时由海南岛撤回台湾，一度奉派到港澳活动，组织"反共救国军"，策划"反共"游击战，失败后，赴台湾历任"国防部"参议、"交通部"顾问等职。

②仰光米 6200T，源成行办，6/6 装货，6/30 可到；

③其余六千余 T 尚未定。

侠生①来访，拟送眷返港，伊动作矣。

六月二日　星期五

今天"总统府"周秘书宏涛②二次来电话，询问雨衣何日可完工，答以二十万件，月底可交布料，其余须待续购，为雨季到来，雨衣无着，误国大矣！不胜焦急。晚得"陈大使"电报，雨衣布须按黑市每美元 = 2. 60③，然后以每码美金六角五分计算，则价高矣！

六月三日　星期六

上午军事会报，柯克上将④第一次参加，解放军攻台信号已急，而一切补充尚无着落，心焦急甚。

［国防部］四厅所拟核实［人数］办法，郭副总长⑤不赞成，应由防［卫］总［部］⑥举办，其言有理。

---

①　即财务署副署长程邦藻，在香港有房产。此时是朝鲜战争前夕，中共称三个月内解放台湾，台湾人心浮动，但因有上海运台湾的黄金外汇，稳定了当时台湾的金融。

②　周宏涛（1916—2004），浙江宁波人，于 1943—1958 年任蒋中正的机要秘书。后历任国民党副秘书长、"财政部"政务次长、"行政院"主计处主计长、"行政院"政务委员、"行政院"经济建设委员会委员、"国策顾问"等，著作有《蒋公与我——见证中华民国关键变局》。

③　当时官价是 1 美元换 2. 00 银圆。

④　柯克（Admiral Alan Goodrich Kirk，1888—1963），美国海军上将。毕业于美国海军学院，1929 年任海军情报局局长。曾指挥西西里岛登陆战役，参加诺曼底登陆战役及任驻法国部队司令，战后晋升海军上将。1946 年退役，入外交界，1946—1949 年任驻比利时大使、驻苏联大使。此时为蒋介石私人顾问，1962 年出任驻"中华民国大使"。

⑤　郭寄峤（1902—1998），原名光霱，安徽合肥人。保定军校第九期炮兵科毕业。历任国民革命军军长、战区副司令长官、国防部参谋次长、甘肃省政府主席兼西北军政副长官、"国大代表"及"立法委员"。去台湾后任东南军政长官公署副长官，此时任"国防部"参谋次长，后历任"国防部长"、"行政院"政务委员、"国策顾问"等职。

⑥　应是"台湾省警备总司令部"，中华民国政府在 1949 年退守台湾后，当时由数个军事单位（台湾防卫总部、台北卫戍司令部、台湾省保安司令部、台湾省民防司令部）负责台湾内部安全，因单位事权重迭，为统一事权，将几个单位的业务、人员进行合并，成立"台湾警备总司令部"兼"台湾军管区司令部"。

六月四日　星期日

竟日雨中，如连雨，则恐影响台湾之命运①，奈何？

上午礼拜如常。下午在寓休息，整理文牍。

六月五日　星期一

上午党部纪念周，主席李文范先生②背鞠躬如也，余已如之，不禁憬然；邓雪冰③讲战时生活意义，此乃今日最急问题，希望不流之空谈。

下午计划会开会，叶君思想顽固，原想引以为助，只得作罢。

晚访陈地球④，伊定九日飞日，拟星期三欢送。

今日［女］妙妙生日。

六月六日　星期二

上午偕赵淳公参观交行工厂，谈毛织物供应军用事，因言军需工业所需者，可设法由民间工厂供应，其言甚是，归草拟一年度补给计划，并请兵工署同样办理。

今日为芒种，据云，如今日雨，则当继续下雨四十九天，而今日晴朗逾恒，窃幸我可得天时。

六月七日　星期三

下午三时赴机场送何世礼团长赴日，未成行。

晚约陈地球夫妇便饭，亦送其赴日之行也，饭后桥戏为乐。

---

①　此时担心士兵无雨衣，影响军心。

②　李文范，见本日记 1949 年 11 月 17 日注，此时指吴嵩庆看其背弯如鞠躬状。

③　邓文仪（1905—1998），字雪冰，湖南醴陵人。黄埔军校第一期毕业，曾任军校区队长，被派往苏联学习。回国任蒋中正侍从秘书。抗战期间，任军事委员会战时工作训练团政治部主任。此时任台湾省党部主任委员，后任"内政部"政务次长等职。

④　陈延炯，字地球，广东番禺人，早年留学日本国立金泽大学。赴台后，此时出任"驻日代表团顾问"，代表团结束后返台，任中华彩色印刷公司董事长。

接到［石］凤翔①先生电话，谓请延长蚊帐交货五天，已允之。
今日下午部务会报四小时，无聊之至。

六月八日　星期四

上午十一时，"总统"召集物资会议，首先骂物资局不保护物资，
受外人轻视，嗣言中国人不清理则言物资甚多，一清查则言均为废
物，吾实愿将仓库焚去，不愿受人轻视，经各方报告数目，大约总数
尚可得五百万美金之谱，但对资敌一点，亦无明确指示，谓应考虑：
①是否对敌发生作用；②美人是否有闲话，即为不公之语。

在黄［镇球］总司令处，始闻去年为福建省特别费事，陈［诚］
"院长"曾大骂郭悔公②，但悔公未相告，此悔公之涵养不可及也。

六月九日　星期五

上午晨报，下午军政费小组初步审查，一天光阴如此浪费。

初步审查中讨论军队办公费临时费之增加，又无结果，此案陈
［诚］、王［世杰］二公尚不赞成，陈公认为须先改善生活，王公认
为应控制经费在"行政院"，以作临时费之用，各有春秋，但军队事
不能整顿矣。

晚请预、财二单位同仁至寓晚餐，联欢并为陈副署长四同仁祝
寿，又为欢送李［先庚］、刘二君任厂长也。

六月十日　星期六

上午看雨衣样品，再访物调会，询问最近购办各物事，十一时参
加军事会报，柯克列席，陈"院长"仍未到，周总长提高台湾指挥
及补给系统案，其魄力殊大，伊常说陆大学生可较"国防部"各厅

---

① 石凤翔（1893—1966），名志学，湖北孝感人。留学日本京都高等工艺学校习纺
织。回国后，先后任湖北楚兴纺织学校校长、楚兴公司裕华纱厂总技，此时在台湾任大秦
纺织公司董事长，女静宜嫁蒋纬国，死于难产。

② 郭忏，见本日记1948年1月2日注，前任联勤总司令。

做更好、更合理方案，因脑中无人事关系及现实牵制，容易下笔也。

晚温主委［崇信］招待本署同仁，到者余及陈、褚、王诸君，谈北平和平［解放］后情形，甚有感慨。

六月十一日　星期日

上午在省党部开［高级班］同学会，到者近百人，通过葛君二年计划提案，及改组干事会两案，默察同学中，除藉此机会互相叙旧外，大家不想有任何举动，而指导员均不到，他们对高级班之观感亦可知矣。

没有充分准备，常会将很好的事做坏，余今日发言无力量，即犯此病。下午白健公［崇禧］亲来访，为水壶、军毯事，其不得已情况亦可知，一高级将领周围有一群人之开支亦常例。

晚赴沪江同学会龚健军兄处叙餐。

六月十二日　星期一

上午检讨储备工作，午访谒白长官，报告嘱案①办理困难情形，并请派员联络，已派赖光达②副参谋长相联络。

下午参观新生营，该营现有 884 人，其中政治犯 236 人，余均系战俘，其中进步的 194 人、次进步的 337 人，准备迁回大陆，访问同人谈共党军队之补给，觉可采者：（一）补给按照系统；（二）收购余物，不准出售；（三）随需要供给；（四）如有不满事，可将意见反映，此成功之道也。

六月十三日　星期二

上午总部会报，讨论补给系统，准备明日开会。

决定雨衣式样，遂由［周］总长亲自裁决，采用披肩式。

---

① 赖光达，1949 年 4 月曾任华中长官公署交通处长。
② 嘱案，见本日记 1950 年 1 月 19 日，白崇禧留十万大山及六万大山"反共救国军"事。

六月十四日　星期三

联勤总部召集各军师长会议，讨论建筑营房、拨发营地及军眷住宅①问题，一整天余报告军粮仓库及军粮补给问题。

下午徐局长、陈总经理等来洽业务。

六月十五日　星期四

空军电台广播谓军用雨衣为何不向国内买？此种误会实值得检讨，此所以要订年度计划也。

六月十六日　星期五

上午"行政院"召集谈话会，讨论调整待遇问题，实施实物补给，官兵眷属均配发油、盐、煤，文武待遇一致，如切实执行，当可解决一切问题。

六月十七日　星期六

上午军政费审核小组会议中，吴［国桢］主席对余言物调会购货太慢一点，大发牢骚，并说以后一切交军方办，余亦借题发挥，说最好请"财部"派员作军需署长。总之，艰苦中工作，不知得罪多少人，以后类似情形将更多。

六月十八日　星期日

晨礼拜后访郭总司令太太及万主席，郭悔公病状如常，久病客稀，郭太太语多牢骚，当商陈署长周护之，万武公［耀煌］则病体已痊，仍须休息。

下午至北投散步洗澡后归，觉身心殊乐。

---

①　即建眷村。

六月十九日　星期一

晨访任［显群］、严［家淦］二君，任锋露，严稳狡，各有千秋，余自惭力薄，尤乏应付才，国事蜩螗，感慨万千。

晨为运动衣裤事，向总司令发牢骚，事过殊觉自量狭也。

六月廿日　星期二

上午参加总部会报。向林蔚公报告最近业务，今后对于此等工作应加强。

本署粮秣组张逸仙被捕，系有匪谍嫌疑。

六月廿一日　星期三

上午举行二次会议：（一）参加总部会报，讨论澎湖区问题，觉行政效率甚低；（二）讨论军粮仓库网，利用民间仓库事，决定先经高雄区试办。

牙痛，下午请假休息。

六月廿二日　星期四

上午为澎湖要塞商决各项办案。

下午为67A［军］商定筹办合作社方案，此为改进部队业务要点，希望能试办成功。

晚与董［德成］① 主任商定考绩案。

六月廿三日　星期五

今日陈"院长"以普通宾客约见，谈及三类事：一、军费可省之处尚多，如海南［撤］回后油弹运输费可省；二、第一期款先发1200万［银圆］，金价可另商；三、军中合作社可试行，对实物补给甚感兴趣；四、副署长案最好用新人；五、调整待遇请商陈［庆瑜］

---

① 董德成（松坡），见本日记1949年7月1日注，时任财务署署长办公室主任。

主计长①。嗣与初公商，伊为调整案亦已焦头烂额，并嘱艰苦奋斗，勿萌退志，现紧急关头，撑腰何人，思之憮然。

与石凤翔先生谈，对规格公开研究，极为满意。

六月廿四日　星期六

午与严静波［家淦］谈二小时，伊对余已极怀疑，对整个物品补给方案与实物补给均极 Skeptical［怀疑］，而"院"、省之争，伊显居主角地位，余除解释误会外，自誓以清廉努力自守，以公平处事，决不预闻人事纠纷漩涡，伊似仍无谅解态度。

黄金差价似已决定，七月份以每两 100［银圆］计，六月以 70 计，八月以后照平均市价。

六月廿五日　星期日

上午礼拜后赴北投，野餐、洗澡、下棋，晚七时归。

晚间计划下周工作，觉今后对人事与计划应多注意，并拟每星期六晚应择静工作。

六月廿六日　星期一

今日下午"行政院"军政费审核小组会议开会，陈［诚］"院长"主席，余列席，对冬服追加预算，陈谓承办人（指余）必须惩办，并说预算内仅列每人每月壹元，而另提庞大追加预算，可将一切投机取巧等罪名加之，余即答复三月以后预算我应负责，四月改组后服装费不够，须追加亦应由余负责，但总预算有限制，服装须筹办，究竟责任何在，应请追究。陈逾时即宣布以后可将"国家"外汇黄金均交军需署，由其兼任"财［政］部"、财［政］厅职务，离席而去。

余对此事，惟有反省，如自反而缩，势力于我何有哉！

陈主计长劝谓，言不能令人佩服，置之不理可也。是。

---

① 陈庆瑜，见本日记 1949 年 10 月 24 日注，时任"行政院"主计长。

六月廿七日　星期二

思近日各方误会渐增，皆因人事不能善处所致，如何守拙而善与人处，乃一种人生矛盾习惯，余能习之乎？

晚石司令［祖德］及蒋［经国］主任请吃饭，至石处一转至蒋宅，主人临时他去，由胡伟克①君代主持，后知系临时奉召讨论杜鲁门总统宣言②事也。

六月廿八日　星期三

上午各厂库人员陆续到来，分别予以慰勉。下午总部会报如常。

晚设宴招待各方来会人员，饭后余报告过去在渝疏散人员经过，并勉同仁亲爱精诚，并奉"总统"训示之精神，努力岗位工作。

六月廿九日　星期四

今日举行厂库会议，上午大半时间均用于参谋长及余讲话，下午三时总司令讲话，其余均讨论，至晚十时三刻始完毕。

六月卅日　星期五

昨决冬服材料计划会议，今日商主计长于九时举行。

---

①　胡伟克（1910—1973），江西萍乡（今萍乡市）人，出生于英国伦敦，母亲为英裔白人。黄埔军校第六期、中央航空学校第一期毕业后，入英国空军研究院学习。历任中国驻德武官、空军总指挥部交通处副处长、空军军官学校分校（驻印度）主任，空军军官学校校长。在台湾，此时任"总政治部"副主任兼政工干部学校校长，后与蒋经国不谐，离开重要职务，最后任"总统府"战略顾问。

②　1950年6月25日朝鲜战争爆发，27日杜鲁门发表声明，声称"朝鲜战争爆发说明共产主义已不限于使用颠覆手段来征服独立国家，而且立即会使用武装进攻，这种情况下共产党军队占领台湾，势将直接威胁太平洋区域的安全，并威胁在该地履行合法的必要活动之美国部队"。因此，他"命令美国第七舰队阻止对台湾之任何攻击"，作为这一行动的应有结果，他也要求台湾停止对大陆的一切海空攻击。与此同时他提出"台湾未来的地位的决定必须等待太平洋安全的恢复，对日和约的签订或经由联合国考虑"。吴嵩庆对朝鲜战争爆发，在此台湾转危为安的关键时刻，并未着一笔，私衷实以依赖美国或其他国际事件而改变自己国家命运为一不光彩事，更不屑弹冠相庆。亦参见1950年7月4日和其他各处日记。

　　十一时举行军事会报，"总统"对军粮应归还，对军费应节省，余知责备之原因，必有小人进谗，但亦知此乃表面文章之事，而实际乃"总统"之谅解，余必忠心职务，但亦不惧威势。

　　四时赴"国防部"参加赴韩派遣军①会议，研究应补充之件。

　　在署召集讨论补给至团问题，会后并邀陈铁麟君商各地财务组人选。

秋季课程表：

一、发饷至团与目前财务制度——军需手册

二、军需人事之控制

三、军粮仓库网制度之推行

四、军中服务社之试办

五、军需品年度计划

六、商行信用调查

七、纳约自牖②

八、军需座谈

九、防谍

十、整理被服仓库。

本月大事预定表：

一、发饷至团：

1. 召集军需会议

2. 视察各地军需业务——访问防守司令部

3. 建立军需通讯办法

二、计划仓库网办法：

1. 先就高雄区拟订

---

　　①　朝鲜战争爆发，6月25日李承晚要求台湾当局派军援韩，蒋介石原意派遣一个军，为美国拒绝。

　　②　"纳约自牖"，周易坎卦：在窗户外（牖）祭祀神灵，因心中诚敬，虽祭礼菲薄，也终无害咎。窗户是房间开明处，此喻人谏君、敬神能从开明处入手，自能无咎有功。

2. 其他各区亦须有方案

三、试办军中服务社：

1. 先就 67 军试办

2. 注意工作之实效

四、催办信用调查。

七月一日　星期六

上午陈初公来署，对厂库会议同仁训话，勉以生产事业应求成本低、出品精、生产多，并对一年计划认为甚是，须配合。

九时开冬服材料会议，"中央"、省方有关单位均有代表参加，余说明年度计划要点，及冬服提先讨论意义，并就出席人员发表意见归纳如下：（一）材料是否正确，请组小组讨论；（二）规格是否妥当，另组小组讨论；（三）生产价格及如何分配交货，另组小组讨论。通过并规定限期而散。

下午续举行厂库会议并举行宣誓典礼。

本星期预定工作课目：

一、拟订一年度军需品计划

二、清算经费

三、清算军粮

四、筹开军需会议。

七月二日　星期日

上午礼拜，访王绍垿①君，访俞樵公未遇。

下午偕周搏风②君游草山，晚至兵工署俱乐部桥戏。

————————

① 王绍垿（1923—　），浙江绍兴人。毕业于复旦大学政治系及东吴大学法律系。历任联勤总部财务署副署长、台湾省烟酒公卖局局长、"财政部"常务次长、台湾苯乙烯工业公司董事长等职。

② 周搏风（？—1966），时为联勤总部办公室主任，见本日记 1949 年 1 月 2 日注。

七月三日　星期一

全日奔走，徒劳何益？

上午援韩①策划，恐又有变化。下午主持视察归来各组之检讨，并谒总司令谈杂事。

谒某公态度冷如霜，追忆往事，不禁憪然。取坎卦读，知所以矣。

七月四日　星期二

援韩事，似已搁浅，要人家保护，同时人家又不要你援，"我国"真在卧薪尝胆时间。

本周重要工作，指派必办者：经费总结算，发饷至团办法。

下午与谢尔庸②君谈流亡经过，流亡中生命如蝼蚁，全靠本人机警。

与铝厂孙③、吴二君谈技术合作事，甚快。

七月五日　星期三

下午五时在"总统府"会报讨论经济问题，嗣涉及军费，余报告三点：（一）军费收支情形当向军政费小组报告，以后每月报告；（二）发饷至团当自本月做起，逐月结账；（三）年度物品计划希望与各方全面配合。会议最后结论，余又为众矢之的，总统指示，军费不仅在核实，还要节省。总长指示，军粮按 67 万人筹，又为欺骗行为④，余尚何言，只惟日诵养气章而已。

---

① 即派军援韩事，见本日记 1950 年 6 月 30 日注。

② 谢尔庸，湖南人，曾任"国防部"主计局副局长，物资局局长。

③ 孙景华曾任台湾铝业公司总经理、董事长，子孙黔是大同公司林挺生的前大女婿。

④ 军队人数为 80 万（见本日记 1950 年 1 月 8 日注），少报 13 万人，预算上好看，以后再追加，故有欺骗之叹。

七月六日　星期四

今日署会，宣布一周内工作主要者为：

一、清算经费

二、清算军粮

三、妥筹军需会议

以今日之处境困难，真是动心忍性之时，但比之初公黄山会议时与"国防部"成立后两次之打击，实相差甚远，惟有埋头苦干，以诚与拙求得谅解耳。

读易坎卦，得"纳约自牖"句，知所以自处矣。

七月七日　星期五

研究经费与军粮，知平时尚欠关心，今后当更予注意。

七月八日　星期六

上午十一时"总统府"军事会议，主要系通信署黄署长①报告，甚得体，争得通信人员加给。

因第七舰队史中将②到来，闻"国防部"全日有会，故此会一时即匆结束。下午参加高级班同学会第一次干事会后，偕［张］延哲君往访张［群］岳军先生，报告军费情形，及对发饷至团后可望核实工作进步之成效。伊谓一般观感，无官不贪、无部队不吃空，欲改善此观念，非一朝一夕能成功，言之多慨，要在乎立信而已。

上星期反省录：

一、军需品计划已完成

二、经费军粮之清算已脱稿，尚待再核

---

①　黄褚彪（1909—1983），字人杰，浙江余姚人。中央航校二期、美国参谋大学毕业，时任空军通讯署署长，编译有《英国空军作战教范》。

②　史枢波（Admiral Arthur D. Struble，1894—1983），美国俄勒冈州人，1911 年入美国海军军校（U. S. Naval Academy），于 1950 年 5 月出任第七舰队司令。

三、人事纠纷仍存在，本周仍静候，但不容再延长

四、军需会议之筹备，余欠注意，均［程］侠生之功，负责精神，实较陈为强。

本星期预定工作科目：

一、举行军需会议

二、监督决议案之研究与执行

三、检查厂库会议决议案之已否执行

四、筹备视察

五、纳约自牗

七月九日　星期日

今日上午礼拜，余与［云］子青下棋为乐。

明日军需会议，各项筹备甚妥，下午往视，甚为满意，程侠生才可取。

送请函至陈"院长"公馆未遇。召集四组长谈话，何润荪①未到，不知究愿就否。

七月十日　星期一

今日举行军需会议，出席 90 人，各军师团要塞等均派员参加，听报告，觉部队困难尚多，必须予以解决。

陈"院长"下午六时来讲话，除勉建立人事制度，清查仓库，节约粮食而外，言论中对过去批评，自言因性情不好、身体不好，致有责备过严之处，表示歉意。此正大政治家风度，不禁为"国家"前途喜，而余脾气太坏，亦正宜效法也。

七月十一日　星期二

军需会议第二天。

---

① 何润荪曾任海军补给分站站长。

上午［蒋］"总统"来训话，责过去失败军需，勉以今后建军必须先建军需制度，下午［周］总长来训话，更提具体办法：（一）精神方面应有褓母之精神，无名英雄之精神与宗教家之精神；（二）人事制度方面应有另一系统，不受主管进退；（三）补给方法应为分层负责，自动核实制度。此真建立军需制度之千载难逢机会，必须把握。

今日讨论案例，晚仍举行小组会议，余则召一革新军需制度小组，四厅宋厅长①等均参加。

七月十二日　　星期三
军需会议第三天

上午任厅长显群来会讲两小时，拉杂谈省政与财政；工程署黄署［长］来谈分地问题。

今日讨论重要提案如粮食节约、人事制度、改革军需制度等案仅作原则决定，余交军需署草拟。

下午四时举行闭幕礼，连日辛劳，造成建立军需制度之空气，实为千载难得工作之机会，勉之哉！

七月十三日　　星期四

今日参加会议，各补给处长来访，觉对新制推行，可望顺利，而临时费困难能解决，则当无问题。惟人事制度之建立，不知尚有多少关头要冲破。

下午署会如常。

晚孙慕迦②、欧昌维、程式诸君来访，程似诚意不足。

---

① 宋达（1916—1975），原名扬晖，号映潭，湖南湘潭客家人，时任"国防部"第四厅厅长。历任陆军供应司令、联勤副总司令等职。退役后曾任"行政院研考会"副主委及退辅会秘书长。其子宋楚瑜现为亲民党主席。

② 孙慕迦，湖南人，为"国大代表"。

七月十四日　星期五

程式事又有变化，拟由总司令亲上报告。

访"国防部"各单位未竟。

召集四组长至总司令处听训，余又加讲解。

"韩战"美方不利，军事家观感相同，此事必将拖至三次大战。

柳际明①君研究各物品，甚有道理。

七月十五日　星期六

今日军事会报未举行，不知"总统"何往。

四财务组人员于下午六时集会点名，余讲话三刻钟，决［觉］精力不继。噫！

晚云子青来弈至午夜。

七月十六日　星期日

联勤总部本周起每星期日举行周会，今日总司令讲精神。

礼拜如常。下午赴北投散步洗澡，至最高处，归后蒋［经国］教育长来电话邀宴，至则宾客满座，余醉归，酒色丧人，信然！

七月十七日　星期一

上午体倦甚，在寓休息半天。

下午在［联勤］总部开［党］代表大会筹备会，至散［下］班时始商定，余发言太多，又将招忌。

七月十八日　星期二

上午见陈"院长"报告军需会议及经费军粮情形，言辞中仍觉隔

---

① 柳际明（1899—1976），又名善，浙江临海人。保定军校八期工科毕业，历任黄埔军校工兵科上尉教官、战区工兵指挥官、军长、整编师师长、浙江省政府委员兼建设厅厅长等职，时任舟山防卫副司令官，后转任联勤工程署署长。退休后，曾应美军邀请著《越南"剿共"战争刍议》一书，被译为英文。

了一层。

近日精神日见衰颓，振作！振作！

得［卢］瀛洲来信，函断将年矣，发信日为七月四日，似可推测：一、在杭并不得意；二、似闻［美］七舰队消息。

七月十九日　星期三

总部新规定，早晨会报时间为每周一、二、五、六，四天，余可能当多参加，至总部会议则仍为星期三，今日无要事讨论。

七月廿日　星期四

下午军政费审核小组开会，讨论问题，均无结论，何贵乎有此会也。

［陈］"院长"又骂军需人员不负责，其为改革业务立场，自当反省求日新耳。

七月廿一日　星期五

今日全天参加总部召集之舟山部队粮弹损失检讨会，余觉报销主义在中国中毒之深，已不可复救，必须纠正过来，方可新生。同时核实不难，乃故意不肯核实始难耳。

七月廿二日　星期六

今日军事会报又停开，必另有要会。

总司令数次讲经费必须每月结，经费由总司令批准方可发给，不知何所指？余当然照办，亦何必猜测其他。

晚邀陈维新、［刘］以笃、［陈］靖中便饭，并邀请陈达一、张子久、云子青诸兄饭后下棋，至十一时始散。

真不解，又续［接］瀛洲信，何来之频也？

七月廿三日　星期日

上午参加纪念周及礼拜如恒，今日讲题为天国是信徒的归程，一外国牧师证道，主意在人生在两个世界。下午赴北投散步洗澡。

七月廿四日　星期一

觉得身体万分疲惫，真是老而衰了。身体影响到一切，我真怕，及今不努力，将来必有一天自悔，If I only had［只是如果我曾……］。

上午与徐桐轩①谈各项。下午谒总长谈石案，旋至"国防部"袁次长处开会，讨论米、油、盐配给事，要无中生有，总需带些不合理之手段或办法。

七月廿五日　星期二

今日分四地招考军需人员，预定招收三等正以下180人，派往各团服务。

参观柳际明兄设计各种装备，均属切要，但经费如何？

体倦甚，偕觉姐至草山台银俱乐部休息一晚，散步洗澡，神为一爽。

七月廿六日　星期三

上午在草山休息，并计划下月份工作。下午参加总部会议。

七月廿七日　星期四

徐［凤鸣］局长来谈，陈［诚］"院长"对余又多一隔阂，即谓"总统"有令余直接付款之事，并谓此事［周至柔］总长已负责，可不必顾虑。周公恐惧流言②事，戒慎恐惧，正今日余之处境，因嘱拟本署内部经费审核办法，以示公开。此外，既已心安理得，余又何必介［意］之也。

---

① 徐凤鸣，字桐轩，时任预算局长，见本日记1950年3月23日注。

② 白居易的诗"周公恐惧流言日，王莽谦恭未篡时。向使当初身便死，一生真伪复谁知？"当年周公辅佐成王的时候，在有流言说他怀有篡位的阴谋时，也会感到恐惧。

七月廿八日　星期五

上午召集建设厅、生产会、"中信局"、物调会、纺织工会等公开讨论年度计划之事，各方似有好感。

下午军粮会议，商决归还欠粮办法，粮食局定九月初旬可还一万吨，又按95发米①，定台北区先于八月份试办。

七月廿九日　星期六

上午总部会报，知共党有八月半进攻台湾企图，会后访俞局长，知石主席②外方有闲言，其港口捐事尤多微辞，余之责当查其工程款报销。

十一时军事会报，余报告雨衣、蚊帐、帐幕、军粮筹办情形。

下午在"国防部"与防总举行会议，许多问题均无解决，只可不了了之。

［陈］初公来谈，陈辞公对余仍绝不谅解，尤其"总统"手令开支事③，颇有微辞，后天当往见。

本星期预定工作课目：

一、完成一期训练及分发计划

二、拟订二期训练计划

三、拟订视察计划

四、拟订内部军费审核计划

七月卅日　星期日

清晨得电话，郭悔公［忏］已于今晨四时半去世。因偕觉姐往

---

① 指有5%之粮耗，配给米无法发足百分之百。

② 石觉（1908—1986），字为开，广西桂林人。黄埔军校第三期毕业，1948年任第九兵团司令官，参加平津战役。傅作义起义后，石觉等飞离北平。1949年任淞沪防卫司令，后担任舟山群岛防卫司令兼浙江省主席。赴台后历任金门防卫司令官、副参谋总长、联勤总司令、"考试院"铨叙部部长等职。

③ 指财务署的厦门黄金余款。

喑，悔公聪明绝顶，处事宽和，在狂澜既倒之时，负补给重责，事未办妥，非可厚责，纪律荡然，实深遗憾，最后在舟山实想做好，实有大功，死得其时矣！

今日礼拜，特领圣餐，愿负十字架，为作无名英雄而奋斗。下午游北投。晚入讲习会宿，检讨应办事项。

七月卅一日　星期一

清晨五时五十分听号音起身，六时二十分升旗，余讲话半小时，七时半早餐，八时行开学礼，恍又恢复学生生活。

郭悔公下午三时大殓，诸长官均在，白［崇禧］长官又嘱军毯[1]事，其口气为一切是我作梗，贺元靖[2]亦托事，实怕见大人先生。噫！

晚举行集体谈话三组，几均为军文出身，此次［军需］讲习尚应加强技术。

麦克阿瑟元帅[3]访台北。

本月大事预定表：

一、人事：

1. 完成一期训练分发计划
2. 草拟并完成二期分发计划
3. 完成人事调查
4. 拟定组训组编制呈核

---

① 指十万大山及六万大山"反共救国军"需要军毯，见本日记 1950 年 1 月 19 日注。

② 贺国光（1885—1969），字符靖，湖北蒲圻人。陆军大学毕业，原为直系军阀军长，后投国民党，历任军事委员会办公厅主任、湖北省政府委员、重庆市市长、四川省政府秘书长、军事委员会办公厅主任等职。1949 年任西康省主席，去台湾后为"总统府国策顾问"。

③ 麦克阿瑟（Douglas MacArthur，1880—1964），简称"麦帅"，是美国著名军事将领，官至五星上将，"二战"后任占领日本的盟军统帅。也是美国将军中唯一一个参加过第一次世界大战、第二次世界大战和朝鲜战争的人。1951 年，在朝鲜联合国联军统帅任上被美国总统杜鲁门免职。

二、财务：

1. 实施［军］人数普查

2. 草拟节约方案

3. 发饷到团——宣传步骤

三、储备：

1. 检讨已购工作

2. 计划托购工作

四、粮秣：

1. 执行高雄区仓库网计划

2. 草拟全省仓库网计划

五、一般：

1. 完成军需手册

2. 完成军需制度

3. 视察计划

4. 定期军费军粮报告

八月一日　星期二

晨升旗，余讲机会之意义。今日上午八时，陈［庆瑜］主计长来此演讲一小时，离后余续讲，对学员集体要求事，予以严厉之批评。

下午军政费审核小组初步审查，余报告军费处理公开办法，会后严静波［家淦］又谈与任［显群］纠纷事，知政潮仍在，而宣传亦为一有效手段也。

八月二日　星期三

晨升旗，对学员续讲机会之意义，尤其"机"字之重要，在于心意初动，故小动用可表示其内心之蕴蓄。结论，勉以慎独功夫。

上午举行军需业务检讨会第二次会议，余力求财政公开，决另组小组研究。

下午陈［诚］"院长"来找，查询刘瑞恒①案，余将准备材料据实报告，乃奉令而行，实非"总统"交办，伊仍欲查经过。

晚白［崇禧］先生来找，仍为军毯事，允星期六前务必有一确实答复。

八月三日　星期四

晨升旗，讲"立大志"。

下午见陈［诚］"院长"报告刘案经过，伊之用意，在阻止［蒋］"总统"管小事，而将权力集中于"政院"，此所以制度，但目前实应树立中心纪律，尚非其时也，允明晨来讲习会讲话。

署会如常。

八月四日　星期五

晨升旗讲"准备"之重要。

八时陈［诚］"院长"来演讲，讲当前行政及财政情形，语中对余任怨任劳极为体谅，此公心理［里］应知道，实乃并非拒人，乃欲接近，予不肯奔走，此余所以非中国之政治家也。

八月五日　星期六

晨升旗，讲"检讨"之意义，欲把握机会，必须"立大志""充分准备""随时检讨""勤求改进"，与一切以去"做"去"行"为具体表现，容下周续讲。

上午军事会报，决定金门固守，并针对敌人攻击，予以反击，首由空军轰炸其炮兵阵地。

---

① 刘瑞恒（1890—1961），字月如，河北南宫人，留学哈佛大学。中国创伤医学奠基人，近代公共卫生事业创建人。曾任军医署署长、卫生部次长，任内整顿军医与强力取缔中医。赴台后从事医学教育。也曾因得罪中医与军医界，而被举报"贪污"嫌，但此应是去台湾前之事。

八月六日　星期日

上午请陶希圣①先生至讲习班讲国内外大势，分析欧亚局势甚详，至十时毕。

参加青年会礼拜，李士琦牧师证道，题为信心与能力，甚好。

[陈] 舜畊偕圣芬②兄亦来礼拜，知圣芬之父已去世，近始得消息。

祭郭悔公后返寓，下午休息。晚仍宿训练班，总司令来电话，谈讲习会可提早于九日结束。

八月七日　星期一

上午升旗，讲"改进"的意义与"行"之重要。

讲习会延期事，事先未与教 [育] 厅说妥，闻其视察来，大加责难，亦办事欠周所致。

今晚个别谈话毕，定后天结束。

八月八日　星期二

晨六时升旗，勉同仁以立大志，不能作中途怯懦而牺牲 [前途]。

八月九日　星期三

今日为 [军需] 讲习最后一天，晨升旗，余勉以自强不息。

下午四时半举行结业典礼，总司令来主持，摄影后点名。

晚加入叙餐，餐毕又勉同仁以保重身体，完成任务。饭后回家休息。

---

① 陶希圣（1899—1988），名汇曾，字希圣，湖北黄冈人。曾为蒋介石执笔写《中国之命运》，兼任中央宣传部副部长、立法委员。曾任汪伪中央宣传部部长。后与高宗武逃赴香港，披露汪日签订"密约"内容。赴台湾后，历任"总统府国策顾问"，国民党设计委员会主任委员、"中央常务委员"、《中央日报》董事长等职。

② 曹圣芬，时任"总统府"第一局副局长，见本日记 1949 年 7 月 6 日注。

八月十日　星期四

上午赴政工班讲军需业务之现状。

下午参加军政费审核小组初步审查，知中信局米一万吨案之分配办法，与午间任厅长所谈者同。即分配于 14 个团开办费 150 万、运输费 600 万、去年营房加价费 180 万、修跑道 500 万。八月份实物补给费 259 万元，米款约美金 142 万 5000 元，尚不足支付上款，余声明雨衣余款移作帐幕款，及交［通银］行欠拨款须补足。

八月十一日　星期五

上午又赴政工班讲军需改革方案。

上午"国防部"开校阅检讨会，李良荣①对发饷至团尚有疑问。

八月十二日　星期六

白长官来寓又催军毯款事，辞婉而严，真难煞人。

下午赴政工班另一队讲话，此系应蒋［经国］主任人才下部队而考选者拟至团连工作，余讲一小时而归，余请王少亭②君代讲。

美联络员来署，与谈调查［供］应［军］需物品事，余作坦白语，似得同情。

今日军事会议如常，"总统"又问雨衣事。晚照计划赴台中，预定星期四回。

八月十三日　星期日

晨二时抵台中，各有关机关同仁来接甚多，半夜扰人，心殊不安，赴铁路饭店宿。

八时半至装甲兵旅参加军需会议，借市府礼堂举行，余讲同仁应立大志，旋至财务处及防空司令部访问，午同仁公宴。

---

① 李良荣，见本日记 1949 年 6 月 30 日注。
② 王少亭，曾任"行政院国军退除役官兵辅导委员会"会计处科长。

下午访问 63D［师］，并视察其 187 团，粤人好吃，伙食不坏，又回至装甲兵会议，于闭幕中讲知行之道，勉以自强不息。在该旅叙餐后归旅舍，刘厂长来访。

八月十四日　星期一

晨视察粮秣厂，口粮工厂显有改善，视察新购郊外之房屋亦好，惟交通略嫌不便。

午约刘马二君及其副主管来寓叙餐话别，雨中乘车赴彰化，中途桥垠有车抛锚，不能通过，开回至桃园打电话再往，乘熊组长来接之车赴 87 军，则距开车赴嘉义之时仅半小时，匆赴该军讲话十分钟而别。

晚宿嘉义，四师陈副师长维材①亲来接，因联勤老友关系也，四师丘处长等多位亦来。

八月十五日　星期二

晨雨中偕丘处长、马组长等赴四师视察，先至其野战医院，规模尚好，闻器材系粤省医院所有。嗣至师部讲话一小时余，勉以新制度及新精神，在师部午饭后开座谈会，三时余至 75A［军］，吴军长②亲来招待，宣读"总统"及总长训词，嗣讨论业务，晚在该军叙餐，吴军长亦以老友资格，情不可却也。得台北电话，嘱明日赴苗栗，参加演习讲评，因定十一时半晚车往。

八月十六日　星期三

清晨三时抵苗栗，50 军牛处长来接，宿于寄宿所。

---

① 陈维材（1908— ），广西贵县人，陆大十六期生，实践研究院第八期生，此时任四师副师长。

② 吴仲直（1905—2002），字佐之，号启辅，浙江诸暨人，黄埔六期生，曾参加台儿庄会战、长沙会战、鄂西会战、常德会战。其间，历任军参谋长、副师长、少将师长等职。1945 年春，调任军政部通讯兵司令部长。1946 年任联勤通讯署署长，去台湾后，此时任 75 军军长，后在"总统府"战略顾问任内退役。

十时半开检讨会，日总教官①报告演习讲评一小时余，批评参谋人员不知参谋，情报人员不知判断，无积极精神，真中国人之病。"总统"结论，认为均系代表伊所说之话，此行不虚。会后二时，乘牛处长车赴竹南乘车，照原计划赴台南，九时半到，邵厂长等来接，宿铁路饭店。

八月十七日　星期四

晨赴橡胶厂视察，工厂布置，显有进步。

嗣开座谈会，勉以四事：（一）技术应日求进步；（二）人事力求公开，辨是非，明赏罚；（三）福利应时求改进；（四）财务须公开审查，公布报销。

嗣视察汽车零件制造厂，正制本署水壶铁锅，其他工作几等于零，俟有机会，拟商请改为装具工厂，或分设之。下午至小港，视察两被服厂，并召集座谈会与橡胶厂同。晚参加晚会，甚好。在台南访薛［岳］总司令，适值午睡，留片而去。

八月十八日　星期五

上午视察补给总库、被服库、财务组，午在财务组叙餐，下午访陆［军］总［部］贾②董③二副总司令及80军郑军长④并召开80军军需会谈，晚在高雄与各同仁叙餐。

---

① 即白鸿亮（富田直亮），日本陆军士官学校、陆军大学毕业，为日军少将，日本投降时，担任汕头日军23军参谋长，向第七战区受降官余汉谋投降。此乃"白团"之开始。

② 贾幼慧（1902—1965），清华学堂毕业，留美入加州大学研读历史，次年转入史丹佛炮兵专校学习炮兵。历任原财政部税警总团营长、团长。1945年年初，调任陆军新编第一军少将副军长，军长即孙立人将军。1947年去台担任陆军训练司令部少将副司令官。此时任陆军副总司令，后任战略顾问。

③ 董嘉瑞（1911—?），湖北沔阳人。黄埔军校第六期毕业，曾任军政部汽车团团长，台湾防卫总部参谋长，时任陆军少将副总司令。

④ 郑果（1914—1995），别名元森，号维盛，湖南宁远人。黄埔军校第九期毕业，抗战期间，曾任青年军207师少将副师长，1949年率201师驻防金门，古宁头战役后升80军军长（原孙立人之新一军在台组建而成），1954年调任"国防部"高参。

晚车返台北。

八月十九日　星期六

今日联勤代表大会开幕，上午余未往，十一时参加［"总统府"］军事会报。今日指示事项为：

1. 补给到团实物部分应自九月十五日实施
2. 提倡学术研究
3. 被俘归来团长以上将领应免职执行
4. 校阅定十天至十四天

八月廿日　星期日

今日大会，上午"总统"训话：与政工班、宪兵等同时举行，勉以"服务"为目的。余审查提案至七时结束。

八月廿一日　星期一

今日大会，上午陈"院长"训话，讲到国大代表事，嘱新闻记者勿发表。

下午大会，首由黄参谋长主席，次由余主席，虽同仁誉以能控制会场，但仍觉民主场合，浪费时间控制非易也。

八月廿二日　星期二

今日大会，上午仍开大会。

下午总长、副总长讲话摄影，续举行大会，至晚十二时，原定今日闭幕，延至明日上午。

向陈"院长"报告视察经过。

八月廿三日　星期三

联勤代表大会上午闭幕。

八月廿四日　星期四

上午"总统"召集经济会报，今日讨论主题为计算美援余额，及今后军政费续渐求收支平衡，并宣布：

一、九月份起"财部"、省府、"央行"应于每月十五日将收支概数清算具报。

二、[央行]"国库"应保存[黄金]40万两，台[湾银]行保存60万两。①

三、今后临时费应由下列三类开支：

1. "国库"收入增额及集中外汇

2. 美援余款及省府增加收入

3. 军用物资售价及人马核实余款

下午日本教育[官]来讲兵法实施。晚宋[达]厅长请客，欢送美联络员也。

八月廿五日　星期五

上午举行临时会报，检讨视察事项。下午至政工班授课。

访严"部长"谈解决部队困难设置项目临时费事，伊同意但须征求王雪艇先生同意，遇俞国华②兄，伊由美"返国"，将偕严"部长"出席国际货币会议。

八月廿六日　星期六

上午军事会报，讨论事项：

1. "总统"校阅定十月二十日开始

---

① 此处蒋介石指示，两行共留黄金100万两，此数量黄金来自大陆，至今犹在台北东南郊的文园金库，都是由大陆运台湾黄金的铁证。

② 俞国华（1914—2000），浙江奉化人。毕业于清华大学政治系，入侍从室工作，后留学英美深造。时任国际货币基金组织（IMF）副执行董事。1955年返台从政。后历任"中央银行"总裁兼"行政院"经济建设委员会主任委员，"行政院长"，"总统府资政"及国民党副主席等职。

2. 检讨美联络员意见

3. 凤山、圆山训练——典范令教材应统一

4. 部队调动

晚曹圣芬、陈舜畊二兄宴俞国华兄，余作陪，饭后至兵工署招待所桥戏。

八月廿七日　星期日

上午礼拜，下午在寓休息。

总司令特别找去，谓 67 军刘军长[1]说了许多对军需业务不满意话，余亦以现昼夜努力来做，而总司令尚以细事责为联勤之耻，书生脾气实不甘心。伊劝以勿误会，盖伊亦受妇女会之气也。

八月廿八日　星期一

今日起与各地财务组核对人数，余讲特别勉同仁为新制而努力。

与刘军长接洽，定星期四赴板桥开座谈会。

下午开军费审核小组初步小组［会］，一切以售军用物资款抵注，敷衍而已。

八月廿九日　星期二

晚与预算局同仁欢送陈初公，在余寓小宴，席间谈及周总长数年前曾告初公，余办公桌上自书座右铭有"降龙伏虎"四字，余谓此道家语，亦攻心贼之意也。伊谓人家则不以为对己而对他人，噫！此又一意想不到之误会。古人说不以异立高，此亦余找此四个比较僻典之过也。

思余之缺点所在，应以"有节""有恒"自勉，只要自反而缩，进吾往也。

---

① 刘廉一（1911—1975），湖南长沙人。黄埔军校第六期毕业，历任团长、军参谋长、军长，"国防部"参谋次长，曾参与登步岛作战。退休后曾任景美沪江中学校长。

八月卅日　星期三

上午举行军需检讨会议第三次会议，决定各级检讨会议规则，短期训练办法及改革制度方案（先讨论第三案补给至团）。

下午续至政工班讲课。

八月卅一日　星期四

至板桥六十七军开座谈会，至二时，讨论甚热烈，余除宣读"总统"训词外，并解释"国家"财政困难，似得大体①谅解，午在军部叙餐。

下午开军费审核小组会议，王［世杰］秘书长主席，余说明售物资所得之款，可能为130万美金，可靠者约70万，而待付者已台币三千余万，实属画饼充饥，因打销数案。

九月一日　星期五

美国杜鲁门发表谈话，将台湾问题与朝鲜战争并为一谈，认为朝鲜战争结束，第七舰队亦将撤回，可能为一外交姿态，防中共加入朝鲜战争，亦可能美苏妥协，以台湾为牺牲。噫！不能自强之受辱如此。

假定三次大战胜利在我，我主张在东北、蒙古、新疆、西藏与俄接壤处划一缓冲地带，委托国际管理，以谋世界和平。②

九月二日　星期六

上午军事会议，甚简单，其因美国最近态度影响情绪欤？

下午与物调会举行第一次会议，余提供今后管理意见，请下周提出讨论，对过去托购事项亦加检讨。

---

① 　"大体"是宁波口语，大家、大伙之意。

② 　此后，日记作者曾散发此一主张之著作，其好友邵毓麟即劝其停止。

九月三日　星期日

晨参加公祭阵亡将士典礼后，访周鸣湘①兄闲谈军法有时使好人吃亏，拟设侦查会议，事先侦查，以昭公道，而免陷人于无辜。伊亦以为是，盖此例甚多也。嗣访熊东皋君，谈同学在"立院"有力表现，似应予以鼓励，拟请由干事会发起招待，此事已决定进行，俟数日俟"立院"集会后举行之。

下午至北投休息，[陈] 铁麟招待过殷，殊不安，伊似有悔意。

九月四日　星期一

上午讨论改革军需制度第三案补给到团，未完，定明日续议。

晚总部招待菲访问团，晚餐及晚会均有过奢之嫌。读阎 [锡山] 先生世界问题②一书，分析清楚，此老殊不凡。

九月五日　星期二

上午续讨论第三案补给到团。定明日至罗东视察。惰心日生，于日记之敷衍见之。

不能节制，于生活欠调与吸烟太多见之，自强！自新！

九月六日　星期三

晨赴宜兰，[程] 天衡未按约到，十一时半至站，陆军长③、向处长等来接，陆军长笃实之甚，与八十军郑军长相似，非讲究享受者。在军部会餐后，视察十八 D [师]。新建急造营房及生产班，回至军部开座谈会至五时余。余之印象，十九军经理不能算坏，其困难还是过去所积之欠款耳。

---

① 周鸣湘，时任空军总司令部秘书室主任。

② 可能为阎锡山著《世界和平与世界大战》或《世界大同》。

③ 陆静澄（1902—　），字正庭，安徽灵璧人，黄埔军校第六期毕业，历任青年军二〇八师旅长，二二〇师师长，此时任十九军军长。曾参加突击东山岛战役，后任五十四军军长及"国防部"联合作战督察委员会中将委员。

至罗东厂视察一周，略有进步，晚，晚会，为介绍厂中劳动英雄，并看"台北一昼夜"话剧，亏［得］他们。

九月七日　星期四

晨升旗后，对全厂职工讲话三点：（一）请保重身体；（二）请相亲相爱；（三）请注意工作坚实。

参加听禚老师①讲唐初历史后，举行座谈会至十一时半，对过去之检讨与新交之项目，均详加诠述，嘱应自动努力，我想即为对一般机关控御之方法。

视察一九六 D，其伙食不算好，也不如重庆时之坏。

午饭稍休息，乘快车归，至署举行座谈，并报告总司令。

九月八日　星期五

上午八时半参加会报后，赴医院检查体格，准备入［研究］院手续，盖革命实践研究院调训，"国防部长"、厅长、联勤各署长均奉令参加也。

下午在署视察训练班房舍，此为不得已办法，将来必须有固定训练地点。

晚周鼎训君来晚餐，李望源兄及骆光烈同志来访。

九月九日　星期六

今日起又过新生——阳明山庄革命实践研究院②受训生活！

晨至空军一转，向总长报告视察经过，及今日入院受训，至署取履历，即上山报告［到］，开始新生。过去二次受训，于余个人实加

①　禚恩昶（1911—1977），字仲明，号梦庵，山东郯城人，华西协和大学中文系毕业。曾任台湾宜兰罗东中学教师，中华学术院诗学研究所研究员及"中国史学研究所"研导委员。

②　1949 年 10 月，蒋介石于草山（阳明山）成立"革命实践研究院"，由蒋介石兼院长，万耀煌为主任。该院教育以"恢复革命精神，唤醒民族灵魂，提高政治警觉，加强战斗意志"为宗旨。此时为第八期。

惠不浅。第一次受训，给我至高级班之机会；第二次高级班受训，给我脱离空军遨游社会之机会。此次受训，余期望至切——已自定项目尽力行之。

甚念第二期军需讲习会之进行。

本星期预定工作课目
在革命实践研究院受训五星期
召集第二期军需讲习会二星期毕

九月十日　星期日

留院。上下午均费于自我介绍，此种光阴，似属浪费。

晚请假回台北，晚饭后，至班巡视，八时半召集学员讲话，报告树立制度之意义，与个人健全之重要，并期以十年，希望无一人被淘汰。

九月十一日　星期一

晨六时至讲习会升旗，余讲什么是正当的出路——勿靠介绍，勿靠长官，靠自己努力。

上午在圆山训练团联合举行开学典礼，"总统"讲：革命、实践、研究的意义，对国际局势勿存依靠心理。

下午张其昀①先生讲：本党历史与理论。

晚邀洪师长散步至后山花园。

九月十二日　星期二

今日，张其昀先生续讲本党历史与理论。李寿雍②先生讲共产主

① 张其昀（1900—1985），字晓峰，浙江宁波人。南京高等师范学校（后改制国立中央大学）毕业，曾在国立中央大学地理学系任教授，1949年初国民党内战失败后，曾建言舍弃西南迁往台湾。此时任国民党总裁办公室主任，"宣传部部长"。后历任"教育部"部长，"总统府"资政，创办台湾"中国文化学院"（现为私立台湾"中国文化大学"）。

② 李寿雍（1902—1984），字震东，江苏盐城人。毕业于北京大学、英国牛津大学、伦敦大学。曾任国民党江苏省党部委员、指导委员、常务监察委员，"中央大学"教授，"国大代表"，"考选部"部长等职。

义之批判。

下午六时下山，至寓晚餐后至讲习会开座谈会，今日所邀者为军、师部服务同志，询以困难，并拟下星期业务研究时正式讨论。

九月十三日　星期三

晨升旗时讲"总统"对于阳明山研究院训词革命、实践、研究三项之意义。

上山至院，上午为唐［纵］乃健兄所讲"共匪"党政研究；下午为陶希圣先生所讲本党改造案（理论部分）。

得署电话，知下午四时陈"院长"召开会议于顶北投，届时往，知讨论预算问题，陈"院长"对预算过大大不满意，并言应量入为出，照本年决算伸算，徐局长亦在座。

九月十四日　星期四

晨生活如恒，惟至山后晨间太极运动无时间再练。

上午陶讲改造案现阶段政治主张；谷正纲①先生讲改造案之实施部分。

下午六时仍照规定下山至署，与［军需］讲习会教官叙餐，饭后与团补给组长等小组会议，散后看公事，归家已十一时许。

甚感孤军奋斗之苦，非我不能用人欤？抑人不能为我［用］欤！

九月十五日　星期五

上午谷正纲先生讲军队党务案。

下午讨论本党改造案，分六小组，余参加五小组为主席，至六时半，得通知，［蒋介石］院长来点名，余声极小，点名后，院长特别说保重身体之重要，愧甚。

---

①　谷正纲（1902—1993），字叔常，贵州安顺人。德国柏林大学毕业，曾入苏联莫斯科孙中山大学进修。历任中央组织部副部长、社会部长、粮食部长等职。去台湾后，曾任"内政部长"，此时任国民党中央改造委员会委员及大陆灾胞救济总会理事长。

晚整理纪录至十一时余。

九月十六日　星期六

上午本党改造案综合讨论，六组报告结论，余代五组报告。

下午讨论革命实践运动，首分组讨论，嗣综合讨论，无结果。

六时放假，汽车成阵，今晚同仁庆祝陈初公生日（五十五岁伊生日为明日——阴历八月初六日），至十时始散。

九月十七日　星期日

上午总部举行联合纪念周，嗣邀同仁举行临时会报，午邀李、刘两厂长来寓便饭，询厂事。

下午看公文毕，与洪、郑、李诸同学在寓餐毕，同车赴阳明山，八时开生活检讨论。

九月十八日　星期一

上午读大学之道上。十时纪念周，到者除学员等外，尚有各机关长官及各军事长官（军长等）。宣读民国二十三年以徐道邻君名义发表之《敌乎友乎》一书，此书今日读来以纪念九一八，仍觉意义无穷。

下午沈昌焕君讲外交，晚并邀至众乐园叙餐。晚讨论实践促进会，无结果。

九月十九日　星期二

上午王雪艇先生讲"国"内外形势之检讨，其结论之基本政策五点：①"中美关系"之改善；②获取人民更大的拥护；③经济之稳固；④军力的维持与充实；⑤加强大陆上的游击活动。

下午吴［国桢］主席讲台湾行政措施，稍为杂乱，余对于省府任［显群］、李［连春］二君，实极钦佩，对其于军费、军粮之支持，亦认为极识大体，故特别说明拥护。

晚下山，妙妙等来接，召集生产班学员讲话。

九月廿日　星期三

晨至讲习会升旗，余续讲成功失败之道，将六种方式讲完，将来再为文说明之。

八时前回研究院，上午龚愚①君讲海岛攻防战史，食古而不知化，讲来无力；下午刘杰②先生讲防谍肃奸工作，说来有声有色，可惜话不易懂。

晚举行晚会。

九月廿一日　星期四

今日上午陈［诚］"院长"讲政治军事，又提到我，对于"国家财政"之困难，言之不能不算诚恳，如何渡此难关，实为上下所应努力。

下午张其昀先生讲战略地理，此常识过去少闻，实极重要。

晚下山召集考取人员及装甲兵旅各同志讲话。

九月廿二日　星期五

晨至讲习会升旗，讲立大志，发挥情感与理智，作一个标准之公务员。本日全日由徐培根③先生讲军事，非本行，不热心。

下午四时到讲习会，举行业务座谈会，各地财务组长均来参加。

九月廿三日　星期六

晨六时一行参加本期讲习会最后一次之升旗，再勉同仁，每一人健全，勿被受惑而淘汰，期以十年，共为事业而奋斗，各学员听之，

---

① 龚愚（1907—1976），贵州婺川人。南京中央军校第六期毕业，后任台湾三军联合参谋大学中将教育长。

② 刘杰（1898—1983），字子英。毕业于国立北平师范大学，后当选为"立法委员"，去台湾后，兼在革命实践研究院授课，并任国民党中央党部设计考核委员，政治作战学校教授。

③ 徐培根（1895—1991），字石城，浙江象山人。保定陆军军官学校与北京陆军大学毕业，曾任国防部次长，著名军事理论家。抗战时为第五战区参谋长，辅佐李宗仁。去台湾后任"国防大学"校长。

其有动于心欤？

回山后下午四时再至讲习会举行生活检讨会，此方式与此辈年青人共，觉更有兴趣。

晚举行叙餐，发表前期一同学未报到，应予［从］严追究。

九月廿四日　星期日

上午第二期讲习会结业，由总司令主持，与纪念周联合举行。赴青年会做礼拜，已脱了多次。

下午云子青君来弈，伊尚无事，嘱其可托薛伯陵来函证明。

晚陈副师长维才［材］兄来便饭，饭后同归院。

九月廿五日　星期一

上午读训二篇。九时至圆山做纪念周，首由"总统"说明本党为革命民主政党的革命二字意义，不容再怀疑；次说"共匪"称之为朱毛之利于宣传；最后读"为何汉奸必亡，侵略必败"。如"总统"意志之坚强者，古今未来恐无第二人。

九月廿六日　星期二

今日上下午由经国先生主讲，而大半时间，则用于说明领袖之言行生活，尤其对于下野后至复职的一段。他的口才甚好，我还是第一次听。

今日中秋，五时后放假，下山，定明日八时前回院。

九月廿七日　星期三

今日起日本教官来讲军事有关问题，感慨万端，如今日在大陆，则听之当另有一番心情。

中国有二大邻敌，是否能去后不再来，要看第三任务如何达成。

晚为吾甬［宁波］人之中秋①，院有晚会平剧，未参加，月下

---

① 宁波人的中秋是阴历八月十六日。

散步。

九月廿八日　星期四

今天又换两位日人来讲登陆战及装甲部队。

本星期六晚，拟邀同学中之部队长政治部主任等至署开座谈会，大多数不来，均忙有所忙也，有十余人愿来者，此真正国之干部也，此亦一种测验。

全日天雨。

九月廿九日　星期五

上午白鸿亮①教官来讲武士道，白中文修养甚好，讲武士道亦极得要领，定明日上午续讲。

九月卅日　星期六

今日课毕，招待同学至署开小组会，请50人，到11人，不及四分之一，未到者当然各有其事，到者实可感，表示其无社会活动，无生活奢望，故愿来座谈也。一套图表不如在（南）京时之好。

十月一日　星期日

上午雨中视察讲习会新址，觉城内总不妥，不如在郊外觅址。礼拜如常。

西园②兄之长女在新竹，即在沪吃喜酒者，其夫现服务二十大队③，姓吴，闽人，闻中学时已认识，今日来寓，远道来访也。

---

　①　白鸿亮（富田直亮），见本日记1950年8月16日注。

　②　胡西园（1897—1981），又名修籍，浙江镇海人。浙江高等工业学校毕业，1921年生产中国第一只名"亚浦耳牌"电灯泡。一度代理全国工业协会理事长。1949年后，曾任上海市政协委员、上海市民主建国会委员等职。1947年曾捐助吴嵩庆重建为日寇焚毁之七星延陵学校于镇海（今北仑区）小港青峙村，该学校为吴父吉三先生所捐建，1989年复名，2005年为蔚斗小学所并，学校土地转为一私营化工公司所用。

　③　空军二十大队为运输大队，也称黄金大队，在1949年驻新竹，曾多次空运黄金银圆横越台湾海峡。

下午棋战为乐，晚归院，第三次讨论生活，感无聊。

十月二日　星期一

今日联合纪念周，"总统"讲"建国"之典型，在建立制度、养成守法精神。

本日尚有一课高等幕僚，亦日教官讲，本周其余将注意于讨论。

王惕吾①偕楚强②来山，为谋账表印刷事，昨初公已来电话，今复来，想谋之急，可见印刷集中，亦为替"国家"省钱之一法。

十月三日　星期二

今日讨论军事机关制度（"国防"体系），觉大家之精神已有些衰竭，少生气。

我总觉得大家严肃程度不够，我不反对幽默，但幽默而浅薄无余味，总觉兴致索然。

阳明山庄拟再造二百人用设备，万［耀煌］主任以为言，此事似可办到。

十月四日　星期三

今天全天讨论军事机关管理合理化问题，仍是上午分组，下午合并讨论。

我对于专业人员由业务单位主管一案，已提出讨论。

今天有人提出讨论方式不好，主张明日分组后先由主席团加以整理，再提大会，此主张甚是，可免时间浪费，"合之则圣"③，民主之

---

① 王惕吾（1913—1996），原名王瑞钟，浙江东阳人。中央军校第八期毕业，蒋介石侍卫长出身（警卫旅团长），1949年9月获得运台湾黄金2000两创办《联合报》，北美《世界日报》亦属其报系。曾任中国国民党中常委。

② 贺楚强，见本日记1948年2月22日注。

③ "合之则圣"，来自《管子·君臣篇上》"夫民，别而听之则愚，合而听之则圣"，意即国君应听综合的意见，而非个别的意见。

效也。

军需座谈会答案今天送到。

靖中态度之冷，令人莫测，余极望不致超过余之忍耐程度。

十月五日至十一月二日　无日记

十一月三日　星期五

今天早起，［女儿］妙妙提出来来的问题，她说，来来［二子兴来］来信质问，究竟有没有事情可做？这是青年尚在歧路上的问题。我答：首先看有没有决心，如认为到东与到西，只是有事无事做的问题，则将来后悔，不如不来。不知此语伤及妙否？

十一月四日至十日　无日记

十一月十一日　星期六

请郑逸侠兄及湖北诸友在寓便饭，郑前几日始到台。

十一月十二日　星期日

偕望源、兰荪及妙、蓉二儿游北投。今日为国父诞辰，晨有纪念会。

十一月十三日　星期一

日记脱了近一月了，一叶知秋，这正是人生之危机，直接原因，当然因受训最后一周之紧张与参观演习而脱落后，急追不及、日延一日，而最主要原因，还是惰性日生，视日记为还债，因而不能把握恒心，同时还想文过饰非，补记缺落的日记，致一延再延，至不可收拾。愿视此为大教训，从今日起做到"有恒""有礼"二点。

下午军政费审核小组开会，对私烟、走私……之这类酒馆攻击，似有理，会后报告总司令，蒙允准拨联勤额卅名以解决人事困难。

十一月十四日　星期二

赴山琦联干班①讲话，晨七时起偕郑主任乘车同往。

十一月十五日至十九日　无日记

十一月廿日　星期一

举行第二次厂库会议，到各厂长、各总库经理科长、各补给总司令部军需科长、被服总库总分库长、各财务组长及本署人员，上午报告，下午讨论提案，晚小组会议。

十一月廿一日　星期二

继续开小组会议。

下午陈"院长"召见实业分会常务干事。

十一月廿二日　星期三

上午日本教官讲军事工厂管理，约二小时。

召见各出席代表。

十一月廿三日至廿六日　无日记

十一月廿七日　星期一

朝鲜战争联军逆转。②

十一月廿八日至卅日　无日记

---

①　山琦在新竹近郊，是联勤干部训练班所在地。

②　中国人民志愿军 10 月 19 日越过鸭绿江，占领汉城，把联合国军推向半岛南端。

十二月一日　星期五

杜鲁门宣布，对朝鲜战争可能使用原子弹。

高级班同学会新会所成立。

十二月二日至卅一日　无日记

姓名及其他注释索引

（年/月/日）

王少亭　1950/8/12

王世杰（雪艇）　1950/2/15

王东原（修墉）　1948/2/6

王先翔　1949/12/10

王均一（平）　1950/2/7

王叔铭　1949/6/6

王绍斋　1948/1/18

王绍堉　1950/7/2

王逸芬（永涛、翊群）　1949/1/18

王惜寸（征莹）　1950/2/17

王锺　1949/7/22

王紫霜　1949/1/10

王敬久（又平）　1949/6/5

王惕吾（瑞钟）　1950/10/2

王德芳（辉祖）　1949/8/29

王耀武（佐民）　1948/9/30

云大选（子青）　1949/11/13

尤佳章（智表）　1948/3/25

毛邦初（信诚）　1949/7/8

毛庆祥　1948/8/22、1949/12/20

毛泽东（润之）　1950/2/15

毛昭宇　1949/7/8

毛景彪（啸风、玉泉）　1948/7/15

毛瀛初　1949/6/30

孔庚（照焕、文轩、雯掀）　1948/5/13

方天（天一、天逸）　1948/5/19

方青儒（知白）　1950/3/23

尹仲容　1950/5/11

尹静夫　1949/8/31

杨绵仲　1948/1/21

杨森（子惠）　1949/11/28

吴士珍（湘荪、湘生）　1948/4/4

吴大宇　1948/6/20

吴中相　1949/11/30

吴仲直（佐之）　1950/8/14

吴兴归　1948/4/4

吴兴来　1949/1/12

吴兴柔　1948/7/7

吴兴镛　1948/1/30

吴国桢（峙之、维周）　1950/2/15

吴顺明　1949/7/12

吴素月　1948/6/15

吴素史　1948/6/15

吴嵩庆　1948/1/1

吴筱香（筱芗）　1948/4/12

邱清泉（青钱、雨庵）　1948/12/22

何世礼　1949/7/19

何成浚（雪竹）　1948/3/29

何应钦（敬之）　1948/4/1

何佳雨　1949/1/4

何润苏　1950/7/9

余正东　1948/5/6

余汉谋（幄奇）　1949/1/4

余纪忠　1948/5/5

谷正纲（叔常）　1950/9/14

汪子年（元）　1949/1/23

汪子柔　1948/3/11、1949/1/2

汪逢楠（楚翘）　1950/2/24

汪微痕（维恒、益增）　1948/5/13

金德洋　1948/2/27

周心万　1950/1/24

周至柔（百福）　1948/7/26

周宏涛　1950/6/2

周鸣湘　1950/9/3

周岩（奉璋）　1950/1/8

周宗璜　1948/4/25

周搏风（彭赏）　1949/1/2

周蜀云　1948/12/29

庞松舟　1948/1/18、1949/2/3

郑果（元森、维盛）　1950/8/18

郑逸侠　1948/2/28

郑清怀（伯伦）　1949/11/28

单成仪（公威）　1950/4/8

邵毓麟　1949/8/4

空军二十大队（黄金大队）　1950/10/1

九画

赵观白　1949/9/10

赵志垚（淳如）　1948/3/11

赵桂森（君栗）　1949/8/25

赵聚钰（孟完）　1950/1/27

草山（阳明山）　1949/6/28

胡西园（修籍）　1950/10/1

胡伟克　1950/6/27

胡牧球　1950/2/11

胡宗南（琴斋、寿山）　1949/6/8

柯克上将　1950/6/3

查良鉴（方季）　1950/3/23

柳元麟（天风）　1948/5/2

柳芳　1948/2/21

柳际明（名善）　1950/7/14

施邦瑞　1949/8/26

钟时益（蘅塘）　1948/5/27

重庆大火　1949/9/5

保管款　1949/7/6

侯腾　1950/3/13

俞飞鹏（樵峰）　1949/7/12

俞佐廷（崇功）　1950/2/17

俞国华　1950/8/25

俞济时（良桢、邦梁、济士）　1949/6/19

俞鸿钧　1949/1/10

郗恩绥（一厂）　1948/2/16

奖恤金　1949/6/29

洪兰友　1949/7/17

费颐年　1949/8/8

贺国光（符靖）　1950/7/30

贺楚强（子谦）　1948/2/22

十画

秦德纯（绍文）　1948/1/20

袁祖成　1948/8/15

桂永清（率真）　1949/1/4

贾玉铭　1948/10/10

贾幼慧　1950/8/18

贾景德（煜如、韬园）　1949/7/26

夏功权　1949/6/4

夏晋雄　1949/5/14

夏楚中　1948/5/2

顾希平　1949/6/5

黄秉衡　1948/5/20

黄维（悟我）　1948/12/22

黄惠荪　1949/7/10

黄锺澄　1949/10/1

黄褚彪（人杰）　1950/7/8

黄镇球（剑灵）　1950/3/23

曹圣芬（钦吉）　1949/7/6

龚愚　1950/9/20

康心之　1949/10/27

鹿钟麟（瑞伯）　1948/2/15

阎锡山（伯川）　1949/2/15

眷村（军眷住宅）　1950/6/14

十二画

彭左熙　1950/1/12

彭孟缉（明熙）　1950/2/11

斯璘　1949/1/18

葛连祥　1948/1/24

董嘉瑞　1950/8/18

董德成（松坡）　1949/7/1

蒋中正（介石）　1948/5/20

蒋坚忍（孝全）　1950/2/21

蒋纬国（建镐、念堂）　1948/8/17

蒋经国（建丰）　1949/5/15

韩汉英（平夷）　1950/3/18

韩孝先　1949/2/1

韩德勤（楚箴）　1949/8/25

程大千　1950/4/4

程天衡（式）　1948/3/20

程邦藻（侠生）　1949/1/31

十八画

瞿荆州　1950/3/7

外文

AAG　1948/4/13

Bevin，Ernest（贝文）　1948/12/11

Cooke Jr.，Charles M.（柯克）　1950/6/3

MacArthur，Douglas（麦克阿瑟）　1950/7/31

Struble，Arthur D.（史中将）　1950/7/8